図説 室町幕府 増補改訂版

丸山裕之 著

戎光祥出版

室町幕府の魅力——序にかえて

室町幕府《むろまちばくふ》のイメージを問われたとき、みなさんはどのような姿を思い浮かべるだろうか。きっと、ほとんどの方は「地味」と思われるだろう。いや、幕府そのもののイメージが湧かない方も多いのではなかろうか。

一般的に、室町幕府は足利尊氏《あしかがたかうじ》が暦応《りゃくおう》元年（一三三八）に征夷大将軍《せいいたいしょうぐん》に任じられたことに始まり、最後の将軍義昭《よしあき》が織田信長《おだのぶなが》によって元亀《げんき》四年（一五七三）に京都から追放されたことで滅亡したとされている。たしかにこの間、尊氏や義満《よしみつ》・義《よし》政《まさ》など、個性的な将軍がいたことや、戦国時代の始まりともされる応仁《おうにん》・文明《ぶんめい》の乱《らん》が起こったこと、金閣寺《きんかくじ》や銀閣寺《ぎんかくじ》などはよく知られているが、総じて地味な印象があることは否定できない。

室町幕府のイメージが湧きにくい理由のひとつとして、一番の問題が、高校までの教科書において、室町幕府に関する記述がほとんどないことだろう。はたしてどれだけの方が、教科書に書かれていた室町幕府の記述を覚えているだろうか。

そして、鎌倉幕府《かまくらばくふ》の『吾妻鏡《あずまかがみ》』のように、政権側が記した「正史《せいし》」が存在しなかったことも大きい。そのため、二〇〇年以上も続いたにもかかわらず、幕府自体がどういう機構だったのか、そしてどのような政治をおこなっていたのか、流れとして把握することが難しいのである。

また、これまでたくさん出版されてきた通史類を見てみても、室町幕府が存在した時期に関しては、南北朝《なんぼくちょう》時代と室町時代、室町時代と戦国《せんごく》時代というかたちで巻が分断されてしまうことがほとんどで、幕府全体を見通した記述がなされていない。しかし、「室町幕府とはどんな組織だったのか」を考える場合、やはり通時代的に把握する必要があるだろう。

さて、ここまで「地味」だとか「イメージが湧かない」とか散々に述べてきたが、もちろん室町幕府にしかない固有の魅力や特徴がある。

まず、よく室町幕府は守護《しゅご》たちに支えられた連合政権《れんごうせいけん》だと指摘される。たしかに、守護たちは幕府の地方支配《ちほうしはい》や軍事編成《ぐんじへんせい》の中心を占めており、ひとつの側面を言い表しているだろう。だが、将軍と守護たちはどのような関係を築いていたのか、実態はあまり知られていないのではないだろうか。また、京都にあって幕閣《ばっかく》を構成していた重臣たちは、必ずしも守護職を必要とはしなかったことには注意が必要である(彼らは「大名《たいめい》」と呼ばれる)。さらに、当たり前のことだが、幕府は守護のみに支えられていたわけではない。では、実際にはどのような人たちによって支えられていたのだろうか。

次に、前後の鎌倉幕府や江戸幕府にはない大きな特徴として、日本史上唯一、都である京都に本拠を置いた幕府だということが挙げられる。当然、日常的に天皇《てんのう》や公家《くげ》たちと接することになったし、幕府の政治や政策、機構などもそれに大きく左右された。政権内部に朝廷を取り込んだようにもみえ、前後の幕府とはまったく異質の政権だといってもよい。それでは、そうやって形作られた室町幕府は、いったいどのような政権だったのだろうか。

三点目の大きな特徴は、これも前後の幕府とは異なり、将軍の一族同士で合戦していることである。たとえば、二代足利氏満《うじみつ》以降の鎌倉公方《かまくらくぼう》はいずれも京都の将軍に敵愾心《てきがいしん》をもち、四代持氏《もちうじ》はその結果、永享《えいきょう》の乱《らん》で滅ぼされた。また、応仁・文明の乱では将軍義政の弟義視《よしみ》は最終的に西軍《せいぐん》に加担し、幕府を二分する大乱の要因ともなっている。

さらに、明応《めいおう》の政変《せいへん》で将軍義稙《よしたね》が細川政元《ほそかわまさもと》によって追放されると、将軍家は義稙系と義澄《よしずみ》系の二流に分裂し、以後、血みどろの争いを繰り広げたのである。二〇〇年以上続いた幕府では、このほかにも政権を揺るがすさまざまな合戦や政争《せいそう》が起こっており、そこには幕府内の矛盾が顔をのぞかせるのである。

そこで本書では、右に掲げた課題に応えるために、「室町幕府を支える人びと」・「基本となった政策・制度」・「幕府を揺るがした合戦と政変」という二つの観点から、大枠としての室町幕府がどのような存在だったのかを概説的に把握することをめざした。その際、概念図やフローチャートを用いて、最新の研究成果をわかりやすく解説することに努めている。

なお、本書は室町幕府の通史を描くことは念頭におかず、個別の項目を通時代的に追うことで、幕府の特徴を抽出することを目的としている。巻末に年表を掲載しているので、幕府の歴史を通時代的になぞりたい方は、そちらを参照してもらいたい。また、書籍の性格上、幕府の事項を網羅的に取り上げているわけではないことを、あらかじめお断りしておく。

増補改訂版の刊行にあたっては、その後の最新研究をもとに各項の解説をブラッシュアップし、さらに第3部のうち戦国期部分の項目を増やした。

改めて本書が、室町幕府に少しでも興味のある方にとっての入門書になってくれれば望外の喜びである。

二〇二三年十二月

丸山裕之

図説 室町幕府 目次

第3部 幕府を揺るがした合戦・政争

コラム

視点

足利将軍十五代の履歴書

代数	名前	父／母	生年／没年	将軍就任年・退任年	院号
初代	**足利尊氏**	足利貞氏 上杉清子	生：嘉元三年（一三〇五） 没：延文三年（一三五八）	就任：暦応元年（一三三八） 退任：延文三年（一三五八）	等持院
二代	**足利義詮**	足利尊氏 赤橋登子	生：元徳二年（一三三〇） 没：貞治六年（一三六七）	就任：延文三年（一三五八） 退任：貞治六年（一三六七）	宝篋院
三代	**足利義満**	足利義詮 紀良子	生：延文三年（一三五八） 没：応永十五年（一四〇八）	就任：応安元年（一三六八） 退任：応永元年（一三九四）	鹿苑院
四代	**足利義持**	足利義満 藤原慶子	生：至徳三年（一三八六） 没：応永三十五年（一四二八）	就任：応永元年（一三九四） 退任：応永三十年（一四二三）	勝定院
五代	**足利義量**	足利義持 裏松栄子	生：応永十四年（一四〇七） 没：応永三十二年（一四二五）	就任：応永三十年（一四二三） 退任：応永三十二年（一四二五）	長得院
六代	**足利義教**	足利義満 藤原慶子	生：応永元年（一三九四） 没：嘉吉元年（一四四一）	就任：正長二年（一四二九） 退任：嘉吉元年（一四四一）	普広院
七代	**足利義勝**	足利義教 裏松重子	生：永享六年（一四三四） 没：嘉吉三年（一四四三）	就任：嘉吉二年（一四四二） 退任：嘉吉三年（一四四三）	慶雲院
八代	**足利義政**	足利義教 裏松重子	生：永享八年（一四三六） 没：延徳二年（一四九〇）	就任：文安六年（一四四九） 退任：文明五年（一四七三）	慈照院
九代	**足利義尚**	足利義政 日野富子	生：寛正六年（一四六五） 没：長享三年（一四八九）	就任：文明五年（一四七三） 退任：長享三年（一四八九）	常徳院
十代	**足利義稙**	足利義視 裏松重政娘	生：文正元年（一四六六） 没：大永三年（一五二三）	就任：延徳二年（一四九〇） 退任：明応三年（一四九五） 就任：永正五年（一五〇八）（二度目の就任） 退任：大永元年（一五二一）	恵林院
十一代	**足利義澄**	足利政知 武者小路隆光娘	生：文明十二年（一四八一） 没：永正八年（一五一一）	就任：明応三年（一四九五） 退任：永正五年（一五〇八）	法住院
十二代	**足利義晴**	足利義澄 阿与	生：永正八年（一五一一） 没：天文十九年（一五五〇）	就任：大永元年（一五二一） 退任：天文十五年（一五四六）	万松院
十三代	**足利義輝**	足利義晴 近衛尚通娘	生：天文五年（一五三六） 没：永禄八年（一五六五）	就任：天文十五年（一五四六） 退任：永禄八年（一五六五）	光源院
十四代	**足利義栄**	足利義維 大内義興娘	生：天文七年（一五三八） 没：永禄十一年（一五六八）	就任：永禄十一年（一五六八） 退任：永禄十一年（一五六八）	光徳院
十五代	**足利義昭**	足利義晴 近衛尚通娘	生：天文六年（一五三七） 没：慶長二年（一五九七）	就任：永禄十一年（一五六八） 退任：天正十六年（一五八八）	霊陽院

第1部　幕府を支える人びと

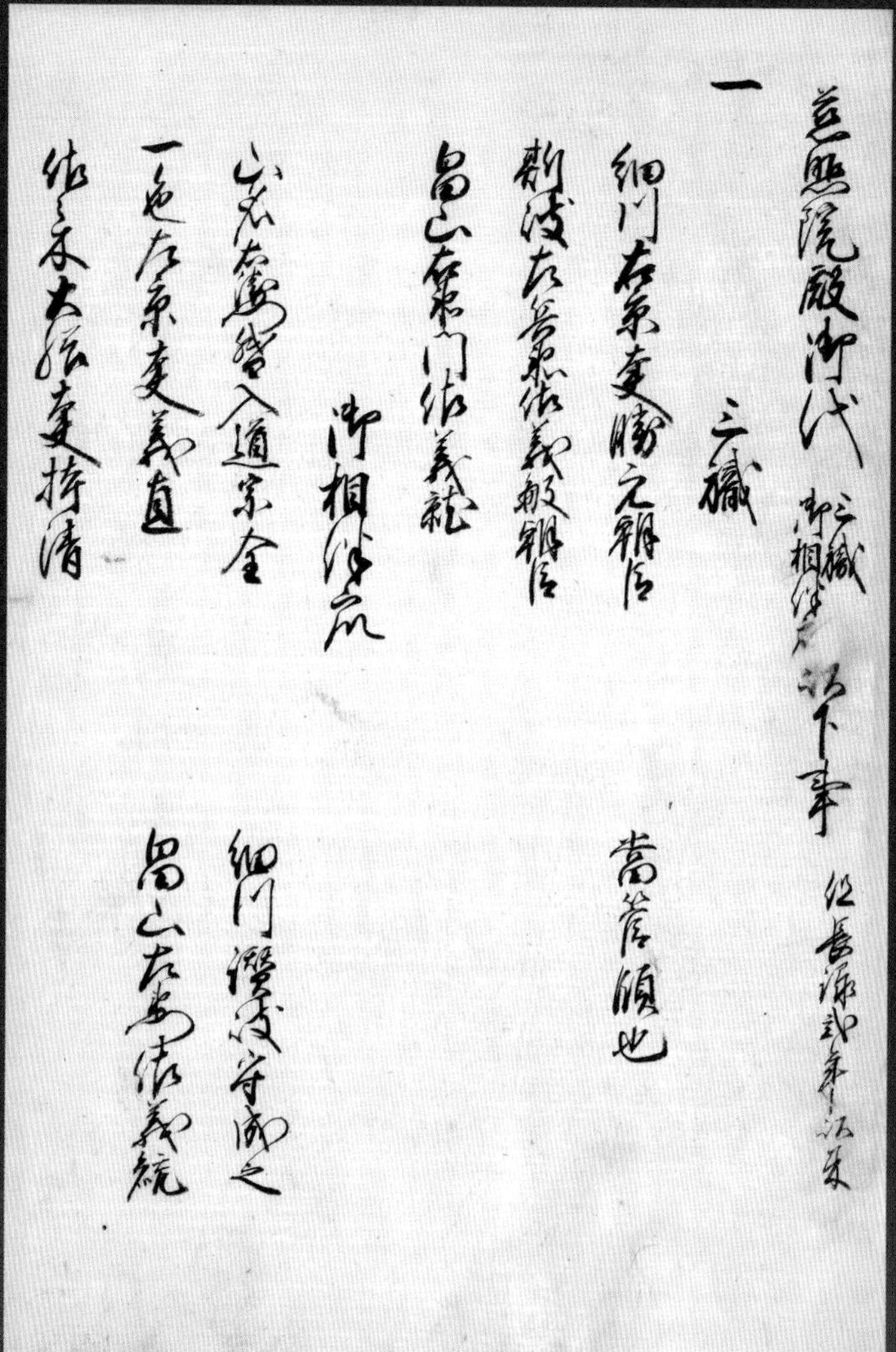

足利義晴の内談衆をつとめた大館尚氏（常興）が記した武家故実書。永正６年（1509）　の奥書がある。冒頭には「慈照院殿御代三職御相伴衆以下事」と題して、管領以下、８代将軍足利義政のころの幕府を支えた面々の名前が列記されている　個人蔵

01 将軍《しょうぐん》――室町時代の武家の棟梁

言わずもがな、室町幕府《むろまちばくふ》の長である。後醍醐天皇《ごだいごてんのう》の下、鎌倉《かまくら》幕府を滅ぼした足利尊氏《あしかがたかうじ》は、やがて建武《けんむ》二年（一三三五）に鎌倉幕府の残党・北条時行《ほうじょうときゆき》が挙兵した中先代《なかせんだい》の乱をきっかけに、後醍醐方（南朝《なんちょう》）と全面戦争に突入する。

その過程で、後醍醐が属する大覚寺統《だいかくじとう》のライバルだった持明院統《じみょういんとう》の光明《こうみょう》天皇を担ぎ出し（北朝《ほくちょう》）、暦応《りゃくおう》元年（一三三八）に光明天皇から征夷大将軍《せいいたいしょうぐん》に任じられた。以後、元亀《げんき》四年（一五七三）に織田信長《おだのぶなが》によって追放された義昭《よしあき》まで、十五代続く。

二代義詮《よしあきら》以降はほぼ世襲であったが、征夷大将軍は朝廷《ちょうてい》の官職なので、正式には天皇から発給された口宣案《くぜんあん》等で任官がおこなわれた。なお、将軍に任じられたこと＝幕府の開創というわけではないことは注意しておきたい。これは、征夷大将軍に任じられた後醍醐の子・護良親王《もりよししんのう》が幕府を開いていないことからも明らかだろう。「幕府」は右近衛大将《うこんえのだいしょう》の唐名《とうみょう》であり、実際は右近衛大将への任官が重視されたようだ（現在、鎌倉幕府の開創も、源頼朝《みなもとのよりとも》が右近衛大将に任官したことが重視されている）。

なお、初期の足利将軍は鎌倉幕府の将軍の後継とみなされていたため、当初は「鎌倉将軍《かまくらしょうぐん》」や「鎌倉殿《かまくらどの》」などと呼ばれていた。この呼称は三代義満《よしみつ》が新たに御所《ごしょ》を造り、「室町殿《むろまちどの》」と呼ばれるようになるまでみられる（「室町殿」については、次項で述べる）。

ところで、尊氏が将軍に就任したといっても、最初期の幕府は尊氏のみが政務をおこなっていたわけではない。ここで重要な役割を果たしたのが、弟・直義《ただよし》である。直義はほとんどの政務を尊氏から委任され、「両将軍《りょうしょうぐん》」とも呼ばれた。だが、尊氏の執事《しつじ》・高《こうの》

騎馬武者像◆古くから足利尊氏像と伝えられてきた。画像上部には足利義詮の花押が据えられているが、父の図上に子が花押を据えることが疑問視され、近年は高師直や子の師詮が像主であるとする説も出されている。一方で、尊氏説も再度提唱されており、いまだ確定していない。いずれにしても、幕府に関係する有力武将であることはまちがいないだろう　国指定重要文化財　京都国立博物館蔵

足利氏歴代将軍略系図

※囲み数字は室町幕府将軍歴代数を示す

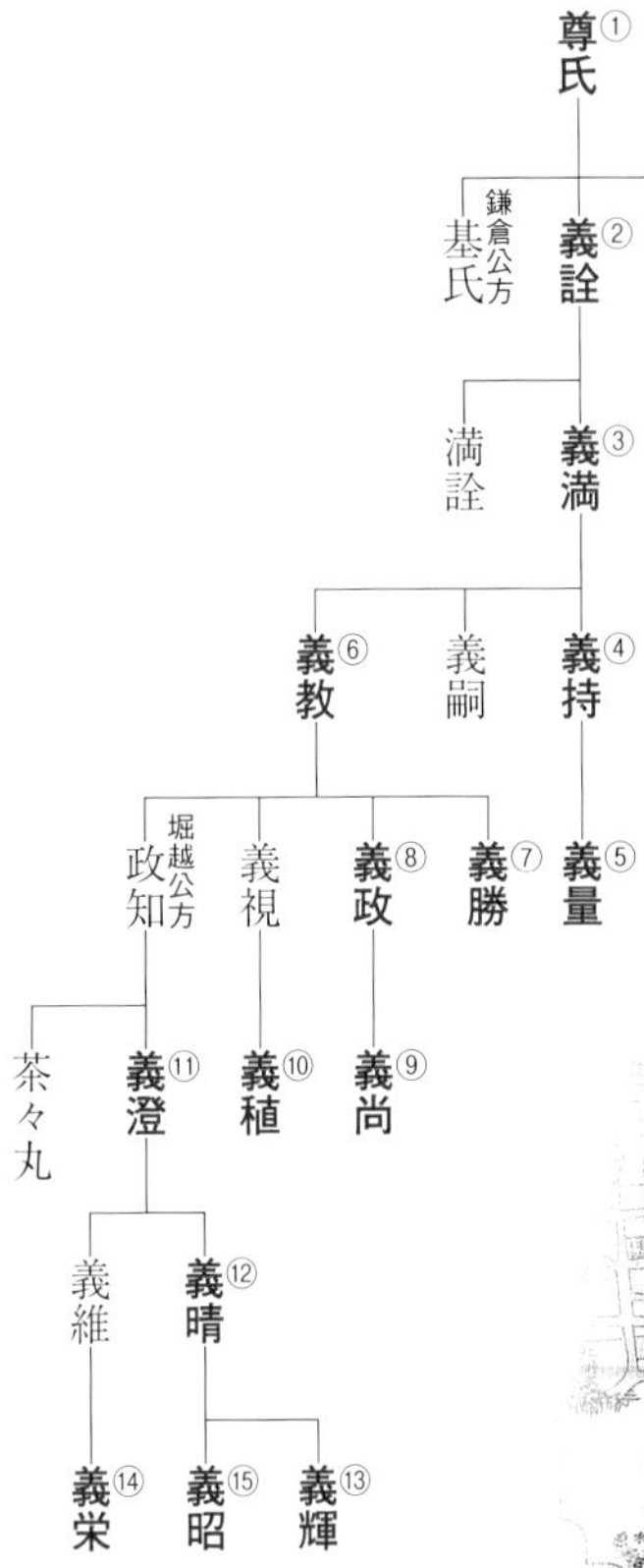

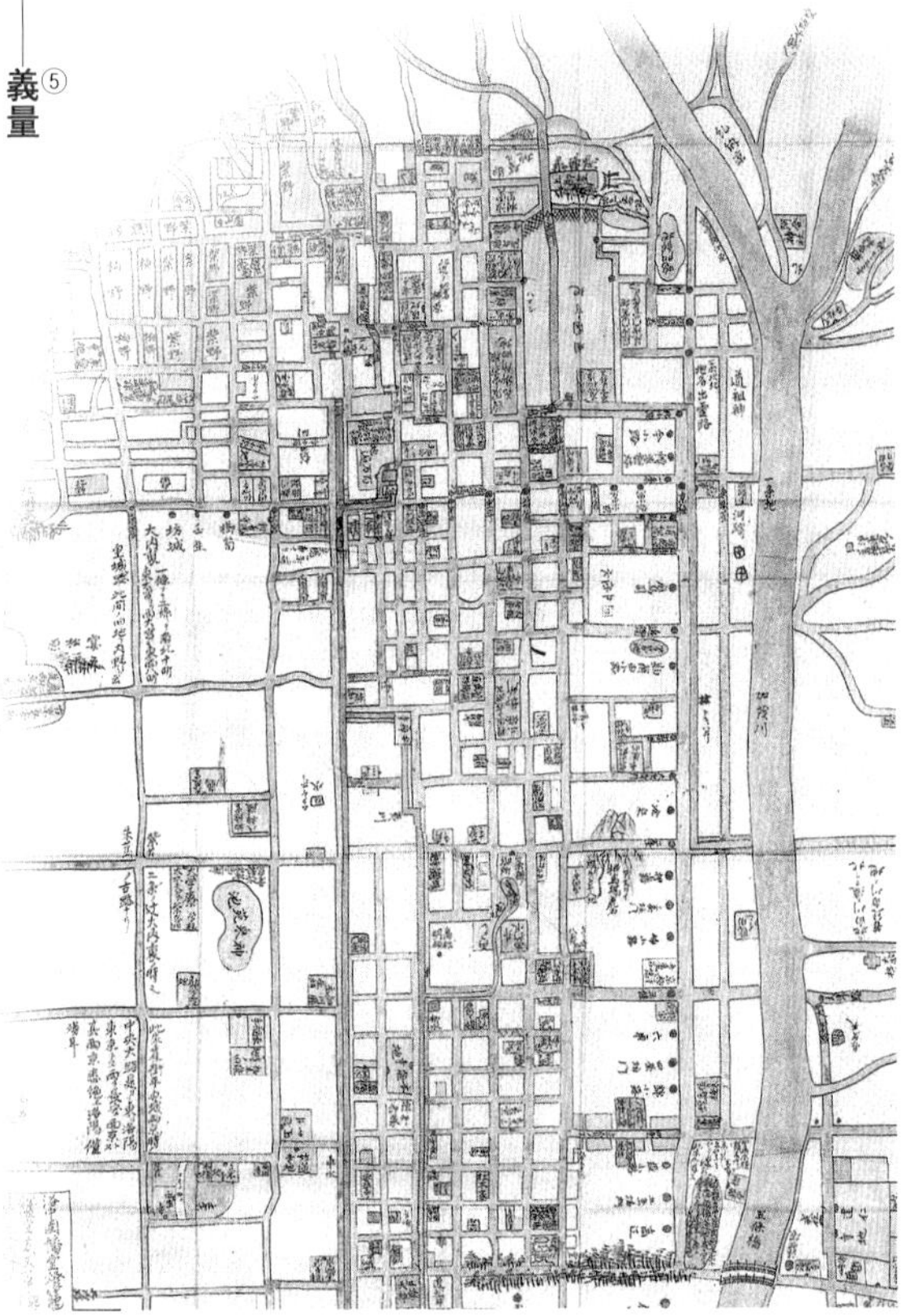

中昔京師地図◆室町から戦国時代の京都のようすを江戸時代に描いたもの　京都市歴史資料館蔵

足利尊氏の墓◆尊氏の遺髪が埋葬されたとされる。このほか、等持院や浄土寺にも墓や供養塔がある　神奈川県鎌倉市・長寿寺

足利尊氏邸跡◆尊氏はここで政務を執ったので、室町幕府発祥の地と言っても差し支えないだろう。現在はビルの一角に石碑が残るのみである　京都市中京区

師直《もろなお》と直義との確執に端を発する観応《かんのう》の擾乱《じょうらん》が勃発すると、直義は失脚し、代わって鎌倉から尊氏の嫡《ちゃく》子《し》・義詮が召還され、内乱が激化するなど、当初はその立場もなかなか安定しなかった。

しかし、南北朝内乱を克服していくなかで徐々に権力を強大化させていく。そして、明徳《めいとく》三年（一三九二）に南北朝合一を果たしたこともあり、三代義満のころには絶対的な権力を握るようになった。

このころには、統治者としての室町将軍が社会的に定着したようで、義満以降、将軍の代替わりに際しては、統治者として期待される代替わり徳政《とくせい》がおこなわれるようになった。以後、代替わり徳政は幕府として重要な政策になっていく。

なお、将軍は武家《ぶけ》の棟梁《とうりょう》であることはもちろんだが、室町将軍の特徴として、公家《くげ》（廷臣《ていしん》）としての側面も持っていたことは注意しておく必要がある。そのため、文書に据えるサイン（花押《かおう》）も、義満以降はそれまでの武家様《ぶけよう》花押に加えて、公家様《くげよう》花押も使用されている。

足利将軍家の菩提寺・等持院の庭園◆歴代足利将軍の木像が安置され（第５代義量と第14代義栄以外）、境内には足利尊氏の墓がある。庭園は尊氏・直義兄弟が帰依した夢窓疎石の作と伝えられ、京都市の名勝に指定されている　京都市北区

将軍の意思を伝える文書は、自ら署判・署名をする直状《じきじょう》形式と家臣が奉じる奉書《ほうしょ》形式のものに分けられる。なかでも重要だったのが、「御判御教書《ごはんみぎょうしょ》」と「御《ご》内書《ないしょ》」である。どちらも直状形式であるが、御判御教書のほうが格は高い。なお、直状といっても、大半は右《ゆう》筆《ひつ》が本文の執筆をするので、将軍直筆のものは珍しい。

さて、将軍権力はしばらく安定期を迎えていたが、六代義教《よしのり》が重臣の赤松《あかまつ》氏に殺害され（嘉吉《かきつ》の乱）、跡を継いだ七代義勝《よしかつ》も早世《そうせい》したこともあり、にわかに動揺する事態となった。さらに、日本全土を巻き込んだ応仁《おうにん》・文明《ぶんめい》の乱を経て、十代義稙《よしたね》が管領《かんれい》家の細川政元《ほそかわまさもと》に追放された明応《めいおう》の政変後に将軍家が二つに分裂すると、将軍権力の衰退はより顕著になっていく。

だが、かといって将軍権力がまったく無力化されてしまったというわけではない。戦国期になると、大名間で戦争が起きた際には調停役を期待されたし、栄典《えいてん》の下賜《かし》を通じて、各地の勢力に影響力を持ちつづけたのである。

ところで、一般的に、義昭が信長に追放された時点で将軍職を失ったと誤解されがちだが、実はこのときは将軍を辞めていない。朝廷の公式任官記録である『公卿補任《くぎょうぶにん》』によると、義昭が豊臣秀吉《とよとみのひでよし》に臣従した天正《てんしょう》十六年（一五八八）まで将軍であったと記されている。幕府は滅亡し、実質的な権力は失ったものの、名目的にはこの時点まで将軍だったのである。

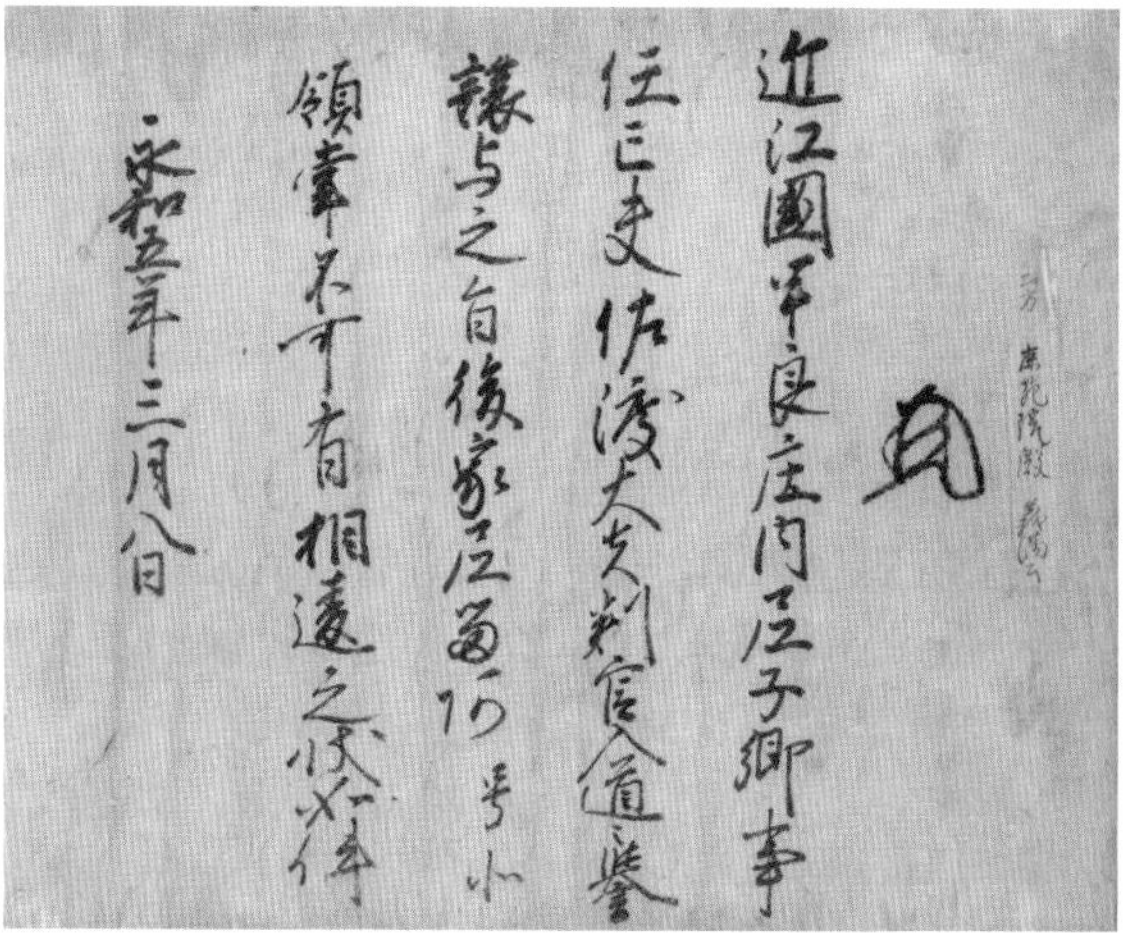

永和５年（1379）３月８日付け足利義満御判御教書◆御教書とは本来、家臣が奉じる奉書形式のものであったが、足利将軍家の場合、奉書ではなく直接差し出す直状形式の御判御教書が採用された。幕府内で最も権威の高い公式文書として使用されている「佐々木家文書」国立国会図書館蔵

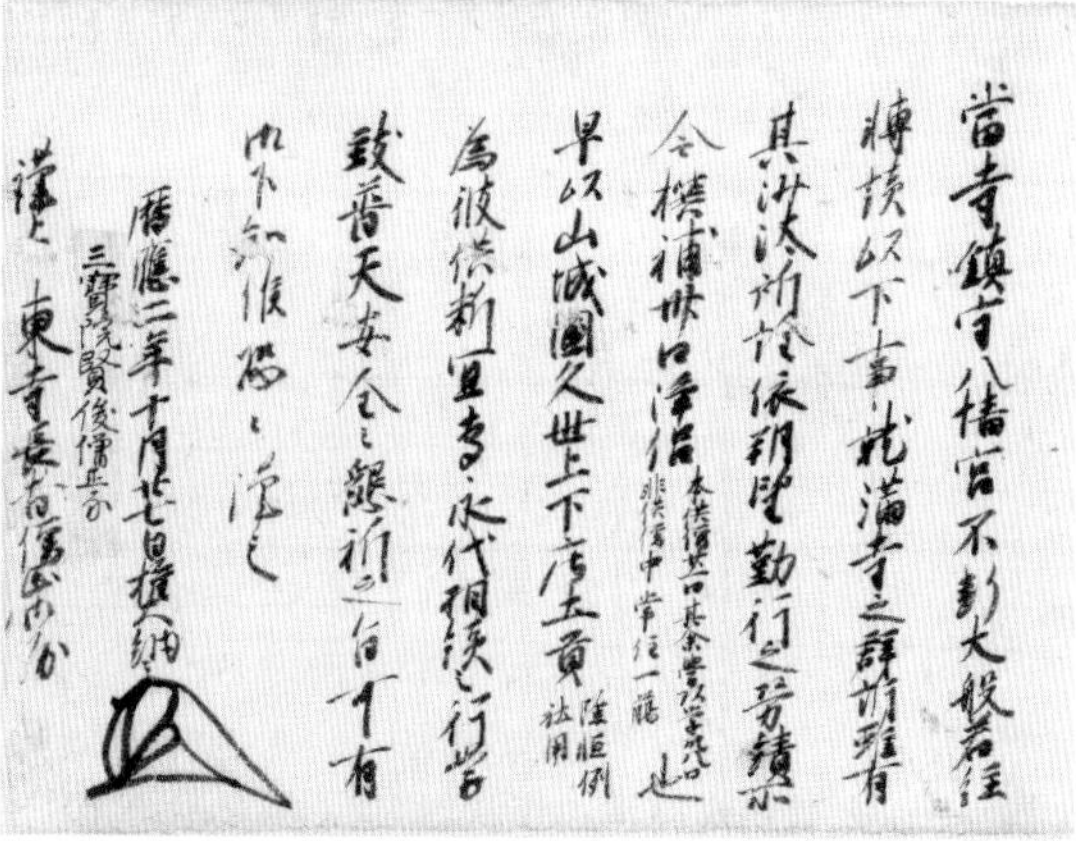

暦応２年（1339）10月27日付け足利尊氏御内書◆御判御教書と同じく直状形式の文書で、公的な性格を持つものの、御判御教書よりは私的な性格が強いとされる。一般的には側近の添状とともに発給された。時代が下るにつれて公的な性格を強めていき、江戸幕府においても将軍の意思を伝える文書として機能した「東寺百合文書」京都府立京都学・歴彩館蔵

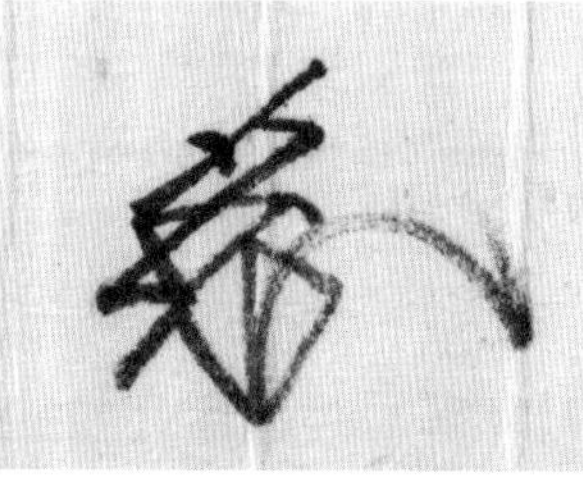

◀公家様花押

◀武家様花押

武家様文書のときには武家様花押を、公家様文書のときには公家様花押を据えるというように、用途によって使い分けがなされていた。掲載した花押はいずれも義政のもの

02 室町殿《むろまちどの》——公武に君臨した絶対権力

室町幕府のリーダーは、実は必ずしも現職の将軍であるとはかぎらない。南北朝内乱も終息状況に向かい、幕府の基盤も安定しだすと、リーダーのあり方にも変化が生じた。

三代義満は、永和四年（一三七八）に「花《はな》の御所《ごしょ》」と呼ばれる邸宅を新しく造って移り住んだ。室町通《むろまちどおり》に面していたため、この御所は室町殿と呼ばれる。そして、このころから義満は公家社会に積極的に関わるようになり、急速に官位を昇進させていく（義満を公家社会に引き込んだのは、摂関家《せっかんけ》の二条良基《にじょうよしもと》とされる）。

これにともない、朝廷儀礼等を通じて廷臣たちへの影響力を強めていき、朝廷と幕府という公武《こうぶ》を股にかけた、日本史上初めての権力体が生まれることになった。このような権力を、御所の名前に因んで「室町殿」と呼んでいる（朝廷との関係は別項で述べる）。

さて、初代尊氏と二代義詮はともに死去するまで将軍であり続けたが、三代義満は存命中の応永《おうえい》元年（一三九四）に嫡子義持《よしもち》に将軍職を譲っている。しかし、自身が保持する権力を手放そうとはしなかった。これについては、江戸《えど》時代の徳川家康《とくがわいえやす》と秀忠《ひでただ》の関係、つまりは家康の大御所《おおごしょ》政治を思い浮かべてもらえるとわかりやすいだろう。

そして、将軍辞任後は花の御所を義持に譲り、自らは北山《きたやま》の地に新たに邸宅を構えて移住した。朝廷の官職から離れて自由になった義満は、さらに専制化を加速させていき、ついには「太上天皇《だいじょうてんのう》」＝上皇《じょうこう》に擬《ぎ》せられる権威を手に入れることになった。この時期の義満は「北山殿《きたやまどの》」と呼ばれる。

あまりに巨大な権勢を誇ったため、「北山殿」時代の専制的な義満の動きを評して、皇位《こうい》を簒奪《さんだつ》しようとしていたのではないかという説がかつて提唱され話題になったが、現在では否定されている。なお、義満の行動から、愛息義嗣《よしつぐ》を皇位に就けようとした可能性はいまだ残るとされるが、義満の急死により、真相は闇の中に葬られてしまった。

ところで、父義満が死ぬと、義持も北山第《きたやまてい》に居住し、いったんは「北山殿」の地位を継承したが、すぐにその地位を放棄し、祖父義詮ゆかりの三条坊門《さんじょうぼうもん》第に移住し

足利義満画像◆絶対権力を保持した法体の義満像で、鹿苑僧録をつとめた厳中周噩による応永31年（1424）の賛が記されている。原本は相国寺に伝えられた　東京大学史料編纂所蔵模写

花の御所（室町殿）跡◆義満が造らせた花の御所は、応仁・文明の乱の戦火で焼亡すると、その後何度か再建された。だが、足利義輝が新たに御所を建設すると、以後は廃絶された。現在、跡地に創建された尼門跡の大聖寺内に石碑が建てられている　京都市上京区

鹿苑寺金閣◆義満が造営させた北山第は、義満の院殿号「鹿苑院殿」から名を取って応永27年（1420）に鹿苑寺となった。有名な金閣は舎利殿として建立されたもので、国宝に指定されていたが、昭和25年（1950）年に焼失し、同30年に復元された　京都市北区

た。そのころから、周囲からふたたび室町殿と呼ばれるようになる。そのため、義持は義満が出家し「北山殿」と呼ばれる以前の、「室町殿」時代の権力を選択したと評価されている。なお、居住している御所が違っても「室町殿」と呼ばれているので、このころには権力体としての「室町殿」の語が定着していたと考えられている。

義持は、応永三十年（一四二三）には嫡子義量《よしかず》に将軍職を譲ったものの、義満と同様に権力を手放そうとせず、五代義量の上位に位置する「室町殿」として政務を執った。ところが、義量は応永三十二年に現職の将軍のまま死去してしまう。

義持にはほかに後継者となる男子がいなかったため、しばらく将軍不在の時期が続くが、義持は「室町殿」として政務を執りつづけた。それについては同時代の人びとから異論は出されていないので、この時期になると、室町幕府の政治は将軍がおこなうのではなく、足利将軍家の家長《かちょう》である「室町殿」がおこなうかたちが社会的に定着していたとみてよいだろう。なお、このころ後小松《ごこまつ》上皇から、天皇・上皇・室町殿は

慈照寺銀閣◆義政が造営させた東山山荘に観音殿として建立された。東山文化を代表する建築物で、東求堂とともに国宝に指定されている。東山山荘は、義政の菩提を弔うために延徳２年（1490）に寺院に改められた　京都市東山区

別格という発言がなされている。

その後の六代義教・七代義勝《よしかつ》・八代義政も将軍家の家長であったため、「室町殿」と呼ばれている。義勝は早世したため不明だが、義教と義政は将軍に就任しているにもかかわらず、「室町殿」として政務を執っているので、少なくとも義政の時期までは、将軍家の家長である「室町殿」が政務を執ることがスタンダードだったのである。

だが、義政は九代義尚《よしひさ》に将軍職を譲ったあと、権力を手放さずに京都東山《ひがしやま》の地に移り「東山殿《ひがしやまどの》」と呼ばれるようになった。ここに、義満・義持以来の二重権力状況がふたたび現れたのである。しかし、義尚が父義政に先立って死去してしまったこと、義政自身も十代義稙を将軍職に就けてまもない時期に死去したため、二重権力状況は長くはつづかなかった。

その後は、明応の政変による将軍家の分裂や将軍権力の衰退、朝廷・公家衆に対する影響力の低下等により、「室町殿」の呼称自体は戦国期まで見られるものの、「室町殿」権力は解消されるのである。

03 管領《かんれい》——将軍を補佐する幕府のNo.2

将軍と守護《しゅご》たちとをつなぐ重要なポストで、「将軍の執事と政務の長官をあわせた」地位と評価されている。室町幕府を代表するポストであるが、幕府開創当初から置かれていたわけではない。

開創当初の幕府では、恩賞《おんしょう》給付《きゅうふ》などを担当する兄尊氏と、裁判をはじめとする政務一般を担当する弟直義による二元《にげん》政治がおこなわれていた。政務は直義が中心であったが、将軍である尊氏を支えていたのが執事である。当初は、鎌倉時代以来の執事家である高一族の高師直がその役を担ったが、その後、仁木頼章《にっきよりあき》・細川清氏《きようじ》が相次いで任じられた。

しばらくはうまくいっていた二元政治も、やがて直義と師直の主導権争いを発端とする観応の擾乱により瓦解《がかい》してしまう。直義派の敗北を経て、二代義詮の時期には裁判を担当する引付方《ひきつけかた》を縮少して将軍の親裁化《しんさいか》が進み、それにともなって逆に執事の権限が強化された。これが管領職《しき》の原型である。

その後、強化された執事職をめぐって争いが起こるが、足利一門で高い家格《かかく》を誇っていた斯波義将《しばよしゆき》が執事に就任することで、争いは終息した。確実な時期は不明だが、義将のときに執事から管領への制度変更がおこなわれたとされるので、初代管領は斯波義将ということになる。なお、義詮は当初、義将の父で幕府の重鎮であった斯波高経《たかつね》を執事に任じようとしたが、足利氏に匹敵する高い家格を持つ自家が、足利氏の被官《ひかん》の役職である執事職に就くことを嫌い、義詮の再三の要請にしぶしぶ子の義将を執事とし、自身が後見することになったのは有名な話である。

ポストとしての管領が確立するのは、三代義満の後見を託された細川頼之《よりゆき》のときである。このころには、軍事の責任者や将軍の補佐役（将軍の命令を下達《かたつ》する奉書の発給など）としての任務に加え、それまで裁判を担当していた引付頭人《とうにん》の職務も管領に統合されるなど、政務の一切を取り仕切るようになる。

細川持之画像◆名前の「持」字は足利義持からの偏諱。斯波義淳の後をうけて永享４年（1432）に管領に就任し、嘉吉２年（1442）まで約10年間つとめた。その間、永享の乱、結城合戦、嘉吉の乱などを経験し、義教・義勝期という難しい時期を将軍・幕府を支えるために奔走している　京都市・弘源寺蔵

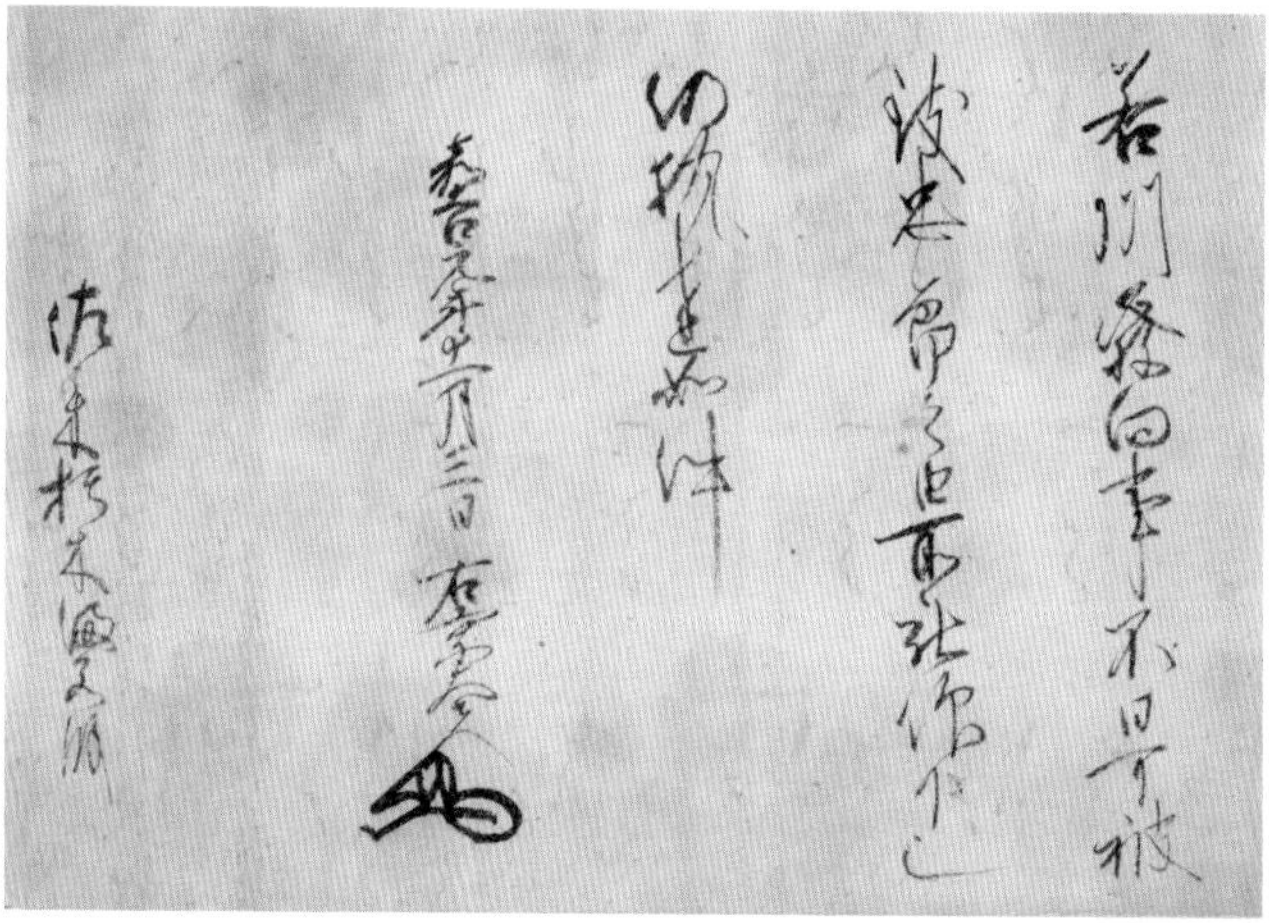

足利義勝御教書◆管領の細川持之が将軍義勝の意を奉じて発給した文書。管領奉書ともいわれる。義勝は幼くして将軍職を継いだため、自身で文書は発給できず、将軍の意は管領などが奉じるかたちで下達された「朽木家古文書」国立公文書館蔵

応永五年（一三九八）に畠山基国《はたけやまもとくに》が管領に就任すると、以後は斯波・細川・畠山の三家がもちまわりで務めるようになった（いわゆる「三管領家《さんかんれいけ》」）。なお、基国が管領になったことにより、この年、義満によって「三管領家」が定められたとする所伝がある。しかし、それを記す『南方紀伝《なんぽうきでん》』は江戸時代初期に成立した書物であり、割り引いて考える必要があるだろう。

さて、先ほど述べたように、管領の職務は多岐にわたる重職であったため、負担も大きかったらしい。四代義持のころには早くも、畠山満家《みついえ》や斯波義淳《よしあつ》がたびたび辞職をほのめかすようになり、そのたびに将軍が慰留している。重職の割にはメリットも少なく、割に合わないといったところだろうか。

嘉吉の乱による六代義教の横死《おうし》後、七代義勝・八代義政と幼少の将軍が続いたため、しばらく細川勝元《かつもと》や畠山持国《もちくに》による管領主導の政治がおこなわれた。だが、成長するにつれて義政は親政《しんせい》を志して伊勢貞親《いせさだちか》や季瓊《きけい》真蘂《しんずい》ら側近衆を登用したため、管領の影響力は低下した。しかし、勝元らが起こした文正《ぶんしょう》の政変により側近衆を駆逐したため、義政の親政は挫折した。

その後、応仁・文明の乱で斯波・畠山両氏が勢力を失うと、管領は細川家が独占するようになる。このころには細川家の権力が強大化していき、細川政元が明応の政変で将軍足利義稙を追放して義澄《よしずみ》を擁立するなど、幕府の実権を握る事態となった（「京兆専制《けいちょうせんせい》」ともいわれる。京兆は細川本家が世襲した官途《かんと》・右京《うきょうの》大夫《だいぶ》の唐名）。しかし、後継者をめぐって政元が暗殺されると、畿内は細川高国《たかくに》を軸として泥沼の戦争状況となり、幕府自体が動揺してしまった。

このころになると、管領職も一応は任命されるものの、徐々に形骸化していき、将軍の元服《げんぷく》など重要な儀式の際に必要とされるのみで、政治的権限を失っていったのである。天文《てんぶん》十五年（一五四六）の足利義輝《よしてる》の元服に際しては、先例にのっとって管領が烏帽子親《えぼしおや》の役（加冠《かかん》）をする必要があったが、このときはもはや管領が任じられることはなく、当時の幕府の有力者であった六角定頼《ろっかくさだより》が管領代《かんれいだい》として烏帽子親をつとめた。こののち、管領職は自然消滅していったのだろう。

三管領家略系図

※いずれの家も最後の管領就任者の代まで

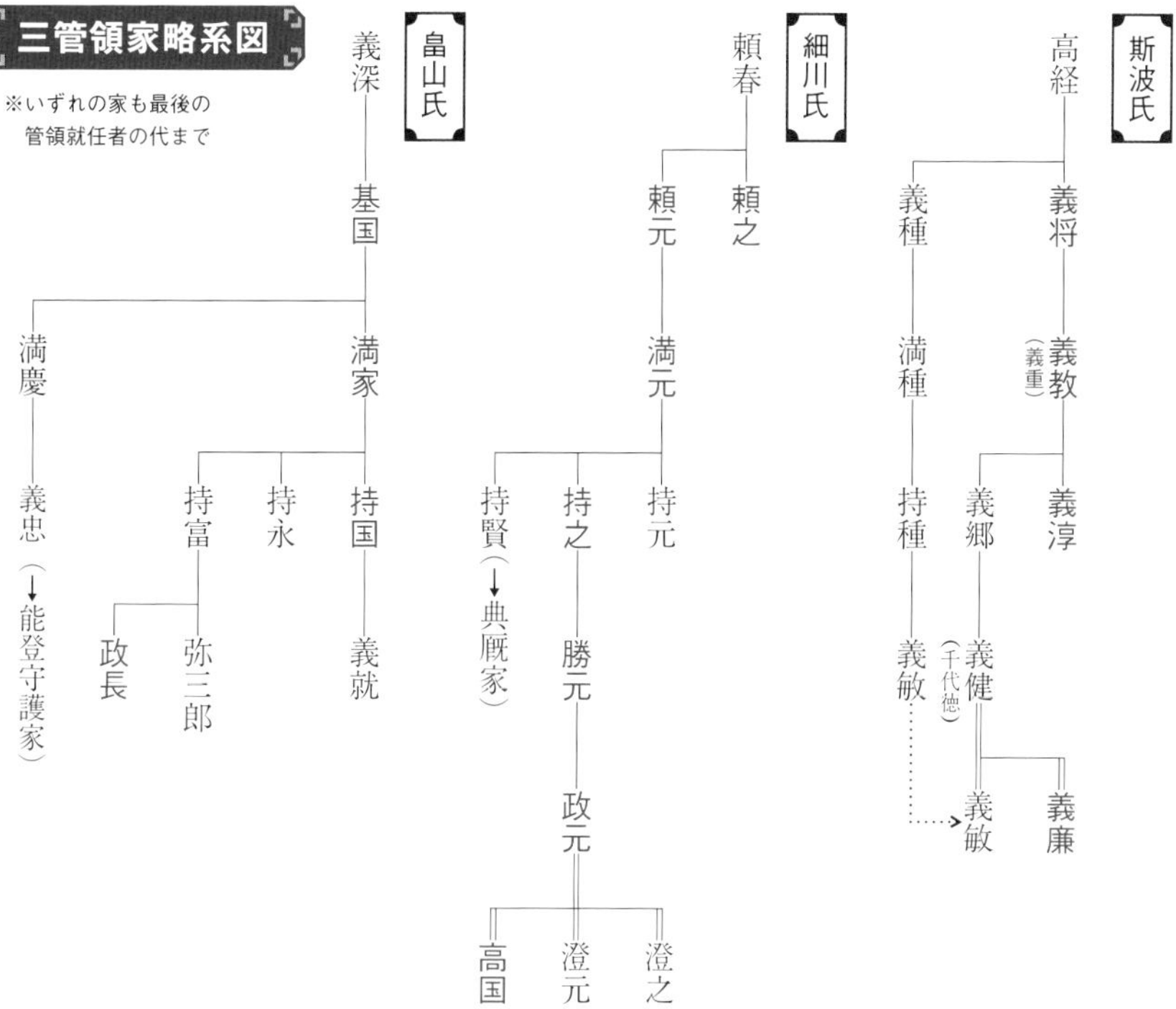

大物くづれ戦跡の碑◆細川高国はライバル細川晴元を討つため堺に出兵したが、逆に打ち破られ大物に逃走。享禄４年（1531）６月８日に尼崎の広徳寺で自害した。現役の管領が戦乱の中で死亡するのは異例である　兵庫県尼崎市

細川高国画像◆戦国期を代表する管領。細川政元の養子で、名前の「高」字は足利義高（のちの義澄）からの偏諱。足利義植と対立し、足利義澄・義晴父子を支えた　京都市・東林院蔵

04
守護《しゅご》——軍事と地方支配の要

鎌倉時代から各国に置かれていたが、後醍醐天皇の建武の新政を経て、室町幕府でもひきつづき設置された。当初は軍事指揮官としての性格が強く、前代以来の守護家や地域の有力者が任じられていたが、南北朝内乱が進行するなかで、軍事指揮権などで足利氏一門が優遇されたため、島津《しまづ》氏や大友《おおとも》氏、佐々木《ささき》氏など一部の外様《とざま》守護を除き、徐々に取って代わられていく。

室町幕府下の守護の職務は、当初は鎌倉時代と同様に大番役《おおばんやく》の催促・謀反人《むほんにん》の検断《けんだん》（探索と逮捕）・殺害人の検断という、いわゆる「大犯三箇条《たいぼんさんかじょう》」に限定されていた。しかし、並置されていた国司《こくし》が早々に形骸化してしまったこともあり、貞和《じょうわ》二年（一三四六）に刈田狼藉《かりたろうぜき》の検断権や使節遵行《しせつじゅんぎょう》権（使節遵行については次ページの図参照）が認められ、文和《ぶんな》元年（一三五二）には国内の荘園《しょうえん》・国衙領《こくがりょう》年貢《ねんぐ》の半分を徴収することができる半済《はんぜい》が認められるなど、徐々に権限が拡大され、国内支配の度合いを強めていった。

なお、半済は寺社本所領《じしゃほんじょりょう》（寺社領と公家領）保護という側面もあり、それを政策の基軸とする将軍家との間で、以後、矛盾をはらむようになっていく。

ところで、一般的にイメージされるほど、南北朝期の守護の立場はそれほど強固なものではなかった。外様守護より優遇されていた足利一門の守護にしても、結果を出せずに解任される者も多く、守護職を保持しながら南北朝内乱を乗り切ることができたのは、斯波・細川・畠山・一色《いっしき》・今川《いまがわ》・渋川《しぶかわ》の六氏のみという。

守護家の世襲化が進んだのは、応永六年（一三九九）に起こった応永の乱が終結してからのようだ。これ以降、関東を除いて幕府に対する大規模な反乱が少なくなったため、守護職を頻繁に改替《かいたい》する必要がうすれたのである。これにより、守護たちにとっても安定して分国《ぶんこく》経営をおこなうための条件が整い、十五世紀初頭には分国に対する守護役《しゅごやく》の賦課《ふか》が強化された。また、この時期には幕府の軍事編成にも変化があり、それまで幕府から直接指令を受けていた国人《こくじん》の大半が、守護の指揮に一任されるようになった。これにより、国人たちの守護被官化も進行していくのである。

ところで、室町幕府守護の特徴のひとつとして挙げられるのが、畿内近国《きないきんごく》（室町殿御分国《むろまちどのごぶんこく》）の守護は京都にいることを義務づけられたことである（在京制《ざいきょうせい》）。

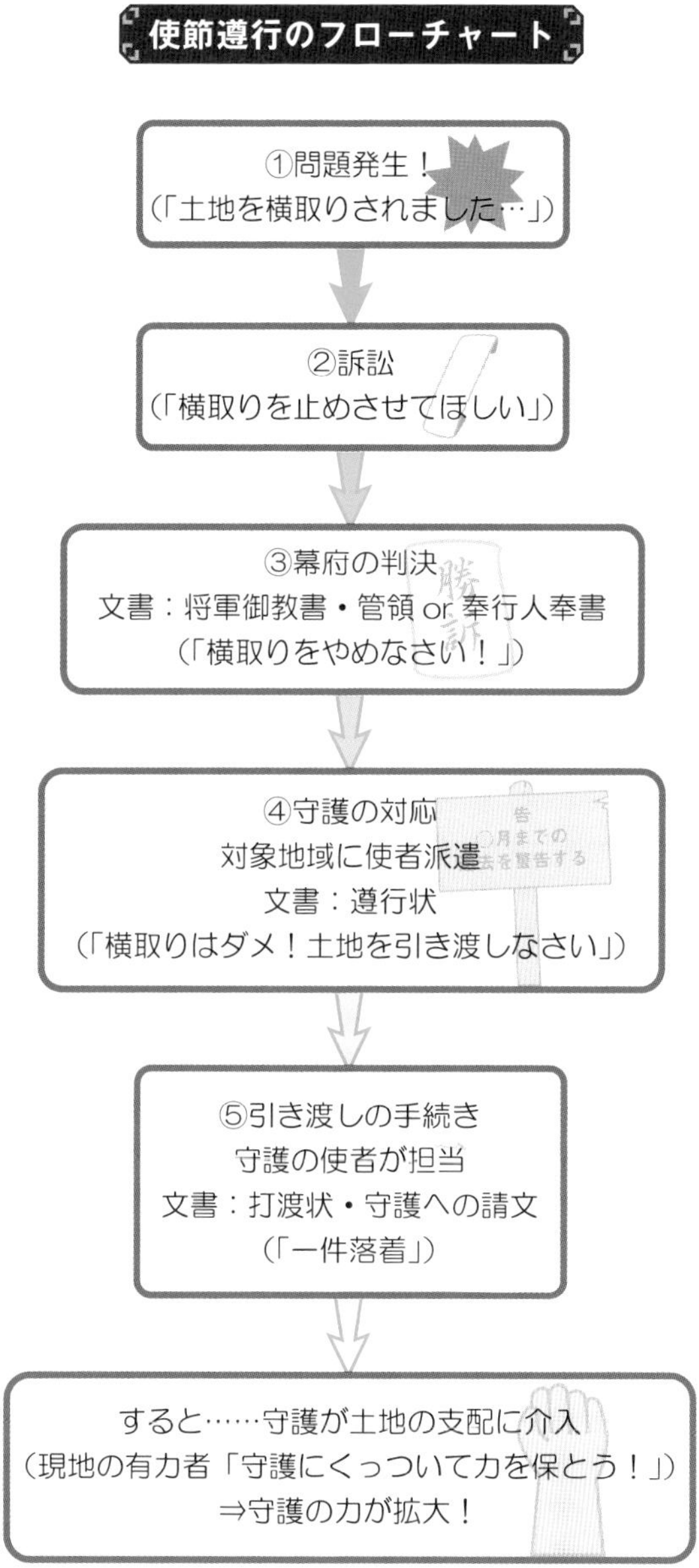
使節遵行のフローチャート
①問題発生！
（「土地を横取りされました…」）
②訴訟
（「横取りを止めさせてほしい」）
③幕府の判決
文書：将軍御教書・管領 or 奉行人奉書
（「横取りをやめなさい！」）
④守護の対応
対象地域に使者派遣
文書：遵行状
（「横取りはダメ！土地を引き渡しなさい」）
⑤引き渡しの手続き
守護の使者が担当
文書：打渡状・守護への請文
（「一件落着」）
すると……守護が土地の支配に介入
（現地の有力者「守護にくっついて力を保とう！」）
⇒守護の力が拡大！

これは幕府より命じられたものであったが、守護側にもメリットが存在した。彼らは幕政やさまざまな幕府儀礼・年中行事・御成などにかかわり、幕府の意志決定に大きな影響を与えたのである。在京して幕政にかかわる者たちを「大名《たいめい》」と呼び、斯波・細川・畠山・山名《やまな》・土岐《とき》・一色・赤松・若狭武田《わかさたけだ》氏などがこれにあたる。ただし、幕政運営への参与は守護としての職務内容ではないので、注意が必要である。

ちなみに、在京はせず、領国に守護がいる場合でも、大内《おおうち》氏や越後上杉《えちごうえすぎ》氏のように、京都に出先機関を置いている場合もある。これを京都雑掌《きょうとざっしょう》（在京雑掌《ざいきょうざっしょう》）という。地方にいても、やはり都である京都とのかかわりは重要だったのだ。

さて、室町殿御分国内の守護はほとんど在京していたこと、また、複数の国の守護を兼任していたこともあり、実際の分国支配は、守護代《しゅごだい》や有力被官を中心におこなわれた。なお、守護代も在京することが多く、その場合には小守護代《こしゅごだい》が中心となって支配をおこなっている。分国内では重要な地点に守護所《しゅごしょ》が設定され、国衙や府中《ふちゅう》、一宮《いちのみや》など、旧来からの拠点を徐々に押さえていくことで、人的な面だけでなく、面的にも支配を拡大させていった。

時代を追うごとに勢力を伸張させていった守護だが、その性格が変質していくきっかけとなったのが、全国を巻き込んで展開した応仁・文明の乱である。乱の勃発および長期化により、守護同士の抗争や分国内勢力の自立化という動きも目立ちはじめ、在京していた守護たちもそれに対処するため、細川などごく一部を除いて分国へ下向していった。そこでは、領域権力化を遂げて戦国大名《せんごくだいみょう》への道を進んでいった家もあれば、逆に被官層や国人たちに淘汰《とうた》され、没落する家もあらわれた。

なお、守護家に由来する戦国大名の場合、戦国期に守護職を有していても、必ずしも守護の職権にもとづいて大名権力を展開していたわけではないことには注意が必要である。戦国期にいたっては、守護の「権威」はあったとしても、職制としての守護は形骸化していくのである。

復元された大内氏館跡の池泉庭園◆周防・長門を中心とする守護・大内氏の館跡の発掘調査で見つかった庭園跡で、当時のようすを知ることができる貴重な遺構である。このほか、大内氏館跡では２ヶ所の庭園遺構が見つかっており、館内でさまざまな趣向をこらしていたようだ　山口市

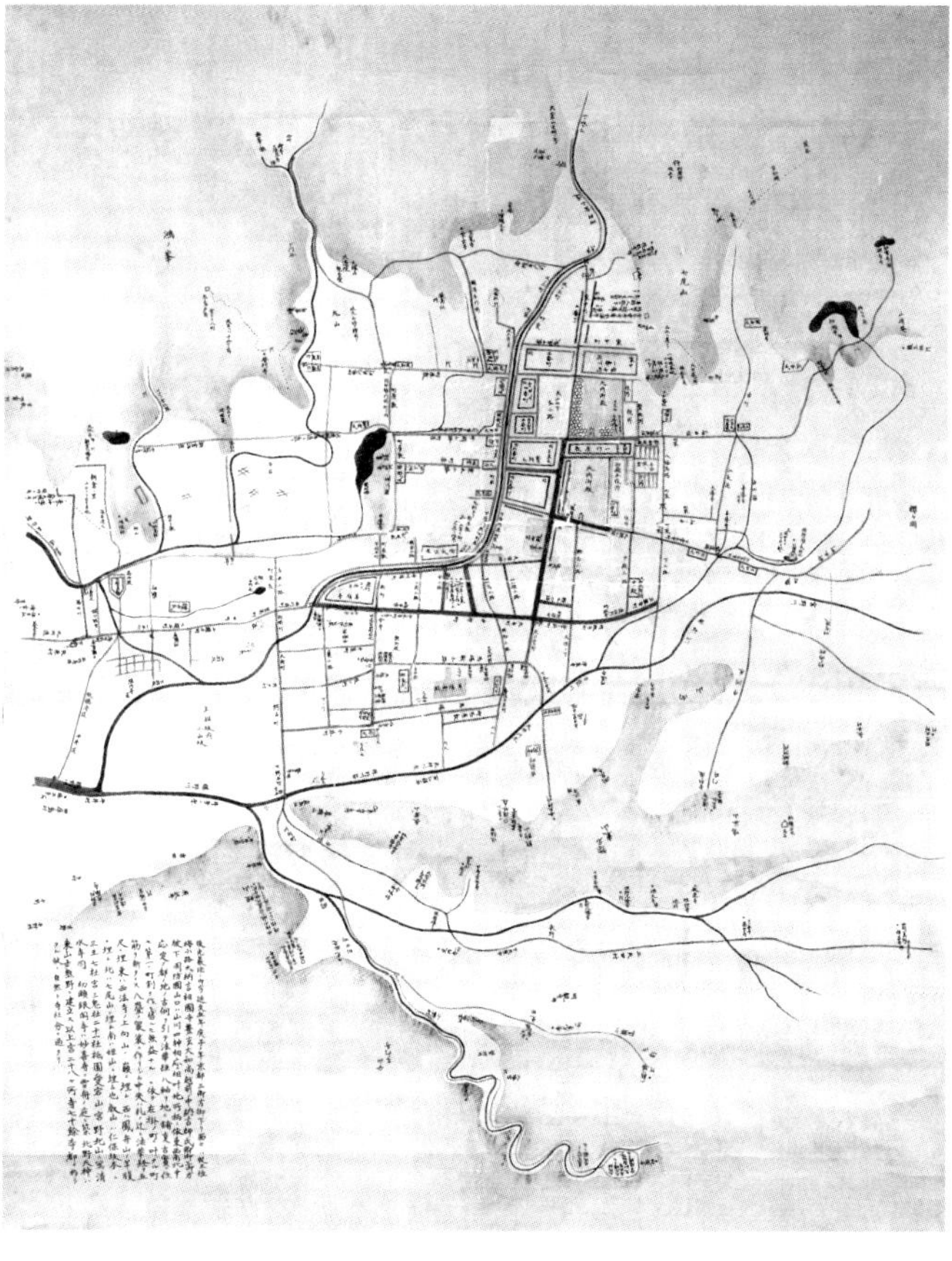

大内氏時代山口古図◆大内氏館を中心に中世の山口を描いたもの。江戸時代に制作された図であるが、町割り等も描かれており興味深い　山口県文書館蔵

05 侍所《さむらいどころ》——都の治安維持担当

室町幕府の開創とともに設置された。鎌倉時代の侍所と同様、当初は御家人《ごけにん》の統率などが主な職務であったが、二代義詮の時期に、それまで京都の治安維持を担っていた朝廷の機関である検非違使庁《けびいしちょう》に代わって、洛中《らくちゅう》の治安維持（犯罪人の逮捕・禁獄《きんごく》・拷問《ごうもん》・処刑《しょけい》など）や徴税《ちょうぜい》、裁判、人足《にんそく》の徴集などを担当していった。

鎌倉幕府の侍所のトップは別当《べっとう》であったが、室町幕府下では別当は置かれず、所司《しょし》（頭人《とうにん》）がトップであった。所司には有力守護が起用され、南北朝期には斯波氏や細川氏といった有力足利一門が任じられることもあったが、室町期には赤松・一色・京極《きょうごく》・山名といった家に固定化されていった。

これらの四家は「四職《ししき》」と呼ばれ、足利義満によって応永五年（一三九八）に定められたとされる。しかし、それを記す『南方紀伝』は江戸時代に成立した歴史書であるため、確実に信頼できるわけではない。実際、応永五年以降もこれら四家に加えて土岐持益《もちます》が任じられているため、正式に決まっていたわけではないようだ。

所司の下には所司代《しょしだい》が置かれ、所司の重臣が任じられて所司を支えた。多賀高忠《たがたかただ》が名所司代として知られている。侍所の実務は実質的には所司代によって担われており、その下には奉行人《ぶぎょうにん》・小舎人《こどねり》・雑色《ぞうしき》などが置かれていた。また、これとは別に事務方の責任者として開闔《かいこう》が置かれ、その下には目附《めつけ》や寄人《よりうど》がいた。

応仁・文明の乱の影響か、文明十七年（一四八五）に京極材宗《きむね》が所司に任じられたのを最後に、その後は所司・所司代ともに任じられた形跡はない。この時期には組織の形骸化が進んでいたようだが、幕府の奉行人である松田《まつだ》氏や飯尾《いのお》氏が開闔として治安維持を担っていくようになる。

戦国期の開闔は、侍所の責任者として原則的に在京が義務づけられ、侍所の職員ではないものの、開闔の被官も侍所職員と協力して治安維持にあたっていたようだ。日常的に犯人の逮捕など軍事行動をおこなっていたこともあり、この時期になると、開闔の軍事力が将軍家の軍事力の一翼を担うようになった。なお、事件が大規模になった場合は、開闔の軍事力だけでは対処できなかったようで、政所《まんどころ》頭人の伊勢氏や細川京兆家、将軍近臣をはじめ、将軍に近い公家なども協力している様子が確認できる。

ところで、逮捕された犯罪人はどこに禁獄されていたのだろうか。実は、室町時代には公式の獄舎《ごくしゃ》は設定されておらず、所司代が置かれていたときには所司代の邸宅に、戦国期になると開闔の邸宅に拘留されていたという。

赤松政則画像◆嘉吉の乱で赤松氏が滅亡させられた後、長禄の変の功績により再興されたときの当主。侍所所司に任じられるも、実務は被官の浦上氏が所司代として担った　京都市東山区・六道珍皇寺蔵

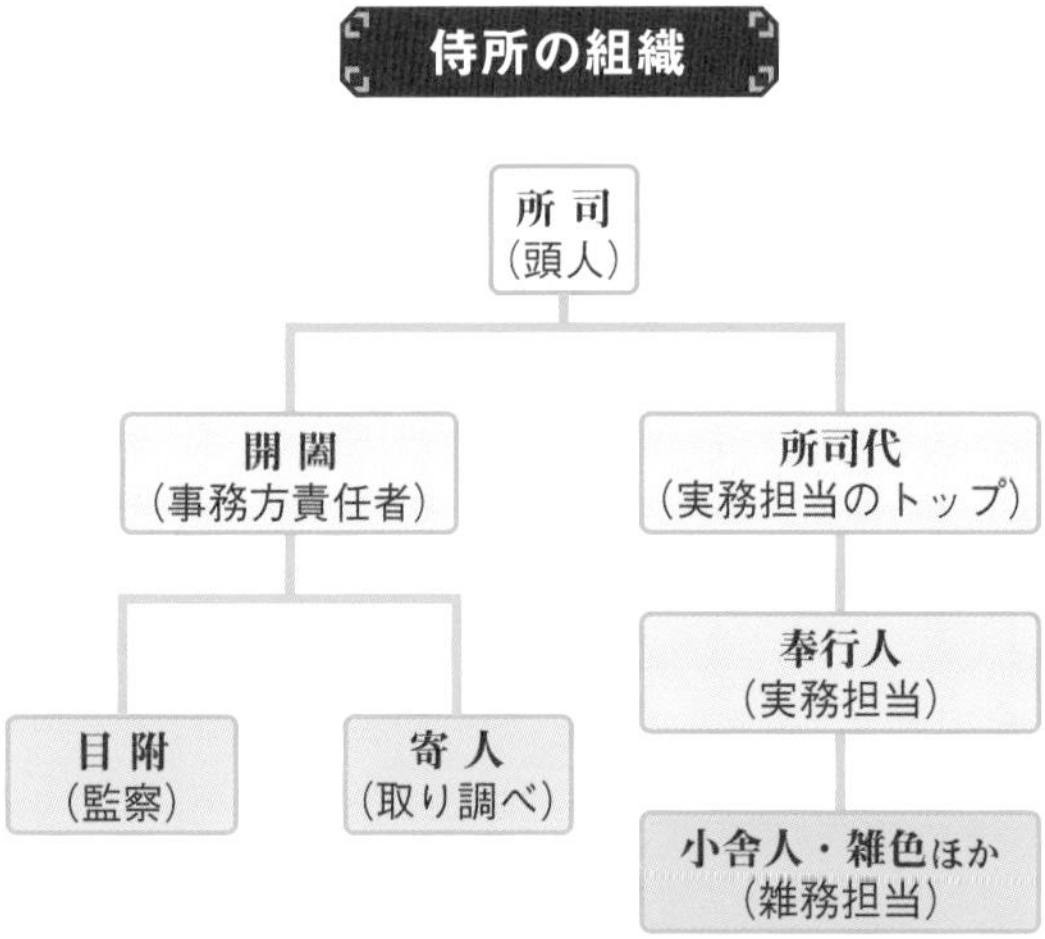

コラム

再編される幕府機構

室町幕府の機構を想像しようとしたとき、みなさんはどの時期のものを思い浮かべるだろうか。

長く存続した組織の場合、最初から最後まで同じ機構を維持していることは稀である。いや、むしろそのような組織は存在しないと言ってよいだろう。室町幕府も例外ではなく、政治情勢や社会情勢に連動するかたちで、時期によってどんどんかたちを変えていった。

大枠ではあるが、例として初期室町幕府の機構図と六代将軍義教の時期の機構図を掲げてみた。両者には約一〇〇年ほどの開きがあるが、その間に大幅に改変されたことがわかるだろう。

たとえば、直義の下に置かれていた機関のうち、評定《ひょうじょう》や問注所《もんちゅうじょ》は徐々に形骸化し、名誉職化していった。また、引付方も訴訟制度の改変によって諸機関に再編されていく。そして、禅律方《ぜんりつかた》のように、南北朝期までは名前がみられるものの、鹿苑僧録《ろくおんそうろく》に取って代わられ、その後の歴史のなかで姿を消してしまう機関もあったのだ。

一方で、管領などをはじめとして、新たに設置された機関や職も少なくない。また、政所や侍所のように、同じ名称を冠していても、業務や権限が時期によって異なる場合もある。

足利氏の家政機関をベースに、鎌倉幕府の影響を色濃く受けながら発足した室町幕府の機構だったが、時代の展開にあわせて、自らをふさわしい姿に再編していったのだ。

再編が繰り返されるため、「これこそが幕府の典型的なかたち」というものを見いだすことは難しいが、むしろその時々で異なる機関の変遷を丹念に追うことで、室町幕府とはなんだったのかということを考えるきっかけにもなるだろう。

幕府組織の変遷図

幕府初期

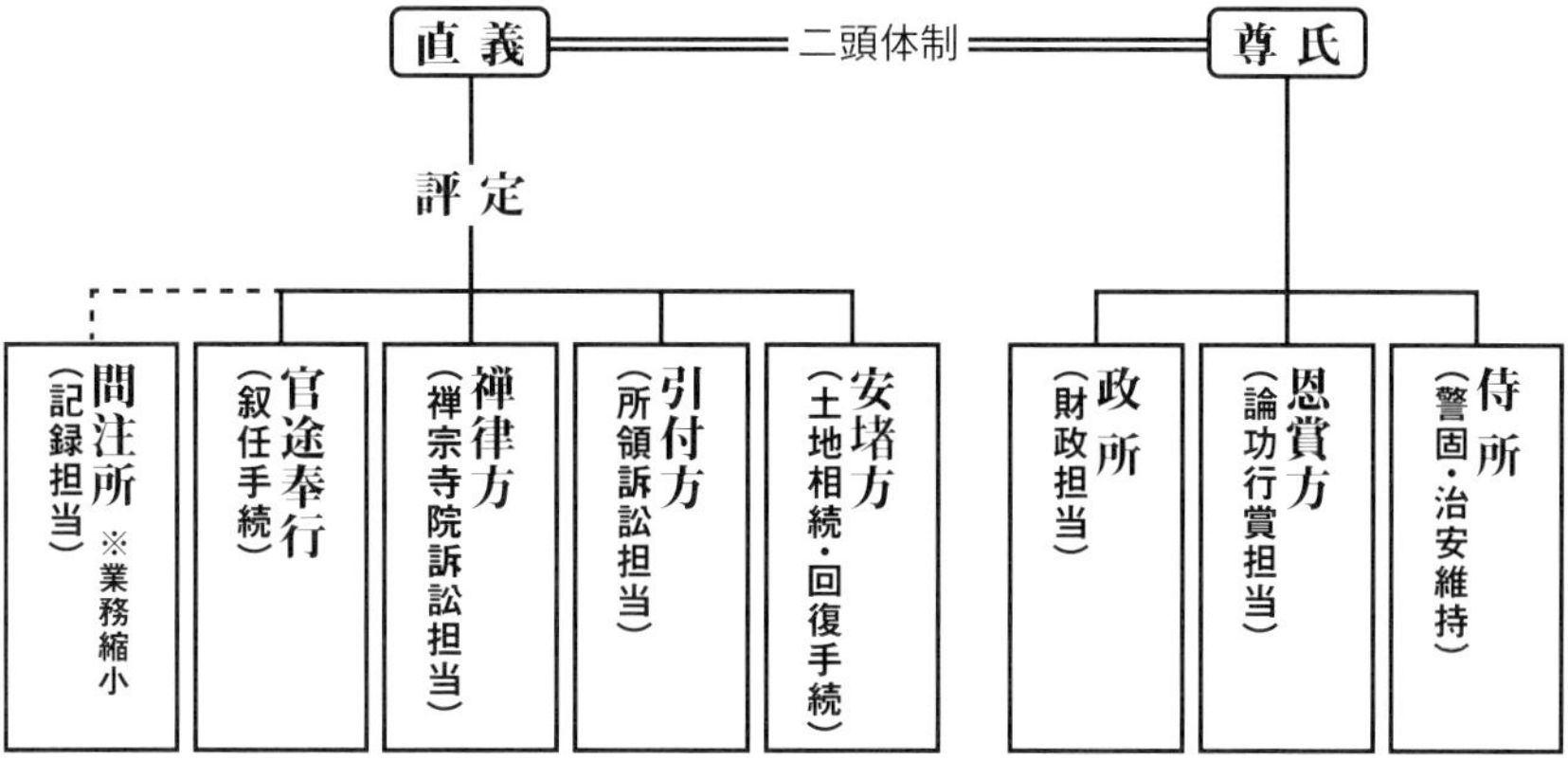

6代義教の時期

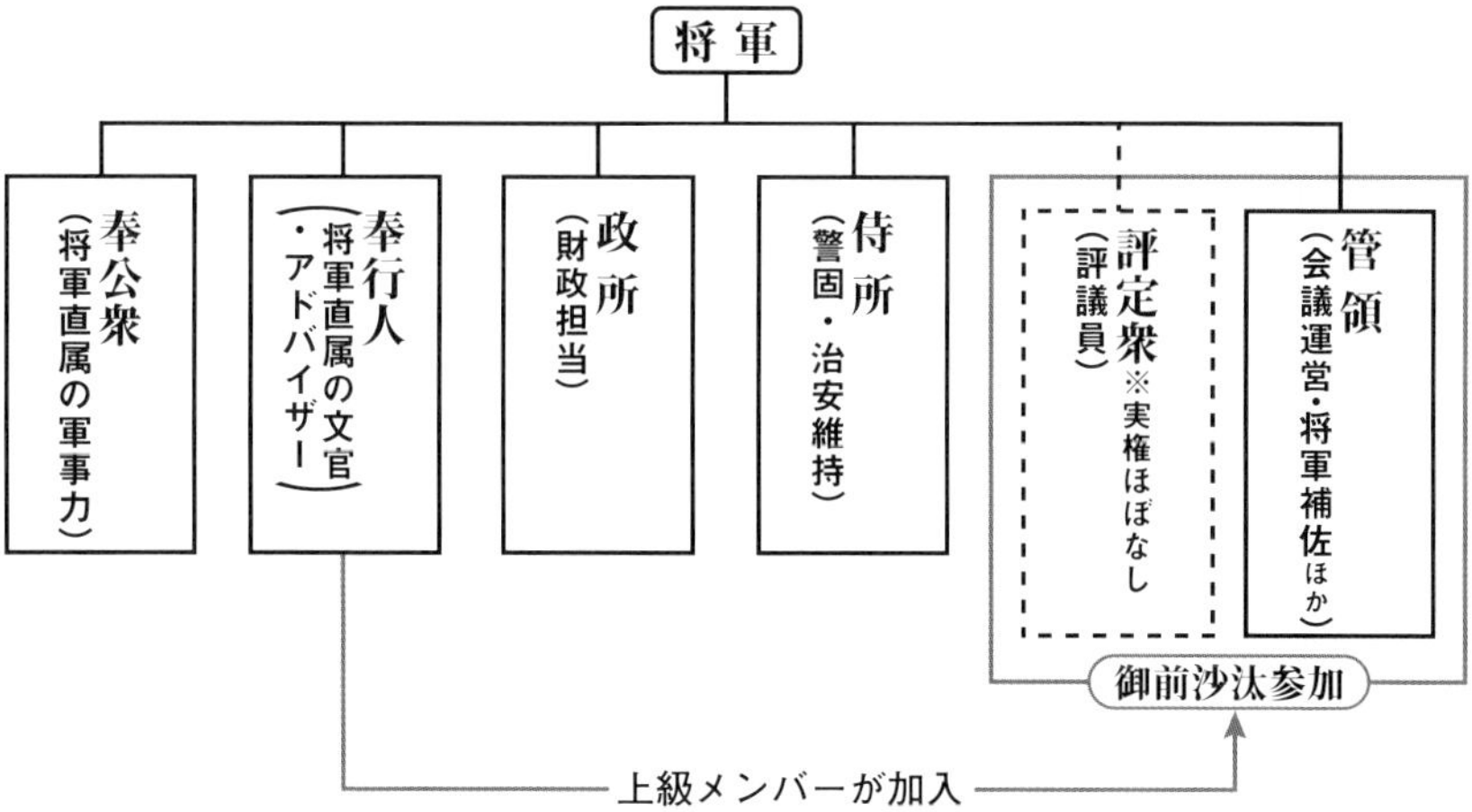

06

奉公衆《ほうこうしゅう》——将軍直属の親衛隊

南北朝内乱を戦うなかで成立した室町幕府であるが、守護や国大将《くにだいしょう》の軍事力に依存していたため、当初は将軍直属の軍事力はほとんど存在しなかった。そこで、将軍の軍事力を強化するために、将軍に近侍《きんじ》する旧御家人層《きゅうごけにんそう》の中から編成されたのが奉公衆である。

一番有名なのが、御番衆《ごばんしゅう》だろう。平時には将軍御所の警備や将軍外出の際のお供役などをつとめ、有事には将軍の親衛隊として機能した。彼らは五ヶ番に編成されており、『文安年中御番帳《ぶんあんねんちゅうごばんちょう》』や『永享以来《えいきょういらい》御番帳』などの番帳類が残っていることから、編成のあり方や特徴を把握することができる。

いつから置かれるようになったかは諸説あるが、明徳の乱や応永の乱で番ごとに動いている姿が確認されているので、少なくとも三代義満のころには原型が存在したとされる。

番帳によると、各番にはリーダーとなる番頭《ばんとう》が定められていた。各番はそれぞれ五〇〜一〇〇人、全体で三〇〇〜四〇〇人となり、各自が被官を動員したと仮定して、総勢でかなりの軍事力になったことが想定されている。

構成員は足利一門や守護一族、有力国人など多岐にわたり、時期を追うごとに世襲化が進んだようだ。そのため、文明十七年（一四八五）に奉公衆と奉行人が対立する事件が起こると、結束して事態に対処するなど、強い連帯意識をみてとれる。

奉公衆は将軍の直轄領《ちょっかつりょう》（御料所《ごりょうしょ》）の管理を任されたり、自身の所領に守護が立ち入れないこと（守護《しゅご》不入《ふにゅう》）を認められるなど、さまざまな特権が与えられた。彼らは守護から独立的な立場にあったため、守護の領国支配の進展を掣肘《せいちゅう》するために置かれていたとも評価されている。全国的に分布しているが、番帳の分析によると、近江《おうみ》（滋賀県）や三河《みかわ》・尾張《おわり》（ともに愛知県）、美濃《みの》（岐阜県）に多く存在していたようだ。

九代義尚や十代義稙の六角氏征伐までは番衆もたくさんいたが、明応の政変で義稙が追放されると、その後は将軍家が二つに分裂したこともあり、それ以前のような動きは確認できなくなる。消滅するわけではないが、将軍の求心力が衰え彼らの生活を支える御料所が不足したこともあり、徐々にその数を減少させていった。

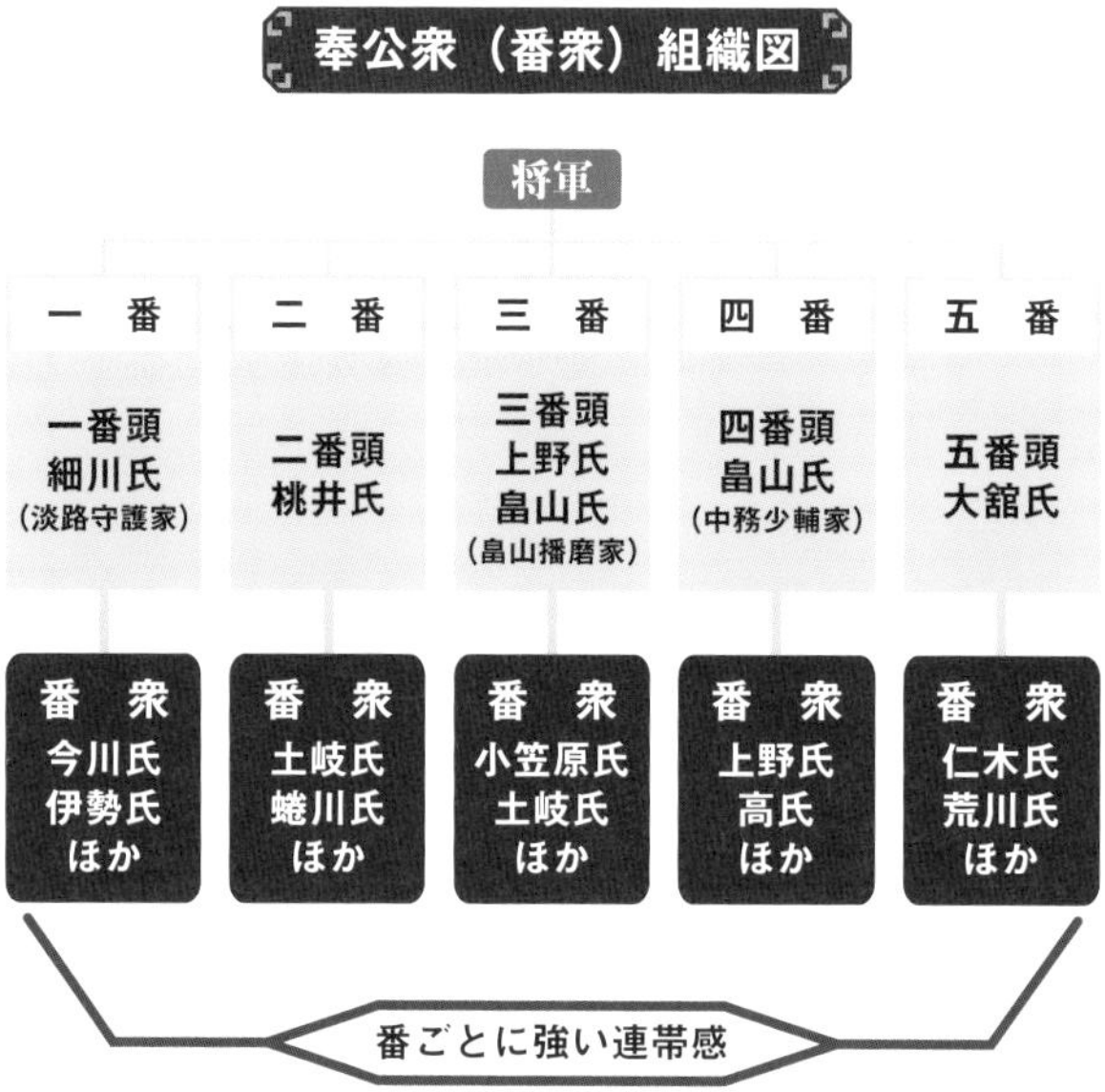

斯波氏屋敷の前で闘鶏を見物する足利義輝◆中央の子どもが義輝とされ、周囲を近習たちが囲んでいる。平時の奉公衆も、このように将軍の外出に随行していたのだろう。徐々に人員も減少していったが、足利義昭の鞆動座に従ったものもいる　「洛中洛外図屏風」　米沢市上杉博物館蔵

07
奉行人《ぶぎょうにん》――政権を支える法曹エキスパート

室町幕府を代表する官僚集団だが、当初はさほど目立つ存在ではなかった。初期幕府の奉行人は、鎌倉幕府下で活躍した六波羅探題《ろくはらたんだい》の奉行人の系譜を引く者がほとんどであった。彼らは建武政権下の雑訴決断所《ざっそけつだんしょ》職員を経て、幕府開創にともなって足利尊氏に登用されている。政権が変わってもひきつづいて雇用されているのは、文筆専門職・法曹家《ほうそうか》としての専門性の高さゆえとされる。それもあってか、奉行人としての職は世襲的に子孫に継承されていった。

室町幕府の下では、奉行人は引付や政所、侍所といった幕府諸機関に配属された。初期の幕府では、裁判は評定衆や引付方が管轄していたため、当初の業務は将軍や執事・管領が発給する文書の清書に代表される、右筆（書記官的な業務）がメインであった。そのため、彼らは「右筆方《ゆうひつかた》」とも呼ばれる。また、幕府の文書は奉行人や評定衆の各家によって管理された。

訴訟裁許の変質にともない、義満・義持のころから徐々に動きが目立ちはじめ、六代義教が裁判制度の強化に乗り出すと、法曹エキスパートとしての奉行人の政治的地位が飛躍的に上昇した。義教が「御前沙汰《ごぜんざた》」と呼ばれる将軍臨席のもとでおこなわれる評定を開催しはじめると、奉行人たちは御前沙汰のメンバーに加えられ、発言権が増したのである。

また、このころからは裁判事務のみならず、軍事にまで関与するようになり、法曹官僚を超えて、幕府政治を支える有力者となっていた。奉行人を輩出する家も時期によって変遷があり、室町中期の代表的な奉行人の家としては、飯尾《いのお》・斎藤《さいとう》・布施《ふせ》・松田《まつだ》・治部《じぶ》氏らが挙げられる。彼らの業務の核は、裁判結果の伝達をはじめとする、将軍の意を奉じる奉行人奉書《ぶぎょうにんほうしょ》の発給であった。先にみたように業務が多岐にわたるため、現在最も多く残っている武家文書のひとつである。

　ここで、奉行人奉書の特徴をみておこう。管領奉書と同様に、奉行人奉書も将軍の意を承って下達することを目的としたが、管領とはちがい、奉行人が一人で発給することはほとんどない。二人で署名しているものが多く、日付の下に署名しているのが担当の奉行で、その次に署名している奉行は保証役であったとされる。三人で署名しているものもあり、重要事には三人で署名したようだ。

　文明十七年（一四八五）には、八代義政と九代義尚の政策をめぐる争いに端を発し、奉行衆と奉公衆とが対立する事態にいたる。義尚の怒りにふれて四十名以上の奉行人が剃髪《ていはつ》して隠退するという異常事態に陥ったが、奉行人の地位が低下することはなかった。

　明応の政変後に将軍家が分裂すると、奉行人も義稙・義澄の両陣営に分裂して所属している。このころには幕府諸機関は衰退・消滅に向かうものも多かったが、将軍の意を受けた奉行人奉書の発給が主たる業務であったため、将軍がいる限りは幕府滅亡まで奉行人の重要性は変わらなかった。なお、最後の将軍義昭が織田信長に追放されると、奉行人の一部も義昭に同行して地方に下っていく。

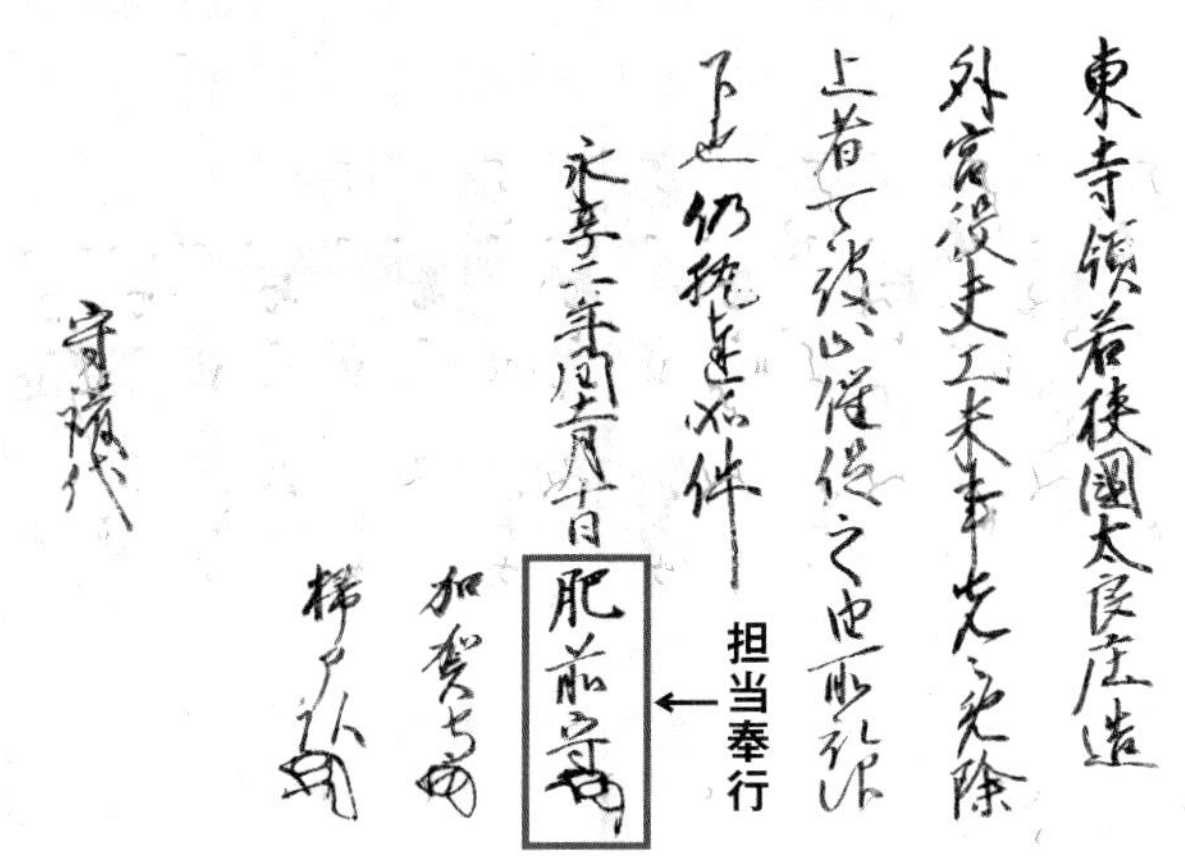

永享２年（1430）閏11月10日付け室町幕府奉行人連署奉書◆若狭国守護代に宛てて、東寺領若狭国太良庄は伊勢外宮造営のための役夫工米の納入を免除されているので、催促を止めるよう命じている。日付けの下に書名している「肥前守」が担当奉行である　「東寺百合文書」　京都府立京都学・歴彩館蔵

08

政所《まんどころ》——財政を牛耳《ぎゅうじ》る金庫番

おもに幕府財政と領地にかかわる訴訟を担当する、幕府の屋台骨《やたいぼね》を支える重要機関である。

まずは構成員をみてみよう。鎌倉幕府の政所では長官として別当がおり、執事らがそれを支える体制であったが、室町幕府下では別当は置かれず、執事（頭人とも）が実質的なトップであった。

開幕当初は鎌倉幕府下で執事をつとめた二階堂《にかいどう》氏を軸に、長井《ながい》氏や佐々木氏なども任じられたが、三代義満の時期に伊勢貞継《いせさだつぐ》が任じられると、その後は基本的に伊勢氏の世襲となる。伊勢氏は鎌倉時代以来の足利氏の被官で、貞継は義満の養育係をつとめていたこともあり、執事に抜擢されたのだろう。その後も伊勢氏が将軍の養育係をつとめることが多く、将軍家の家宰《かさい》的性格を強めていく。

貞親《さだちか》の時期になると、八代義政の近臣として勢力をふるい、応仁・文明の乱勃発のひとつの要因ともなった。その後も伊勢氏当主は幕政に重きをなし、最後の将軍義昭が織田信長に追放されるまで、政所執事として重要な役を担っている。

執事の下には執事代《しつじだい》が置かれた。平の職員である寄人《よりうど》の中から選ばれ、松田・斎藤・飯尾・諏訪《すわ》などの諸氏が交代でつとめた。形式的には執事が政所のトップであったが、伊勢氏は将軍家の家宰的役割も担っていたため、政所の実務は実質的に執事代が担うことになった。寄人はおよそ十五〜二十人ほどで構成されていたようで、その下には、雑用をつとめる公人《くにん》（政所下部《しもべ》とも）が置かれている。

このほか、執事の代官として政所代《まんどころだい》が置かれ、伊勢氏の被官である蜷川《にながわ》氏が世襲した。政所の本来の構成員ではなく実態もよくわからないが、時代が下るにつれて、政所での重要性を増していった。蜷川氏は多くの政所関係の文書（『蜷川文書《にながわもんじょ》』）を現在に伝えるとともに、親元《ちかもと》と親俊《ちかとし》が日記を残しており、室町後期から戦国期にかけての政所や幕府の実態を理解するうえで重要な史料となっている。

なお、政所の業務については「収入基盤」のところで述べるので、ここでは割愛する。

政所の組織

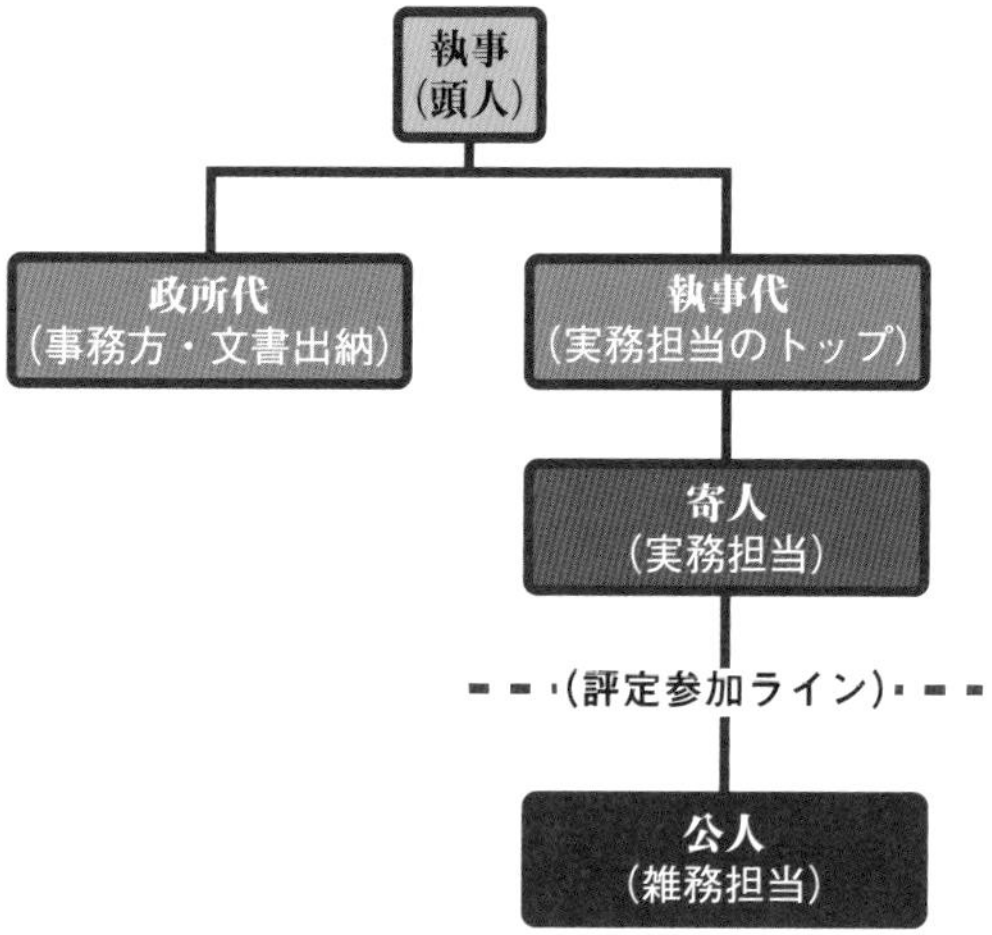

蜷川親元画像◆政所執事の伊勢貞親・貞宗父子に仕え、将軍義政・義尚の時期に政所代をつとめた。親元の日記『親元日記』は、当時の幕府の政務を知るうえで貴重な史料である　国立公文書館内閣文庫蔵

伊勢定国（貞国）画像◆兄貞経の跡を継ぎ、義教・義勝・義政三代の政所執事をつとめた。永享６年（1434）に義勝が生まれると、自宅で養育している。子の貞親は義政の側近として権力を握り、応仁・文明の乱勃発の引き金のひとつとなった　東京大学史料編纂所蔵模写

09 女房《にょうぼう》――「奥」を取り仕切る女性の幕臣

室町幕府で働いていたのは、男性ばかりではない。女房は将軍に仕えた女性のことで、広義の幕臣として位置づけられている。

幕府には多くの女房が仕えていたが、出身階層をみてみると、公家の子女や将軍近臣の子女が大半を占めたことが明らかにされている。ただし、将軍近臣とはいっても、政所執事の伊勢氏や奉行人の子女はみられない。これは、彼らの職務が政務に直結するため、癒着を避けた結果ではないかと推測されている。このほか、社家《しゃけ》の出身だったり、足利一門や守護の子女もいるが、ごく少数である。

女房たちは、上﨟《じょうろう》・中﨟《ちゅうろう》といったように、﨟次《ろうじ》によってランク分けされていた。﨟次は彼女たちの出自によって決められていたようだが、あくまで目安だったらしく、明確な基準はなかったようである。また、昇進する場合もあったらしい。

彼女たちは基本的に実名で呼ばれることはなく、局《つぼね》名で呼ばれた。局名には、「大納言局《だいなごんのつぼね》」のように官職名が付くもの、「越前局《えちぜんのつぼね》」のように国名が付くもの、「堀川局《ほりかわのつぼね》」のように京都の通り名が付くものなどがあり、それぞれの名の中にもランクがあったとされる。

女房の職務としてまず挙げられるのは、将軍が外出する際（御成《おなり》）、お供として付き従うことである。御成は儀礼の一環でもあったので、時期によって多少変動するものの、付き従う女房たちの﨟次や人数も決められていた。

また、最も重要な職務と考えられるのが、将軍と近臣、将軍と第三者とをつなぐパイプ役である（これを取次《とりつぎ》という）。取次の用件は多岐にわたるが、特徴的なのは訴訟に関してだろう。

室町幕府の訴訟ルート

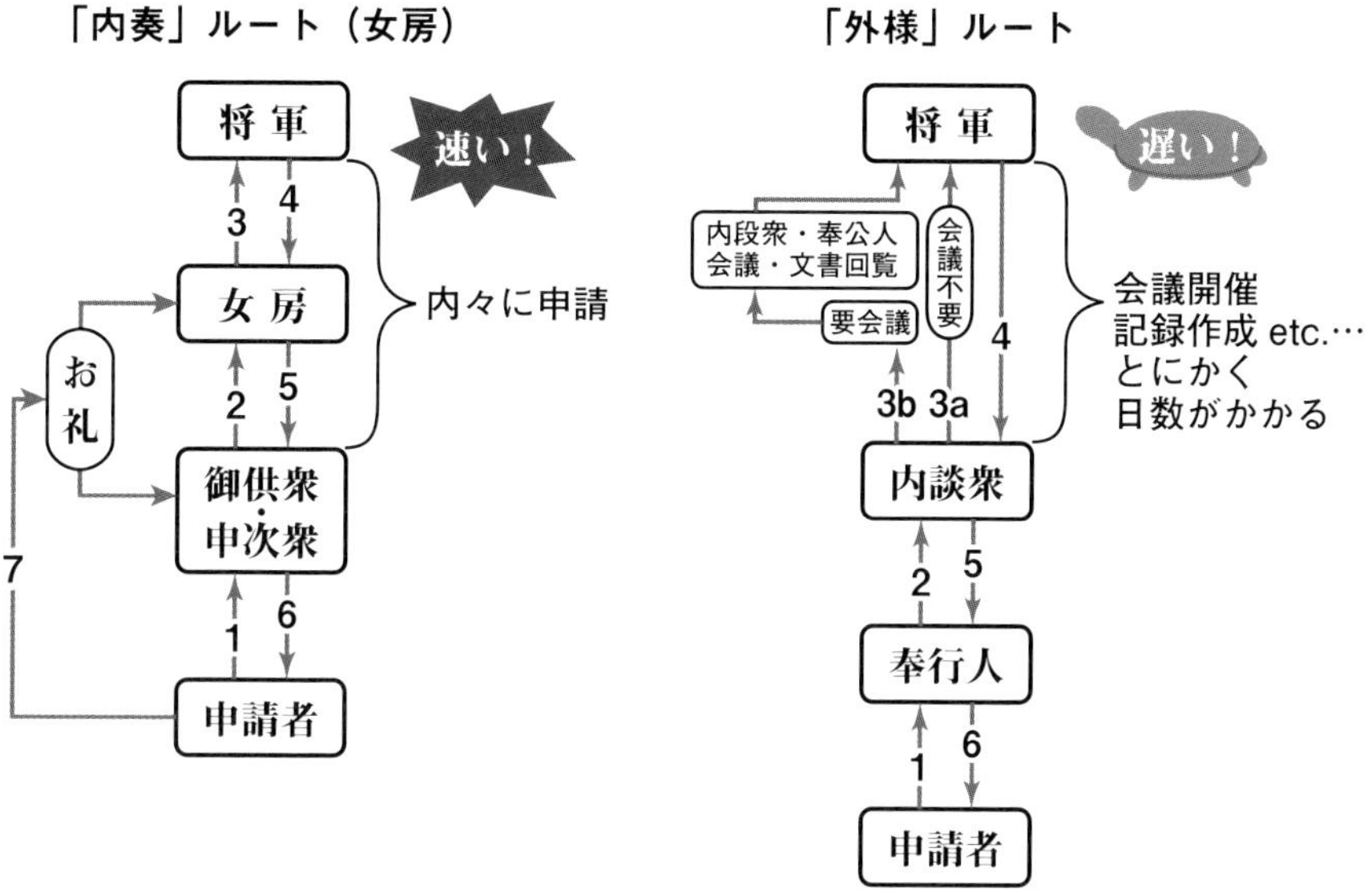

当時の訴訟のようすをみてみると、「外様《とざま》」と呼ばれる正式なルートを通じて訴えた場合、とかく時間がかかってしまい、埒《らち》があかなかったようだ。そこで、幕閣の有力者や将軍近臣、女房など、将軍と直結する人たちとのパイプを持っている人は、そこを通して訴えていた（これを内奏《ないそう》という）。外様より内奏のほうがはるかに早く裁許が得られるため、女房の役割も必然的に重要になっていった。

そのため、政治に介入する者も現れてくる。八代義政の時期に烏《からす》丸《ま》資任《すけとう》や有《あり》馬《ま》元家《もといえ》とともに「三魔《さんま》」と称された、今参局《いままいりのつぼね》（大舘氏出身）が代表格といってよいだろう。彼女は義政の乳母もつとめた女性で、最終的には権力闘争に負けて失脚している。

ちなみに、内奏はあくまで裏ルートだったため、依頼者からは多くのお礼が届けられている。もちろん、経済的な手当として将軍や幕府から所領や俸禄《ほうろく》が与えられていたが、不安定なものだったらしく、取次業務を通して得られるお礼が収入の大きな部分を占めていたようだ。

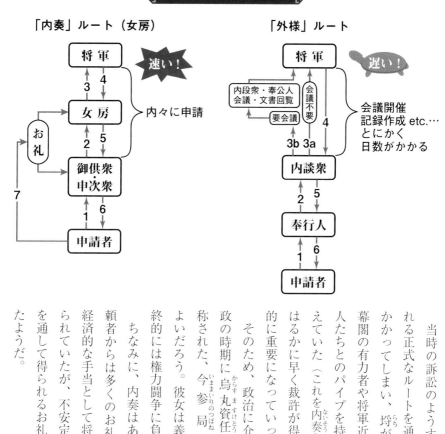

10 鎌倉府《かまくらふ》――反幕の気風みなぎる東国政権

足利一族である鎌倉公方《かまくらくぼう》をトップとし、鎌倉に本拠を置く関東の統治機関である。鎌倉公方の下には要となる関東管領《かんとうかんれい》が置かれ、評定衆・引付衆・侍所・政所などの諸機関も設置された。そして、それを公方の近臣・奉公衆や奉行人などが支える体制であった。守護や国人、寺社勢力などさまざまな集団を含み込んだ支配体制は、「鎌倉府体制」とも呼ばれる。

鎌倉幕府が倒れ、後醍醐天皇による建武の新政が始まると、成良《なりよし》親王をトップとし、足利直義が補佐をつとめる鎌倉将軍府《かまくらしょうぐんふ》が置かれた。しかし、中先代の乱や観応の擾乱の勃発により鎌倉将軍府は瓦解し、関東統治の必要にかられた室町幕府により、足利義詮を首《しゅ》班《はん》とする鎌倉府が設置された。やがて義詮が京都に戻ると、同じく尊氏の子であった基氏《もとうじ》が鎌倉に送られ、尊氏の後見を受けて長として据えられた。

基氏のもとで支配の強化が進められたこともあり、一般的に基氏が初代鎌倉公方とされる。基氏の後は、氏満《うじみつ》→満兼《みつかね》→持氏《もちうじ》と継承された。基氏こそ幕府と友好的な関係を築いていたが、氏満以降は幕府に反抗的な態度を取り始め、自立的な動きを示すようになる。とりわけ持氏の時期には、鎌倉府内の路線対立を発端として上杉禅秀《うえすぎぜんしゅう》の乱が勃発し、それを克服した持氏は専制化を強めていく。そして、永享十年（一四三八）にはついに幕府との直接対決という事態になり、敗れた持氏は鎌倉永安寺《ようあんじ》で自害して果てた。

その後、関東管領山内《やまのうち》上杉氏を中心に政務がおこなわれたが、持氏の遺児安王丸《やすおうまる》・春王丸《しゅんおうまる》を擁した結《ゆう》城《き》氏朝《うじとも》等が挙兵した結城合戦《ゆうきかっせん》が起こるなど、山内上杉氏と有力国人層との対立が顕在化していく。そのような状勢を解消するため、紆余曲折《うよきょくせつ》があったものの、

足利基氏坐像◆初代将軍尊氏の子で、京都で養育されていたが、それまで鎌倉にいた兄義詮が観応の擾乱の影響で京都に戻ると、代わって鎌倉に送られ初代鎌倉公方となった。その後の鎌倉公方とは異なり、尊氏・義詮とは協調関係を築いている。貞治６年（1367）に若くして死去。墓は瑞泉寺にあるが、残念ながら非公開である
神奈川県鎌倉市・瑞泉寺蔵

文安四年（一四四七）には持氏の遺児・成氏《しげうじ》が新たな鎌倉公方として擁立され、鎌倉府は再興された。

しかし、対立状況は解消されず、さらには成氏と山内上杉氏との対立も深まり、関東全土を巻き込んだ享徳《きょうとく》の乱が勃発する。激化する戦争状況に、成氏は下総国《しもうさのくに》古河《こが》（茨城県古河市）に移り、以後は古河《こが》公方《くぼう》と呼ばれるようになる。それにともない鎌倉府も解体され、古河公方をトップとし、近臣層を中心に組織された権力体は「古河府《こがふ》」とされる。

鎌倉府の管轄は、関東の常陸《ひたち》・上野《こうずけ》・下野《しもつけ》・上総《かずさ》・下総・武蔵《むさし》・相模《さがみ》・安房《あわ》の八ヶ国と甲斐《かい》・伊豆《いず》を加えた十ヶ国でスタートしたが、政治情勢の変化とともに、

鎌倉公方略系図

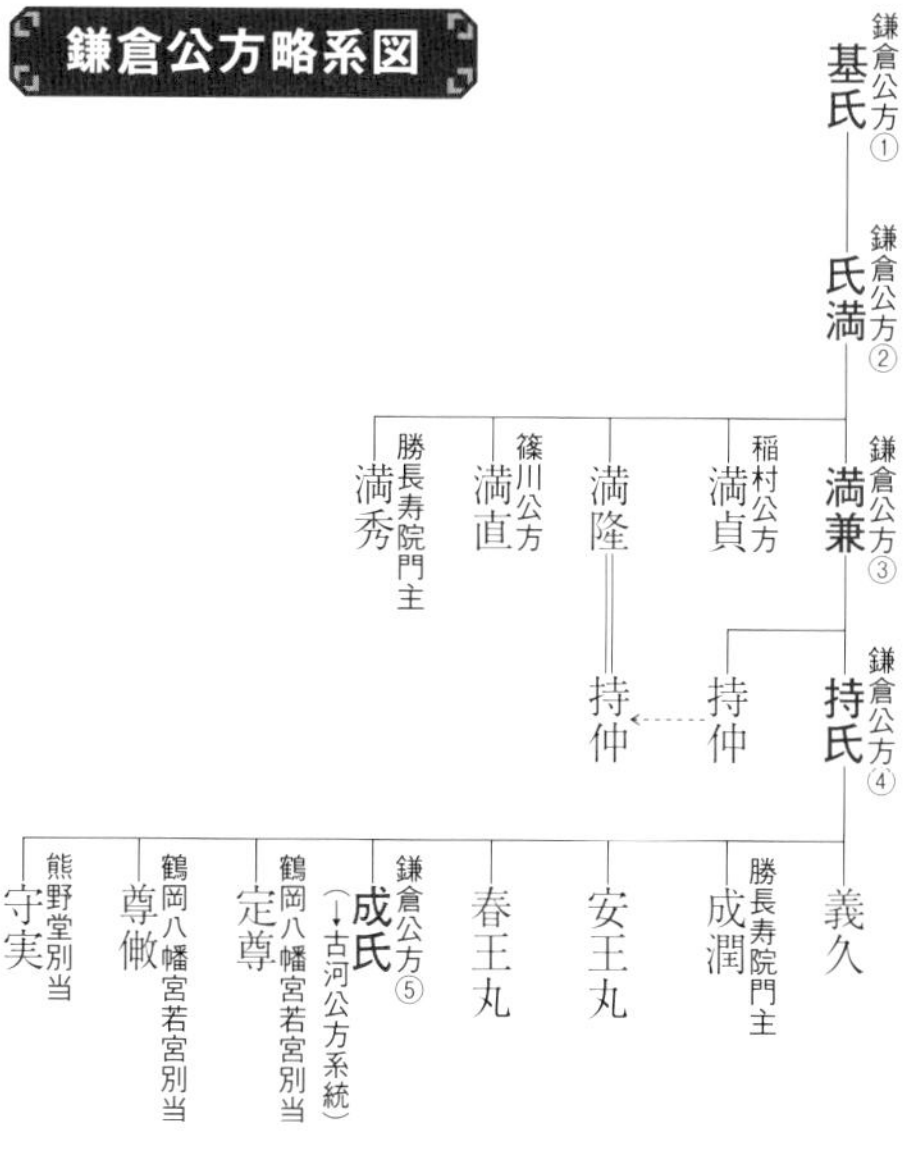

鎌倉府の機構

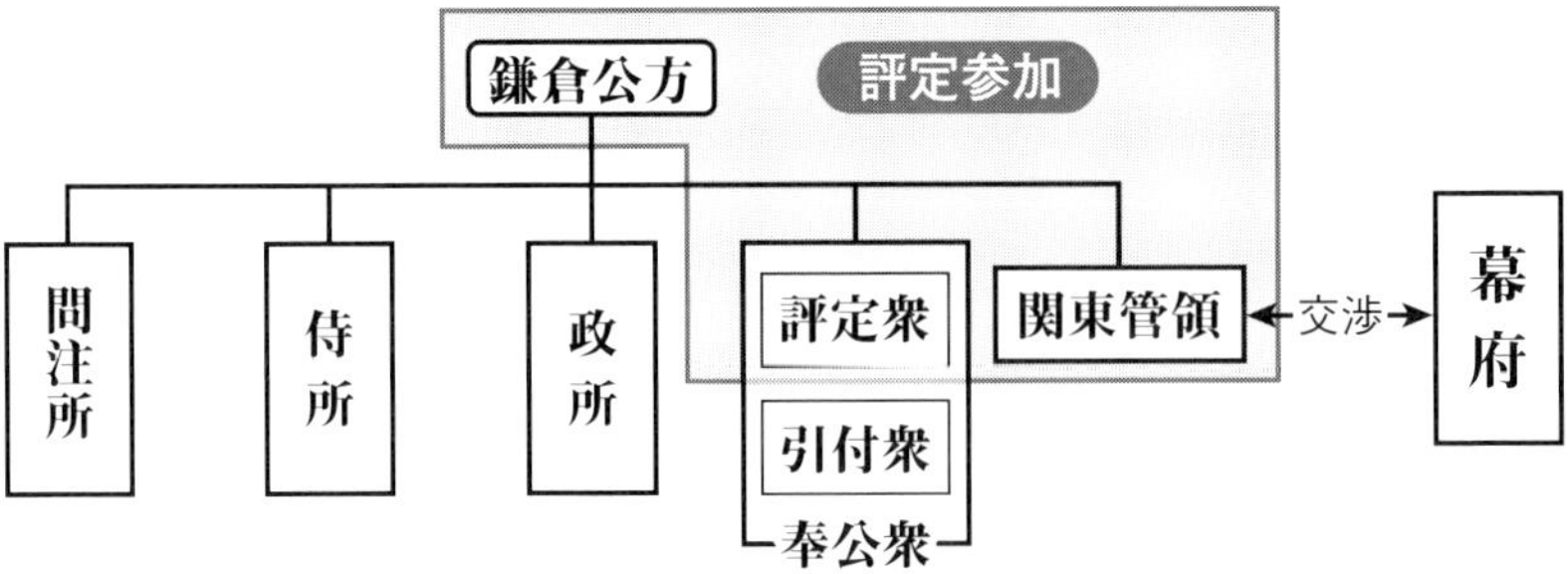

一時的に信濃《しなの》や陸奥《むつ》・出羽《でわ》が加えられることもあった。

トップは鎌倉公方だったが、裁判や軍事などの実務を統括したのは関東管領であった。鎌倉府発足直後は関東執事《かんとうしつじ》と呼ばれ、斯波氏や畠山氏等の諸氏が任じられた。幼少の二代氏満を補佐するために上杉憲顕《のりあき》が任じられたころから関東管領と呼ばれるようになり、以降は山内・犬懸《いぬかけ》上杉氏により独占されていく。上杉氏は幕府との関係も深かったため、鎌倉府統制の役割が期待された。そのため、すでにみたように、鎌倉公方との間でたびたび対立が顕在化してしまうのである。

近臣たちのほとんどは、足利氏一族や鎌倉時代以来の譜代被官が占めていた。奉行人をはじめとする官僚層は、当初は鎌倉幕府の実務官僚に由来する一族出身者が多かったが、のちに関東の武士たちも割合を増やしていったという。なお、鎌倉府に置かれた諸機関の実態については、まだまだ不明な点が多い。

ところで、鎌倉府を室町幕府の出先機関と評価する向きもある。たしかに、鎌倉府は室町幕府が設置した機関であり、当初の鎌倉府は鎌倉幕府の諸側面を継承

持氏期の守護分布図（永享年間）

し、室町幕府の出先機関としての性格も強かったことは否定できない。しかし、東国特有の政治・社会情勢に規定されつつ南北朝内乱を乗り越えたこともあり、室町期には幕府からは半ば自立した東国《とうごく》政権として成長していったことが明らかにされている。

伝足利持氏の墓◆相輪は後補とされ、相輪を除いた総高は256cmと大きい。塔身の四方に鳥居が彫られているなど、珍しい形状をしている。鎌倉公方は幕府に対する「野心」が強調されるが、見直しも進められている　神奈川県鎌倉市・別願寺

瑞泉寺◆二階堂道蘊を開基、夢窓疎石を開山として建立された臨済宗円覚寺派の名刹。鎌倉公方足利氏の菩提寺となり、足利基氏坐像・同氏満坐像などを所蔵する。庭園は夢窓疎石の作で、国の名勝に指定されている　神奈川県鎌倉市

鎌倉公方邸跡◆鎌倉中心部と要港・六浦湊をむすぶ金沢街道沿いに位置する。鎌倉時代には足利義兼が屋敷を構えたとされ、近くには足利氏の菩提寺・浄妙寺もあることから、一帯は足利氏にとって重要な地であったようだ。享徳の乱の過程で足利成氏が古河に移ると、屋敷も放棄されている　神奈川県鎌倉市

『結城戦場物語絵巻』に描かれた鎌倉公方邸内部のようす◆関東管領上杉憲実が足利持氏に対して、持氏の嫡子賢王丸の元服の件で申し入れをしている場面が描かれている。賢王丸の元服は永享の乱勃発の原因の一つとなった　栃木県立博物館蔵

視点 京都扶持衆《きょうとふちしゅう》

東国の統治機関として鎌倉府が置かれると、東国の諸勢力は基本的に鎌倉府の影響下に置かれたが、鎌倉府内の路線対立もあり、鎌倉公方と対立する者が出てきた。幕府はこれら諸氏と直接的に主従関係を結ぶが、これらの諸氏は「京都扶持衆」と呼ばれる。なお、「京都扶持衆」はあくまで学術用語であり、実際に彼らが幕府から衆として編成されていたわけではない。

主な家として、関東の宇都宮《うつのみや》氏・那須《なす》氏・大掾《だいじょう》氏・真壁《まかべ》氏、南奥州《みなみおうしゅう》の伊達《だて》氏・白河《しらかわ》結城氏などが挙げられ、鎌倉期以来の伝統的な豪族層も多かった。彼らは幕府と直接主従関係を結んだため、鎌倉府に出仕する義務がなくなり、鎌倉公方の指揮に従う必要もなくなったとされるが、実際は鎌倉に出仕していた者もいたようだ。彼らとしても完全に関係を切ることはできなかったのだろう。

しかし、専制化を強める鎌倉公方としては京都扶持衆の存在は邪魔であり、応永二十三年（一四一六）の上杉禅秀の乱で彼らが禅秀を支援したり中立的な立場を取ったことから、足利持氏は常陸の小栗満重《おぐりみつしげ》攻めを皮切りに、彼らの討伐を進めた。このとき、宇都宮持綱《もちつな》や桃井宣義《もものいのぶよし》らが滅ぼされている。これらの持氏の行為は幕府の逆鱗にふれ、永享の乱勃発のひとつの要因ともなっていく。

永享十年（一四三八）の永享の乱で持氏が敗死すると、親幕府の関東管領山内上杉氏が東国の政務を担ったため、京都扶持衆も自然に解消されていったようだ。

おもな京都扶持衆の分布

11 稲村《いなむら》御所《ごしょ》・篠川《ささがわ》御所《ごしょ》——奥州に置かれた橋頭堡《きょうとうほ》

明徳二年（一三九一）に陸奥・出羽両国が鎌倉府の管轄となり、応永五年（一三九八）に鎌倉公方足利氏満が死去すると、跡を継いだ満兼は陸奥の支配強化をめざし、弟の満貞《みつさだ》を稲村（福島県須賀川市）に送った。

満貞は鎌倉府の出先機関として、南奥州をはじめとする国人たちの糾合《きゅうごう》に努めたが、応永六年に陸奥・出羽両国の管轄が幕府に戻されると、有力国人たちとの間に軋轢《あつれき》が生じ、伊達政宗《まさむね》らが挙兵するという事態にいたる。これに対処するため、鎌倉府から犬懸上杉氏憲《うじのり》（のちの禅秀）が派遣され、乱が鎮圧されると、犬懸上杉氏の影響力が奥州に及んだため、満貞の立場は弱体化していった。

満貞を見限った鎌倉府首脳部は、応永二十一年頃に満兼の末弟満直を陸奥に派遣した。満直は篠川（福島県郡山市）に入り、満貞・満直が並び立つことになる。

しかし、満兼の死去により鎌倉公方が持氏に代替わりすると、持氏と禅秀は対立を深め、応永二十三年（一四一六）に禅秀の乱が勃発し、禅秀は敗死する。犬懸上杉氏と近かった満直は、こののち持氏と対決姿勢を強め、幕府も新たな鎌倉公方として満直を擁立しようとしたが、満直の実力不足もあり実現しなかった。

一方、禅秀の敗死により奥州における犬懸上杉氏の影響力は低下したが、満貞の立場は回復せず、応永三十一年に鎌倉に戻り、稲村御所は終焉した。

持氏と幕府との関係が悪化し、永享十年（一四三八）にはついに直接対峙することになると（永享の乱）、満直のもとに幕府から錦《にしき》の御旗《みはた》が届けられ、満直は南奥州の諸氏を率いて鎌倉に出陣している。具体的な戦果等は不明なものの、幕府側が勝利し、鎌倉に戻っていた満貞は持氏とともに永安寺で自害して果てた。

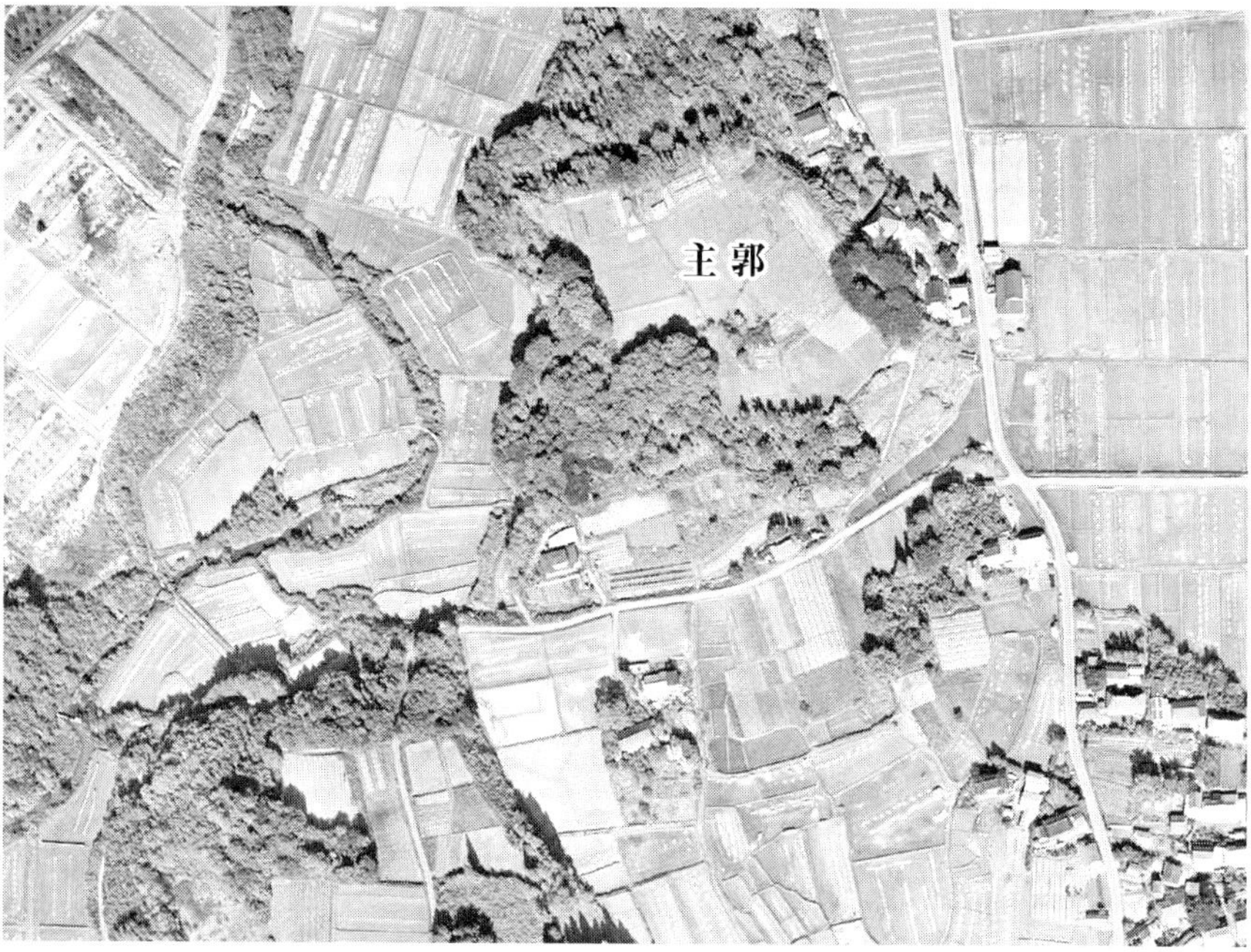

稲村御所跡航空写真◆足利満貞が築いたとされ、稲川が釈迦堂川に合流する丘陵上に所在する。現在、大部分は畑になっているが、周囲に土塁が巡る。満貞が永享の乱で自害した後の歴史は不明　写真提供：国土地理院

笹川高石坊石造供養塔◆高石坊は篠川御所があった場所に所在し、その名前から篠川御所にあった宗教施設に関連するとも推測されている。現在、周囲から中世の石造物が一箇所にまとめられており、同地が歴史的に重要な地だったことが理解できるだろう　福島県郡山市

持氏死後の関東統治をめぐって永享十二年に結城合戦が勃発すると、乱の首謀者である結城氏に呼応した南奥州の国人たちが篠川御所を襲撃した。反撃及ばず、満直は自害に追い込まれ、これによって篠川御所も滅亡したのである。

12 奥州探題《おうしゅうたんだい》——陸奥を統治した北方の押さえ

陸奥国の統括を担う役職で、南北朝期の奥州管領《おうしゅうかんれい》や奥州総大将《おうしゅうそうだいしょう》などを前身とする。

南北朝期の陸奥では、南朝方の北畠顕家《きたばたけあきいえ》の陸奥将軍府《むつしょうぐんふ》に対抗するため、軍事指揮権を与えられた奥州総大将が置かれたが、貞和元年（一三四五）には畠山国《くに》氏《うじ》と吉良貞家《きらさだいえ》が奥州管領に任じられると力を失っていった。奥州管領は、軍事指揮権のみならずさまざまな統治権も与えられたため、在地の掌握を進めていったが、観応の擾乱という幕府の内紛が発生すると、陸奥も諸勢力が乱立する状況となっていく。そのなかで台頭してきたのが、斯波氏であった。

ところが、それまで幕府の管轄下にあった陸奥・出羽の二国は、明徳二年（一三九一）に急きょ鎌倉府が管轄することになり、奥州管領は廃止された。背景には将軍義満と鎌倉公方氏満の融和状況があったようだが、氏満が応永五年（一三九八）に死去すると、跡を継いだ満兼と義満との間が不和になってしまう。そして、翌年には満兼が弟の満貞を稲村御所として陸奥に送り込み、国人たちを糾合し、支配を強めようとした。そのため、幕府は奥羽両国を鎌倉府の管轄から外し、斯波氏一族の大崎詮持《おおさきあきもち》を奥州探題に任命した。以後、大崎氏が探題職を世襲していくことになる。

奥州探題は奥州管領の後身とされることが多いが、どうやら実態はかなり違ったようだ。奥州管領は軍事指揮権だけでなく統治権も保持していたことはすでに述べたが、それに対して奥州探題は、軍事指揮権は保持するものの、陸奥全土にわたる統治権は与えられていなかったことが明らかにされている。

実際、陸奥は特殊な地域で、守護が置かれず、各地域の支配は幕府と直結し、郡ごとの統治権を認められ

多賀政庁跡航空写真◆古代の多賀城に由来する政庁で、建武政権下では義良親王と北畠顕家をリーダーとする陸奥将軍府が置かれた。室町幕府下では奥州総大将となった石橋棟義などが一時拠ったものの、康暦の政変の影響で石橋氏が局地勢力化してしまうと放棄された　写真提供：東北歴史博物館

た有力国人たちに任されていた。斯波氏一族ということで大崎氏は高い家格をほこり、奥州の身分秩序のトップに位置したものの、有力国人たちを被官にすることはできなかったこともあり、強力な支配体制を築くことはできなかったのである。

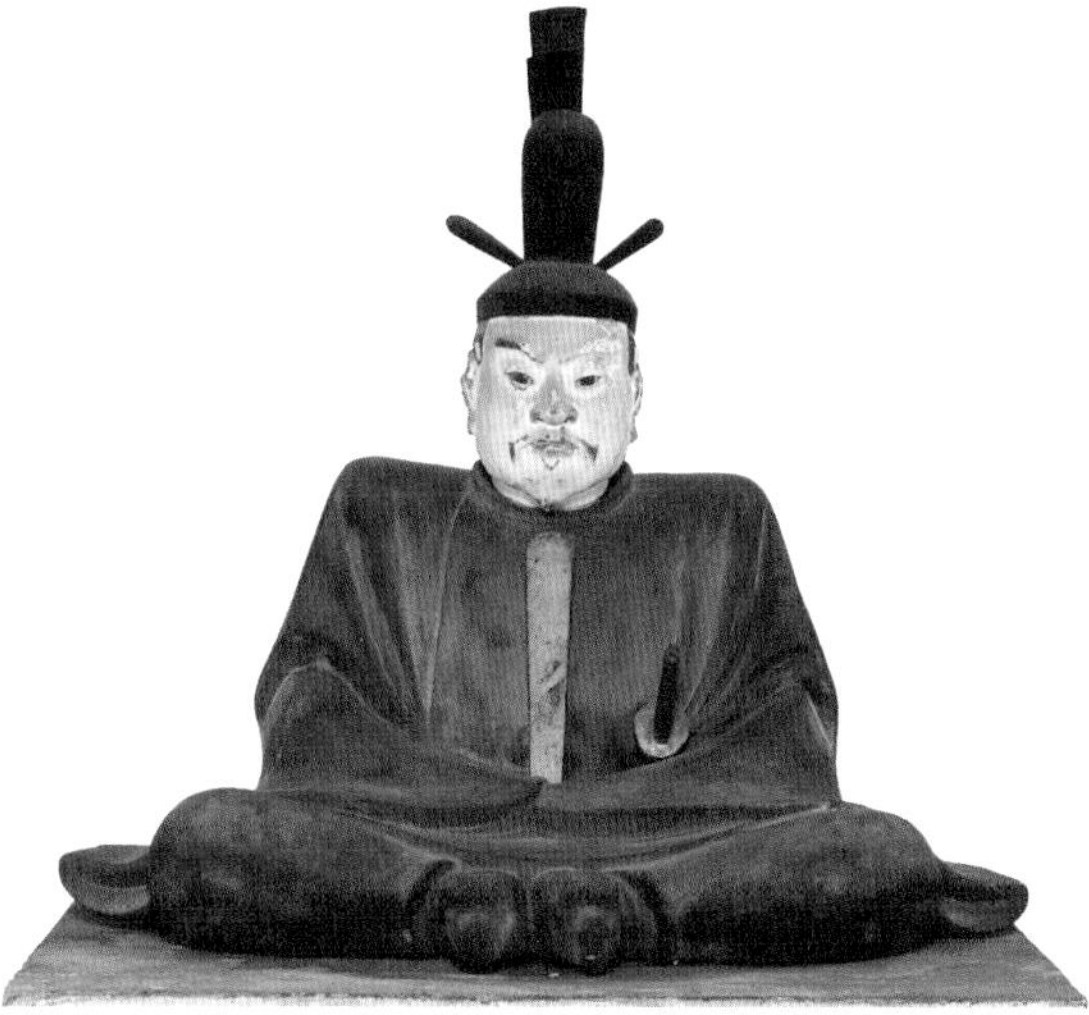

足利氏満坐像◆足利基氏の子で２代鎌倉公方。名前の「満」字は足利義満からもらったもの。京都で康暦の政変が起こると、連動して挙兵しようとしたが、関東管領上杉憲春の諫死をうけて中止した。氏満の時期の明徳２年に奥羽が鎌倉府の管轄になったことは、鎌倉府が奥羽に影響力を強めていく嚆矢となった　神奈川県鎌倉市・瑞泉寺蔵

大崎氏略系図

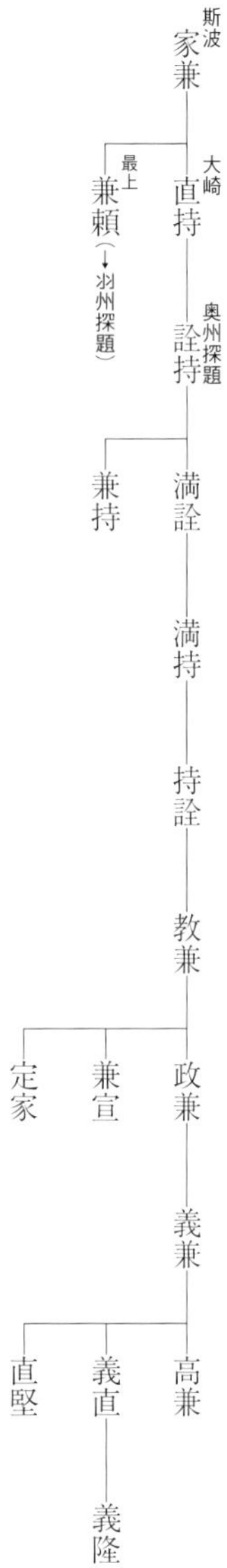

統治権が与えられなかったことと、有力国人たちを被官化できなかったこと、これが同じ幕府の地方統治機関であるにもかかわらず、独立的な勢力をほこった鎌倉府との大きな違いであった。

　そもそもが強大な権力を持っていなかった奥州探題だが、中央政治のゴタゴタに巻き込まれて本家の斯波氏が衰退していくと、京都へのパイプが失われたこともありさらに影響力を弱めていき、一有力国人と化していった。

　一方、戦国時代になると、有力国人のひとつであった伊達氏が急速に勢力を増大させていき、大永《だいえい》十一年（一五一四）には伊達稙宗《たねむね》が初の陸奥国守護職に就任、弘治《こうじ》元年（一五五五）には、ついに伊達晴宗《はるむね》が大崎氏に代わって奥州探題に任じられたのである。このころ

応永年間の東北地方

には完全に名誉職となっていたが、伊達政宗も奥州探題を自称している。政宗が豊臣秀吉に臣従した際、奥州探題を返上し、これをもって終焉を迎えた。

なお、出羽では同じく斯波氏一族の最上《もがみ》氏が羽州《うしゅう》探題に任じられていたが、実態はよくわかっていない。

伊達政宗画像◆伊達輝宗の子で、輝宗の死後に家督を継ぐと、急速に領土を拡大し、東北地方を代表する戦国大名に成長した。正式に補任はされていないものの、奥州探題を自称している。ところで、隻眼を気にした政宗はほとんどの肖像画を両眼のある状態で描かせたが、本画像は数少ない隻眼で描かれた肖像画である　京都市東山区・霊源院蔵

斯波兼頼画像◆斯波家兼の子で、奥州管領大崎直持の弟。延文元年（1356）に出羽国の南朝方を討伐するため、按察使として出羽国最上郡山形に入り、以後、羽州探題に任じられたとされる。兼頼の子孫は最上氏を名のり、戦国時代には最上義光を輩出した　東京大学史料編纂所蔵模写

13 九州探題《きゅうしゅうたんだい》――九州を統治する南方の押さえ

鎮西管領《ちんぜいかんれい》や鎮西大将《ちんぜいたいしょう》とも称された、室町幕府による九州統治の出先機関で、今川了俊《りょうしゅん》のころから九州探題の呼称が定着していったとされる。アジアへの窓口である博多《はかた》（福岡市）を押さえていたこともあり、室町幕府外交の一部も担っていた。

南北朝期の九州では、懐良《かねよし》親王をリーダーとする征西将軍府《せいせいしょうぐんふ》や足利尊氏の庶子《しょし》であった足利直冬《ただふゆ》が活発に活動しており、当初は幕府の支配は浸透しておらず、てこ入れのために派遣されたのが今川了俊だった。了俊は応安《おうあん》三年（一三七〇）に九州探題に任命されると、劣勢だった九州をまとめて南朝勢力らを掃討し、探題中心の支配体制を構築していく。このころの了俊は、自身を「将軍の分身」と認識している。

しかし、了俊は応永二年（一三九五）に突如、九州探題を罷免されてしまう。背景には、強大になりすぎた探題の権限を縮小する必要があったこと、了俊が当時の管領斯波義将と敵対する細川氏の与党であったことなどが考えられている。代わって任じられたのが斯波義将の娘婿・渋川満頼《みつより》で、以後、渋川氏が九州探題を世襲していく。

了俊に代わって九州探題となった渋川満頼も、本拠を博多に置いて豊前《ぶぜん》・肥前《ひぜん》・肥後《ひご》の守護職を押さえ、了俊に及ばないまでも大きな力を保持した。しかし、満頼が隠居して義俊《よしとし》が跡を継ぐと、北部九州の戦況が悪化し、応永三十二年には少弐満貞《しょうにみつさだ》に敗れて嫡流が交代するなど、権力に陰りがみえはじめる。また、それまで遠国放任策を取っていた将軍義教が直接干渉してくるようになると、軍事指揮権を保障されるのみとなってしまったようだ。

この時期の動向として見逃せないのが、大内氏の動

大宰府政庁跡◆大和朝廷により７世紀後半に筑前国に設置された地方行政機関である大宰府は、中世にいたるまで一貫して九州統治の拠点であった　福岡県太宰府市

今川了俊の動向

きである。永享元年（一四二九）には博多を要する筑《ちく》前《ぜん》国が幕府の管理下に置かれ、大内盛見《もりみ》が代官に任じられた。盛見は永享三年に戦死するが、以後、北部九州の支配は大内氏を中心にまわり、九州の軍事指揮権をもつ九州探題（渋川氏）が、大内氏を中心とする幕府軍を補完する体制となっていったとされる。

渋川氏略系図

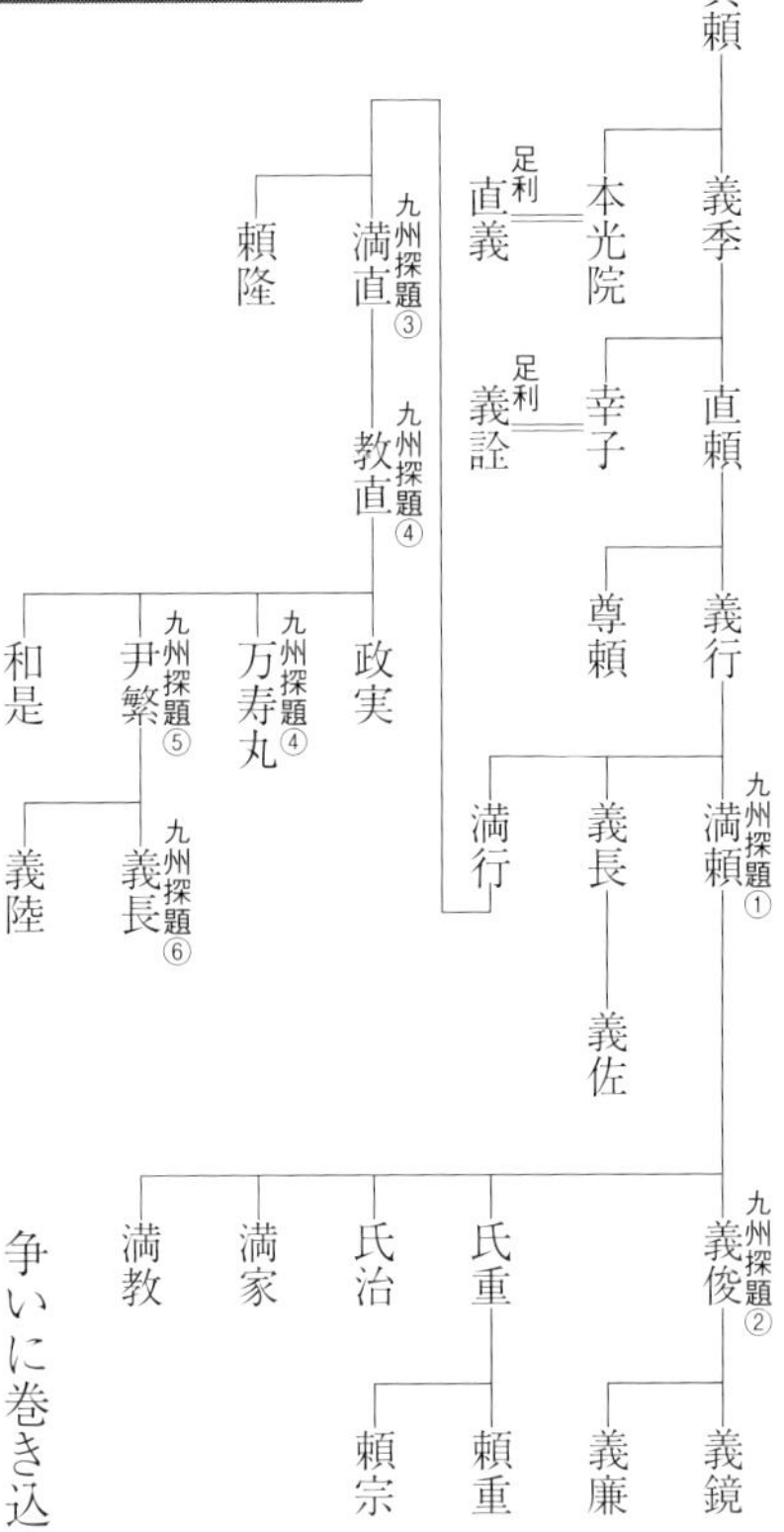

このように、大内氏の後景に隠れてしまった渋川氏だが、大内氏と協力しつつも、常に一心同体だったわけではない。こののち、肥前国を中心として交通・流通の要所を押さえるなど、独自に北部九州に影響力を行使していった。

しかし、大内派・反大内派といった家中内の争い、明応の政変による将軍家の分立の影響もあり、次第に渋川氏も分裂し、激化する大内氏と少弐氏・大友氏の争いに巻き込まれて力を失っていく。九州では最も将軍に近いという権威の高さは最後まで保持していたものの、戦国期には一有力国人となっていったのである。

なお、こののち九州探題職は名目上は存在していたようで、将軍義輝は永禄《えいろく》二年（一五五九）、大友宗麟《そうりん》に九州探題職の継承を認めている。ところで、「奥州探題」の項でもみたように、実は伊達晴宗が奥州探題に任じられたのもこの年であった。これら一連の動きは、大名たちとの関係を再構築し、地方政治に介入しようとした義輝の政策と位置づけられている。

今川了俊◆『英雄百首』　当社蔵

大内盛見の墓◆九州探題渋川満直を助けて少弐氏や大友氏と戦っていた盛見は、永享3年（1430）に筑前国怡土郡の戦いで戦死した。墓は室町中期の特色をよく残す無縫塔である　山口市・洞春寺

大内盛見画像◆大内弘世の子で、義弘の弟。義弘が応永の乱で足利義満に敗れて死去すると、跡を継いだ満弘との激戦を制して大内氏の家督を継承した。義持・義教に重用され、おもに九州北部戦線で活躍した　山口市・常栄寺蔵

大友宗麟画像◆大友義鑑の子。豊後国府内を本拠とする九州を代表する戦国大名で、実名は義鎮。足利義輝から九州探題に補任されたほか、幕府の相伴衆にも加えられた。キリシタンとしても知られる。洗礼名はドン・フランシスコ　京都市北区・瑞峯院蔵

コラム

将軍の兄弟たち——将軍家の大事なスペア

将軍たちにも当然兄弟はいた。それでは、将軍家に生まれながら将軍になれなかった兄弟たち（いわゆる「将軍御連枝《しょうぐんごれんし》」）は、室町幕府の中でどのような役割を与えられたのだろうか。

長い室町幕府の歴史の中で、将軍の子として生まれ、将軍以外で俗人として活動したのは、義満の補佐役として幕閣の重鎮となった満詮《みつあきら》、兄義持を差し置き、義満の後継者に目された義嗣《よしつぐ》、男子がなかなか生まれなかったため、一度は兄義政の後継者となった義視《よしみ》、堀越公方《ほりごえくぼう》となった政知《まさとも》、堺公方《さかいくぼう》と呼ばれた義維《よしつな》の五人だけである。

それ以外の兄弟は出家し、義満のころからは、それまで天皇家や摂関家の子弟のみしか入ることができなかった大覚寺や青蓮院《しょうれんいん》などの有力寺院に入室し、住職（門跡《もんぜき》）となっていった（義嗣・義視・政知も一度は出家している）。彼らは僧侶として、将軍の護持僧《ごじそう》になるなど、将軍やその家族たちの加持祈禱《かじきとう》をつとめたので、宗教的側面から幕府を支えたといってよいであろう。なお、義満は、子弟を有力寺院に送り込むことで、宗教界の支配をめざしたのだとする説がある。支配を

足利満詮画像◆足利義詮の子で、兄義満の信頼も厚く、幕府の政治顧問となった。満詮の子である実相院増詮・三宝院義賢・浄土寺持弁などはいずれも将軍の護持僧となり、宗教面から幕府を支えた　京都市・養徳院蔵

意図していたかは難しいところだが、還俗《げんぞく》して将軍になる前の六代義教が、天台宗《てんだいしゅう》のトップである天台座《てんだいざ》主《す》に就任するなど、宗教界に対して大きな影響力を持ったことはまちがいない。

一方で、現実的な問題として、僧籍に入れることで、将軍職への野心を捨てさせることをねらったという側面もある。将軍家の子弟であることは、それだけで貴《き》種性《しゅせい》を帯びることになり、将軍家に何かあった場合は義教や義視のようにスペアになりうるが、逆に争乱が起きたときには、対立する相手に旗頭として擁立される可能性があった。応仁・文明の乱時に義視が西軍に担がれたことを想起すればわかりやすいだろう。将軍家の安定的な継承のためには、俗世界で権力を持たせない必要があったのだ（義教の弟・大覚寺義昭《ぎしょう》のように、野心を疑われて出奔・殺害された事例もある）。

また、有力寺院に入れることで経済的な保障を与えた点も見逃せない。特別な事情がない限りは俗人でいさせることはできなかったので、その点、たくさんの所領を持つ有力寺院を継承させることは、彼らの生活を成り立たせる意味でもうってつけであった。一方で、受け入れる寺院側でもこの時期、皇族を中心とする貴種が少なくなっており、それを補填する役割もあったことが指摘されている。

なお、将軍家に生まれた女性もほとんど尼門跡といわれる寺院に入っており、これも同様の事情だったのだろう。足利義満の娘・入江殿聖仙《いりえどのせいせん》が入寺《にゅうじ》した浄土《じょうど》宗《しゅう》の三時知恩寺《さんじちおんじ》などが知られている。

『義烈百首』に描かれた足利義視◆足利義政の弟で、当初は浄土寺に入り義尋と名のったが、義政に男子が生まれなかったため、後継者となるべく還俗し、応仁・文明の乱勃発の要因のひとつになった。10代将軍義稙の父としても知られる　当社蔵

足利将軍家略系図

※囲み数字は室町幕府将軍歴代数を示す
掲載順は必ずしも兄弟順ではない

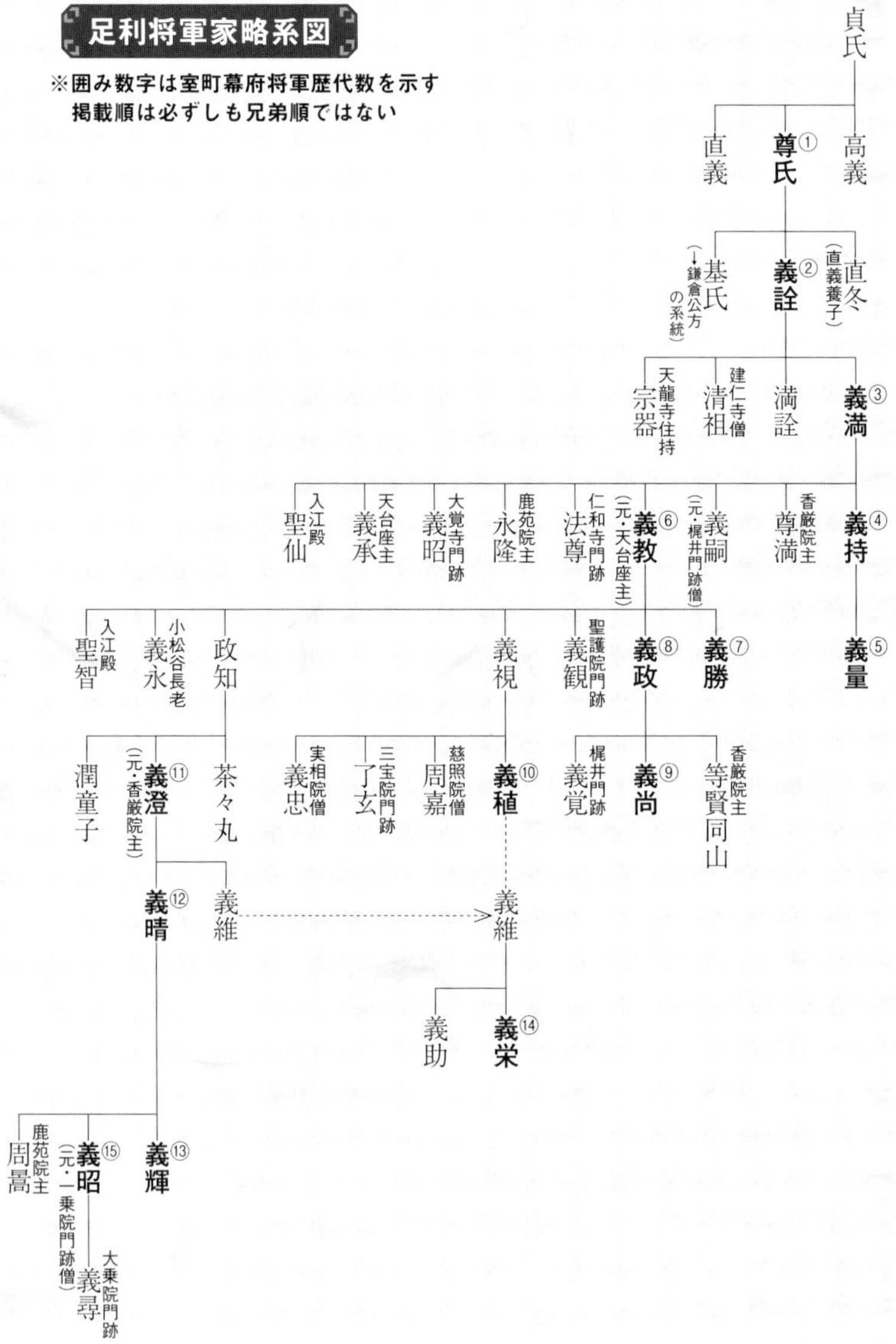

第2部　基本となった政策・制度

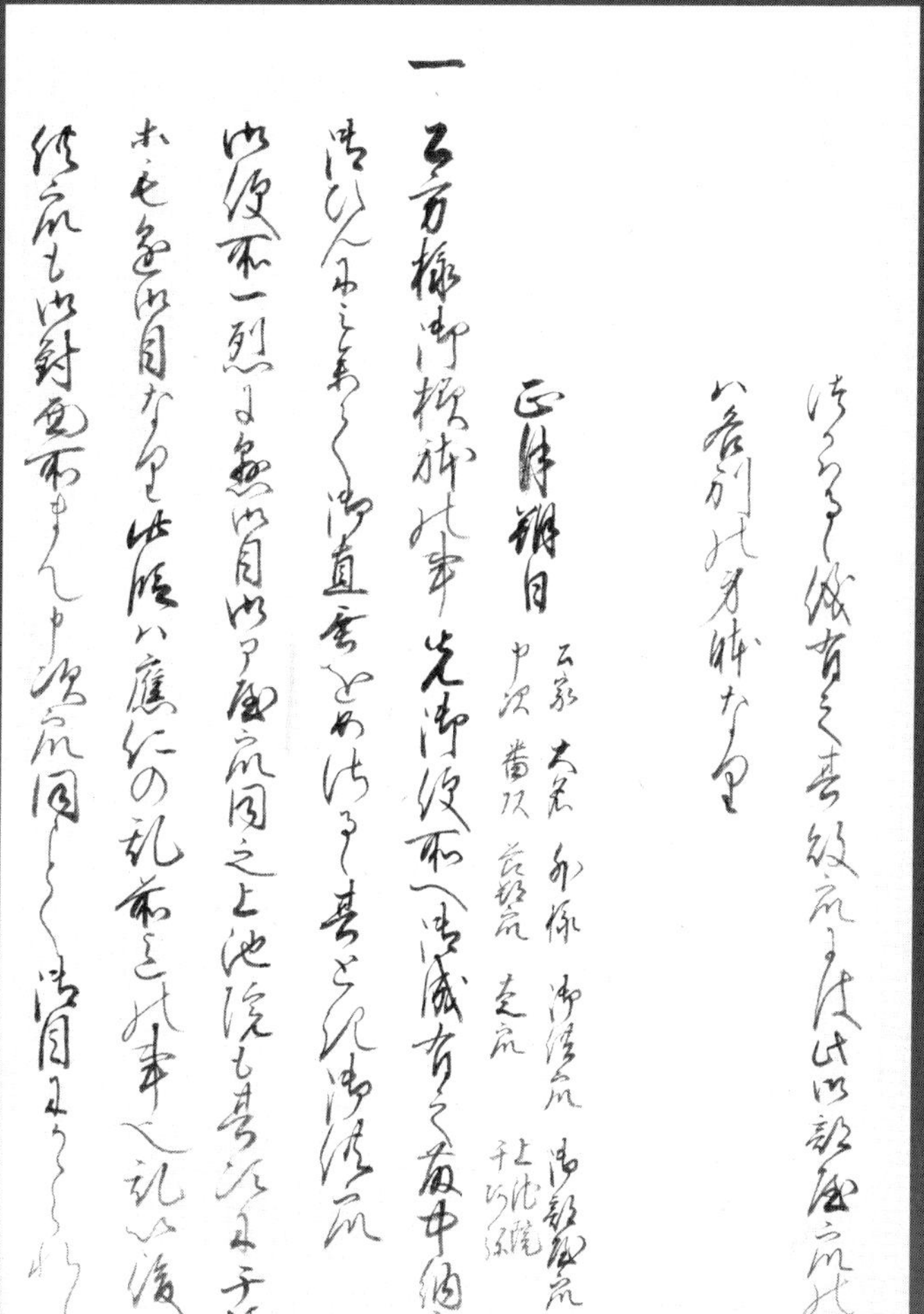

「慈照院殿年中行事」◆掲載した箇所以下では、正月朔日に「公方様」＝室町殿と対面する際の、対面する順番や儀礼・贈り物などについて、事細かに記されている。幕府の開創以後、時代を重ねるにつれて秩序を守るための礼式が徐々に定められていった　個人蔵

01 建武式目《けんむしきもく》——出発点となった政策方針

足利尊氏《あしかがたかうじ》が征夷大将軍《せいいたいしょうぐん》に任じられる二年前、建武三年（一三三六）十一月七日に、尊氏の諮問《しもん》に答えるかたちで室町幕府《むろまちばくふ》の基本的な政策方針が定められた。これを「建武式目」という。

二項十七条からなり、全体は二つの部分に分かれる。第一の部分では、政権の所在地を、前代に続いて鎌倉に置くべきか、それとも別の場所にするかが問題とされた。そこでは鎌倉の利点が述べられるものの、結局は「みんなが移転を望むのならば、それに従うべきだ」とされ、政権の所在地は京都に決まった。ここには尊氏と直義《ただよし》との政策の違いが見てとれるとされ、最終的には尊氏に対する直義の配慮が働いたと理解されている。

第二の部分では、政道《せいどう》の理想と具体的な方針が十七箇条で提示される。そこでは、京都市中での狼藉《ろうぜき》禁止のほか、公正な裁判の実施といった、政務をおこなううえでの重要な規範（主に徳政《とくせい》）が語られている。制定の背景には、戦時体制から平時への移行が説かれている。なお、公正な裁判の実施をはじめとする徳政は、室町幕府をつらぬく重要な政策テーマとなっていった。

式目の最後には、政権のあるべき姿として、平安《へいあん》時代の醍醐《だいご》・村上《むらかみ》両天皇の治世《ちせい》を挙げたあと、近いところでは鎌倉幕府《かまくらばくふ》の執権をつとめた北条《ほうじょう》義時《よしとき》・泰時《やすとき》父子の政治を見習えと説かれている。その背景としては、起草者の顔ぶれの多くが鎌倉幕府に仕えた吏僚層であり、彼らの意向が色濃く反映されたと考えられている。

ところで、建武式目は室町幕府の基本法と理解されることも多いが、すでに述べたように政権の理想や心構えが内容の中心であり、実は法としての性格は薄い。また、どのようなかたちでどの範囲に適用されたのかもよくわかっていないとされる。実際に、室町時代を通じて基本法として用いられたのは、理想の政治のひとつとして挙げられていた、北条泰時が貞永《じょうえい》元年（一二三二）に制定した御成敗式目《ごせいばいしきもく》であった。

こののち、社会の変化にあわせて室町幕府でも徐々に法令が整備されていく。これを「建武以来追加《けんむいらいついか》」というが、実態としては建武式目への追加ではなく、御成敗式目への追加であった。

このように、開創当初の室町幕府は鎌倉幕府の性格を色濃く受け継いでいた。だが、南北朝内乱を克服し、三代義満《よしみつ》の頃になるとその性格も大きく変わっていくとされる。特に武士（御家人）よりも公家や寺社の訴訟・裁判を優先し始めた点（寺社本所領保護）は見逃せないだろう。

また、建武以来追加をみると、当初は全国にまたがる法令が目立つが、時代が下るにつれて、京都周辺に関する経済法が増えていくとされる。これらの変化は、室町幕府の性格を考えるうえでも重要な点である。

建武式目
鎌倉如元可為柳營歟可為他所否事
右漢家本朝上古之儀遷移多之不遑羅
縷訖于季世依有煩擾移徙不容易乎就
中鎌倉郡者文治右幕下始構武館承久
義時朝臣并呑天下於武家尤可謂吉土
哉爰禄多權重極驕恣欲積悪不改果令
滅亡畢縦雖為他所不改近代覆車之轍

「建武式目」◆原本は存在せず、現在は写しのみ伝わる。本書は戦国時代の永禄6年（1563）に書写されたもの。掲載した冒頭部分には、幕府を鎌倉に置くべきか、別の場所にするか記されている　国立国会図書館蔵

『英雄百首』に描かれた北条泰時◆北条義時の子で、鎌倉幕府第3代執権。御成敗式目を制定したことで知られ、後世には武家のみならず公家からも理想の政治家と評価されることが多かった　当社蔵

02 重臣会議《じゅうしんかいぎ》——将軍と大名との協調関係

　足利義満が死去すると、跡を継いだ義持《よしもち》は、在京《ざいきょう》する大名《たいめい》たちと協調関係を築いていく。これと関連するように、この時期におこなわれた幕府政治の特色として、重臣（評定《ひょうじょう》）会議が挙げられる。これは重大案件が起こった際に、将軍が大名を招集して開催された。たとえば、関東の鎌倉公方《かまくらくぼう》問題を議論するために開かれた応永《おうえい》三十年（一四二三）の重臣会議では、管領《かんれい》畠山満家《はたけやまみついえ》をはじめとして、細川満元《ほそかわみつもと》・斯波義淳《しばよしあつ》・山《やま》名《な》時熙《ときひろ》・赤松義則《あかまつよしのり》・一色義範《いっしきよしのり》・今川範政《いまがわのりまさ》が参加した（大内盛見《おおうちもりみ》も招集されたが、病気のため欠席）。

　メンバーをみると、いずれも幕府の重職をつとめた家柄の者たちである。なお、メンバーは毎回完全に固定されていたわけではなく、時期や案件によって若干の変更がみられる。

　会議は管領の邸宅でおこなわれたが、その場には将軍は出席しなかった。この間、将軍は御所《ごしょ》におり、将軍と会議参加者との間は、醍醐寺三宝院門跡《だいごじさんぼういんもんぜき》で将軍のブレーンでもあった満済《まんさい》と、畠山満家の弟・満慶《みつのり》が連絡役となってつないだ。

　ところで従来、重臣会議は将軍の専制化を防ぐことを期待されていたと考えられてきた。たしかにそういう側面はあるが、すでに明らかにされているように、会議を招集するのはあくまで将軍だったこと、議案を提出するのも将軍で、将軍の諮問に対して答申《とうしん》するというのが大前提だったことは注意する必要がある。

　なお、重臣会議は次の義教《よしのり》の時期にもおこなわれたが、管領邸に一同が集まるようなことは少なくなり、義教から個別に諮問がなされるという形式に変化していった。これは大名意見制と呼ばれる。

　そしてそれも、幕閣の重鎮だった畠山満家や山名時

「洛中洛外図屏風」に描かれた細川邸◆屏風自体は戦国時代のようすを描いたものであるが、当時の有力者の屋敷を知ることができる貴重な絵画資料である　米沢市上杉博物館蔵

足利義持画像◆足利義満の子で、４代将軍。強大な権力を誇り大名を討伐することもあった義満の死後、大名たちと協力関係を築き、幕府の安定化に努めた。死去に際しては自ら後継者を指名せず、重臣たちに任せる意思を表明している　東京大学史料編纂所蔵模写

熙が永享年間に相次いで没すると、義教が専制下を強めていったこともあり、徐々におこなわれなくなっていった。

さらに八代義政《よしまさ》のころになると、義政が伊勢氏や奉行人など側近層を重用して親政《しんせい》を目指したこと、応《おう》仁《にん》・文明《ぶんめい》の乱により幕府自体が分裂し、その後、大名たちが相次いで領国に下っていったこともあり、会議の開催は確認できなくなる。

山名時熙木像◆明徳の乱で山名氏が壊滅的な打撃を受けたのち、勢力の回復に努め、義持・義教の信頼を得て幕府政治の重鎮となった　兵庫県豊岡市・円通寺蔵

03 御前沙汰《ごぜんざた》——将軍臨席でおこなわれる訴訟の審理

土地に関する裁許は当初、評定や引付方《ひきつけかた》が担っていたが、義満の頃になるといずれも機能を停止し、恒常的な裁許の場は見られなくなっていった。代わって奉行人が義満のもとに赴き個別に裁許がおこなわれるようになったとされ、この方式が以後、スタンダードとなったとみなされている。

ところが、裁許の迅速化・厳格化をめざした義教の時期になると、将軍臨席のもと裁許をおこなう御前沙汰が盛んに開催されるようになる。義教は、管領に加えて奉行人《ぶぎょうにん》の中から「御前沙汰衆」と呼ばれる者を選別し、御前沙汰に参加させた。

裁許にあたって重視されたのは、「意見」と呼ばれる評定衆や奉行人たちの見解であった。この時期、評定衆は組織として形骸化《けいがいか》し、家格《かかく》にのみ名をとどめる存在であったが、メンバーは鎌倉幕府以来の高級官僚であり、幕府法にも精通していたため、裁許にあたって彼らの意見が重視されたのである。

なお、義教の時期の裁判記録として、担当奉行人が記した『御前落居記録《ごぜんらっきょきろく》』という史料が残されており、そこには原告・被告双方の主張や審理過程が細かく記されている。また、同史料の分析により、圧倒的に原告が有利だったことが明らかにされており、当時の裁判を考えるうえで興味深い。

ところで、義教による御前沙汰の強化は、義教の専制志向もあり、管領権力の抑制を狙ったと理解されることも多い。しかし、管領は依然、御前沙汰の重要なメンバーであり、完全に外されたわけではない。

ここで注目されるのは、「管領」の項でみたように、このころには負担の大きさを理由に、管領たちがたびたび辞職の意をほのめかしていることである。とする

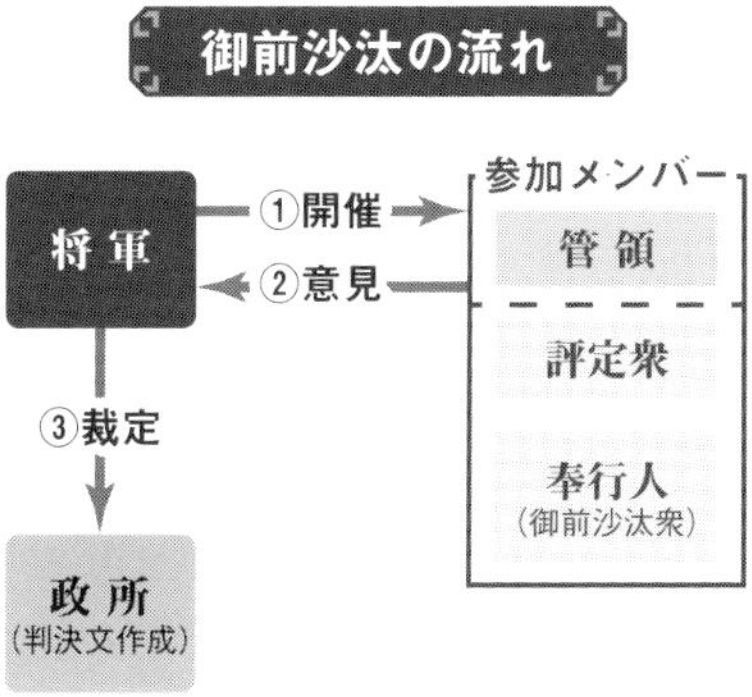

足利義教画像◆足利義満の子で、6代将軍。義教の肖像画は現在のところ3例しか知られておらず、本図はそのうちの貴重な1枚である　東京大学史料編纂所蔵

『御前落居記録』永享2年11月13日条◆西園寺京極家領山城国鳥羽荘・魚市、河内国会賀牧に関する訴訟の判決文。日付の下に署名している担当奉行人が訴訟の審議内容と判決を事細かに記し、最後に義教が右端（袖）に花押を据えている　東京大学法学部法制史資料室蔵

ならば、義教による御前沙汰の強化は、管領の負担軽減という側面があったとも考えられよう。

　さて、義教により強化された訴訟の審理も、結局は挫折してしまったようだ。訴訟審理における奉行人の役割は時代を経るごとに増していき、裁許の要となっていった。なお、義政の時代以降は、政所《まんどころ》も裁許の重要な担い手となっていった。

04 内談《ないだん》——訴訟の審理から将軍の補佐役へ

初期室町幕府の政務を足利直義が担うようになると、それまで所領関係の訴訟審理を担当していた引付方を再編して、新たに内談方《ないだんかた》を設置した。構成員を内《ない》談衆《だんしゅう》といい、直義の失脚後も存続している。

内談方は三番あるいは五番に編成され、担当地域が定められていた。それぞれの番では高師直《こうのもろなお》・上杉朝《うえすぎとも》定《さだ》らが責任者（頭人《とうにん》）に任じられ、その下に十人の職員（寄人《よりうど》）が所属しており、彼らのほとんどは鎌倉幕府以来の官僚層であった。彼らは頭人の邸宅で月に六回ほど内談をおこない、結論は将軍に報告され、決裁された。

このように、当初は幕府の訴訟審理機関として機能していたが、直義派が失脚したこと、その後の足利義詮が引付方を復活させたため、廃止された。

しかし、戦国期《せんごくき》になり十二代義晴《よしはる》のもと、突如として内談衆が復活する。このとき活動が確認できるのは、摂津元造・大館常興《おおだちじょうこう》・同晴光《はるみつ》・朽木稙綱《くつきたねつな》・細川高久《たかひさ》・海老名高助《えびなたかすけ》・本郷光泰《ほんごうみつやす》・荒川氏隆《あらかわうじたか》の八人で、「八人衆」とも呼ばれた。彼らはいずれも将軍の近臣で、伝統的な官僚層ではない。

八人衆の出自からもわかるように、同じ内談衆の名前は付いていても、南北朝《なんぼくちょう》期の内談衆とは異なり、訴訟の審理を担当したわけではない。彼らの主な職務は、将軍は臨席しないものの、合議を開いてその結果を将軍に披露したり、関係各所との取次役《とりつぎやく》をしたりと、将軍親裁《しんさい》の補佐役をつとめたのである。

彼らが内談衆として組織された理由として、奉行《ぶぎょう》衆《しゅう》や奉公衆《ほうこうしゅう》といった従来の職制にとらわれない、新たな格式・待遇を与えるためであったと指摘されている。ちなみに、職務がまったく異なるにもかかわらず、

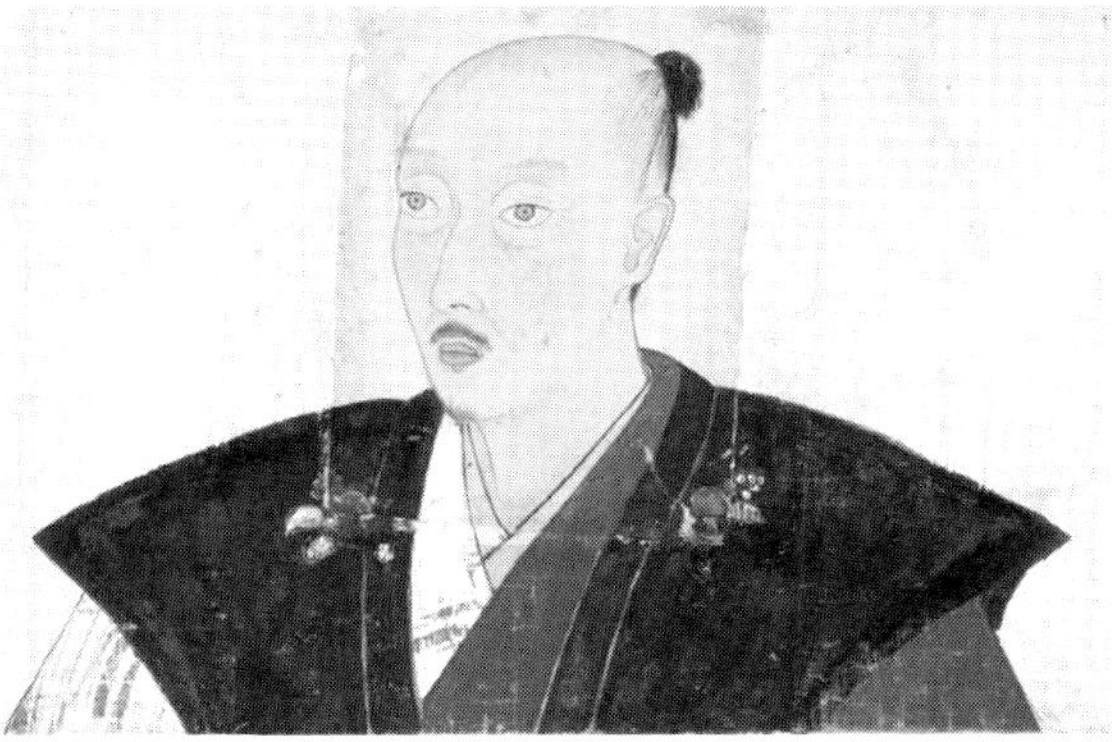

足利義晴画像◆足利義澄の子で、12代将軍。父義澄の死にともない、細川高国に擁立されて将軍に就任した。本画は、幕府の絵所預をつとめた土佐光茂が天文19年（1550）に死去直前の義晴を近江国穴太で写生したもの。なお、近年の研究で義晴の死は病の悪化を苦にして自害した可能性も指摘されている　京都市立芸術大学芸術資料館蔵

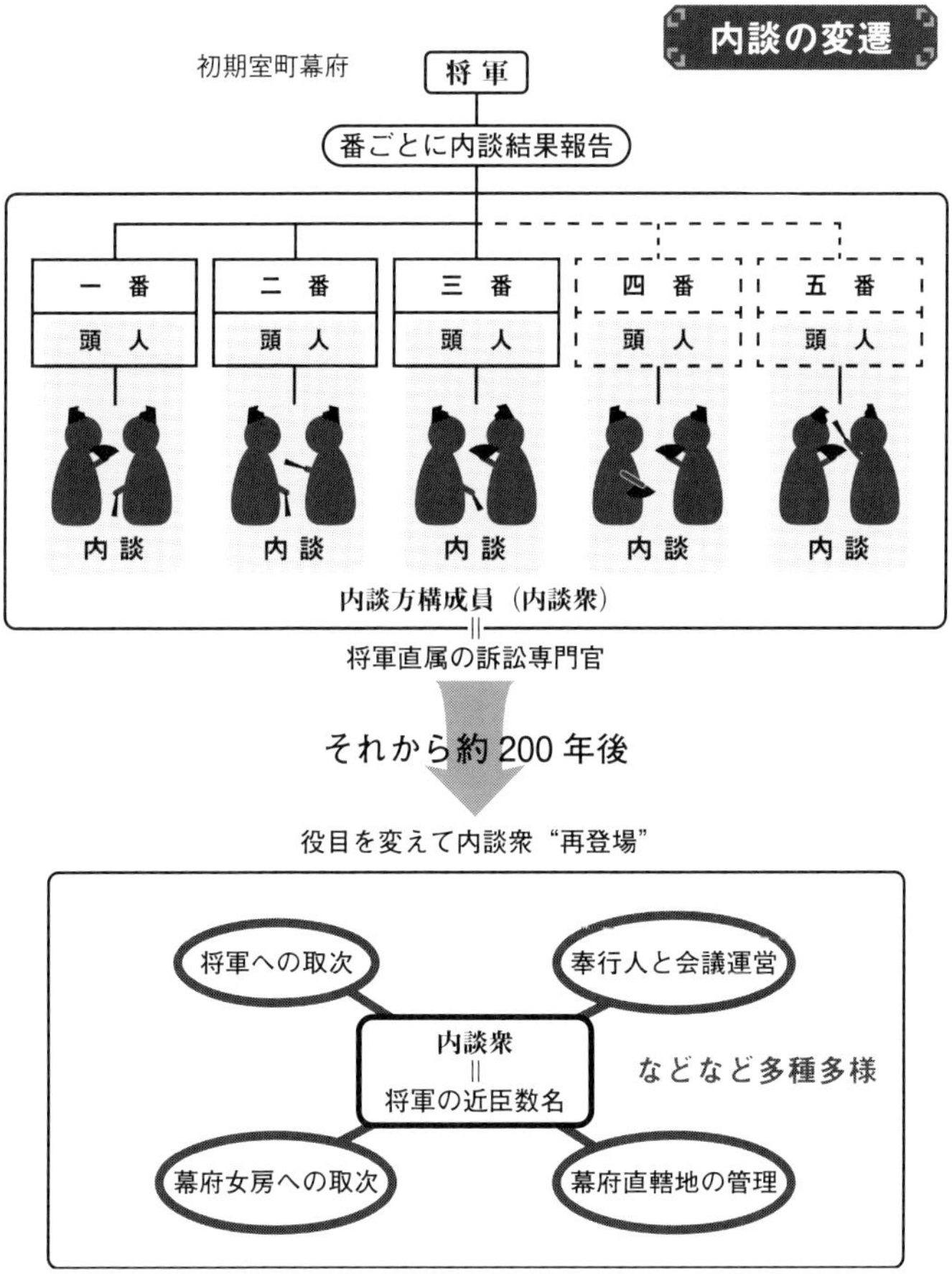

同じ名称が付けられた理由は定かではない。

なお、義晴が将軍の地位を退く前年には、内談衆としての活動も見られなくなる。そのため、義晴期独自の動きだったとする見方が強い。

05
地方統治《ちほうとうち》——京都を中心とした同心円構造

全国的な政権であった室町幕府は、各地域をどのように統治したのだろうか。それを理解する前提として、政権の所在地から見て「近国《きんごく》」か「遠国《おんごく》」かという問題がある。

すでに第1部で述べたように、遠国地域とされる関東・奥羽《おうう》・九州には、それぞれ鎌倉府《かまくらふ》・奥州探題《おうしゅうたんだい》・羽州探題《うしゅうたんだい》・九州探題《きゅうしゅうたんだい》などが置かれている。それぞれ与えられた役割や職権は異なるが、遠国についてはそれらの機関が統治の要として機能していた。それ以外の近畿・東海・北陸・中国・四国は「室町殿《むろまちどの》御分《ごぶん》国《こく》」と呼ばれ、室町幕府が直接的に統治する地域と認識されていたとされる。

幕府としては、遠国については地方統治機関を置いていたこともあり、基本的に放任策を取っていたようである。たとえば、六代義教の時期には、宿老の畠山満家が義教に対して、「遠国の事をば、少々上意《じょうい》にしかず候といえども、よきほどにてこれを閣《さしお》かるる事は当御代ばかりにあらず候」、つまり、「遠国については少々命令に従わなくても、放っておけ」と述べているのが示唆的である。

しかし、遠国を完全に放任していたわけでもない。たとえば、鎌倉公方が幕府に反抗的な態度を示すようになると、鎌倉公方と対立する有力国人《こくじん》たちを京都《きょうと》扶持衆《ふちしゅう》として保護し、鎌倉公方を牽制した。また、鎌倉府との境目にあたる駿河《するが》国には足利氏一族である今川氏を配置、越後国にも幕府に近い上杉《うえすぎ》氏を守護として配置するなど、警戒を怠っていない。なお、遠国との境目地域は中間地域として把握され、緩衝材の役目も果たしていたとされる。

一方、奥州探題や九州探題にしても、室町期になっ

室町幕府の地方組織

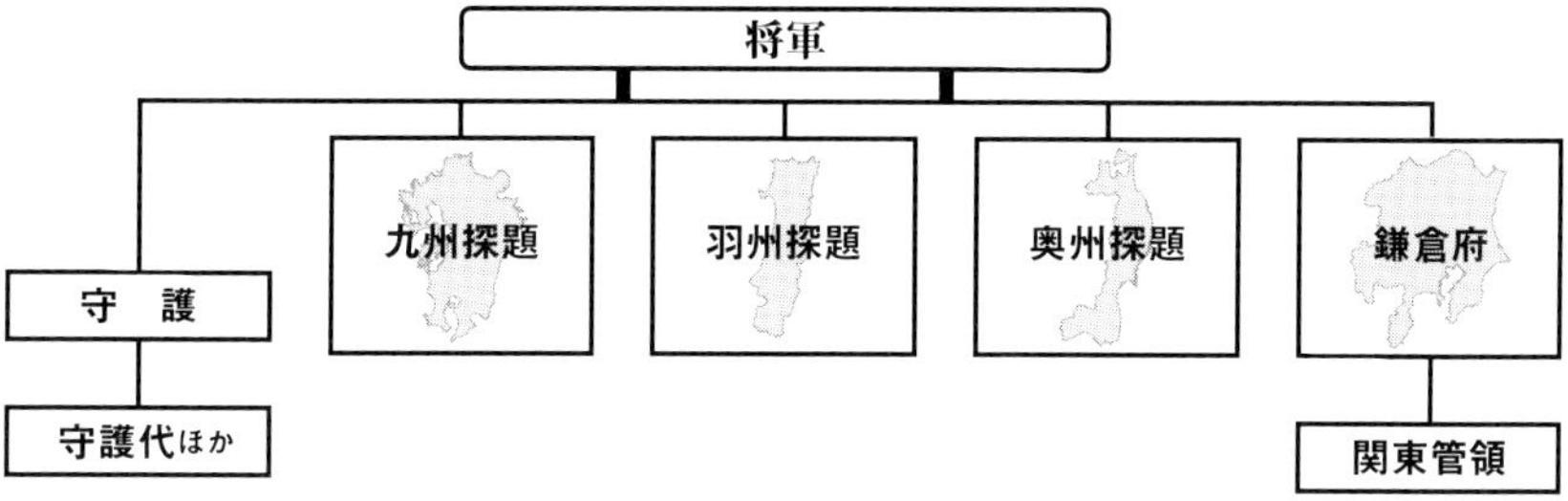
将軍
守　護
守護代ほか
九州探題
羽州探題
奥州探題
鎌倉府
関東管領

地方支配概念図
遠国地域
中間地域
近国地域
羽州探題
奥州探題
篠川御所
稲村御所
鎌倉府
鎌倉
堀越公方
室町幕府
京都
博多
九州探題

て両勢力が衰えてくると、奥州の場合は有力国人たちを直接的に掌握するようになり、九州の場合は中国地方の大守護《しゅご》であった大内氏を起用するなど、梃子《てこ》入れを図っていく。支配の差はあっても、どこの地域も幕府支配にとって重要な地域であったことは間違いないのである。

次に、国レベルでみていくと、統治の要《かなめ》となったのは各国に置かれた守護たちである。詳しくは「守護」の項に譲るが、守護たちは時期を追うごとに支配の度合いを強めていった。

しかし、地方の統治は守護にのみ任せていたわけではない。たとえば、守護を設置していなかった大和国《やまと》では興福寺《こうふくじ》を中心に統治されていたし、伊勢国《いせ》でも守護ではない北畠《きたばたけ》氏などが幕府支配の一端を担った。さらに、将軍の直轄軍であった奉公衆や国人たちも、守護とは別個に地方支配を担っていた。つまり、幕府は各地域の情勢をみながら、それぞれの地域に則した支配をおこなっていったのである。

また、在京せずに地方統治を担う守護・国人と将軍との間は、幕閣の有力者がとりつないでいた。たとえば、陸奥《むつ》の有力国人たちは細川氏が、島津《しまづ》氏や北畠氏などは赤松《あかまつ》氏が、といった具合である。しかもこれは一方通行的なものではなく、双方向的に機能しており、このような体制は「大名取次制」と呼ばれる。

なお、大名ではなく将軍近臣が取次役をつとめることも一般的だった。赤松満政《みつまさ》や細川持賢《もちかた》などがその代表格といえよう。このほか醍醐寺三宝院の満済なども取次をつとめている。

応仁・文明の乱が勃発し、守護たちがそれぞれの領国に下っていくと、それまでの地方統治政策は瓦解《がかい》する。すでに鎌倉府は滅亡して、公方は下総《しもうさ》国古河《こが》（茨城県古河市）に移っていたし、奥州探題や羽州探題、九州探題は名誉職化していた。

また、将軍は栄典《えいてん》の授与や紛争調停を通じて、守護や戦国大名をはじめとする各地の有力者に対する影響力は保持するものの、統治に関する指令は及ばなくなる。戦国時代には京都を中心とする畿内周辺のみを支配地域とするようになっていくのであった。

北畠政郷画像◆北畠教具の子で、名前の「政」字は足利義政からの偏諱。本図は中世武家の肖像画としては珍しく、立った姿で描かれている　東京大学史料編纂所蔵模写

細川持賢画像◆細川満元の子で、細川典厩家の祖。名前の「持」字は足利義持からの偏諱。本家を幼少の勝元が相続すると、後見役として勝元を支えた。義教の信任を得て幕政にも参加し、多くの取次役をつとめている。嘉吉３年（1443）に出家して道賢と号した　東京大学史料編纂所蔵模写

興福寺◆興福寺が所在する大和国は守護が置かれていなかったが、在地の有力武士を衆徒や国民として支配下に置いていたため、実質的な守護として機能することもあった。幕府からの遵行命令も衆徒や国民が対応している　奈良市

06 収入基盤《しゅうにゅうきばん》——なりふりかまわぬ財源確保

幕府を支えた収入基盤は、大きく分けて①御料所《ごりょうしょ》（直轄地）からの年貢、②地頭御家人役《じとうごけにんやく》や守護出銭《しゅごしゅっせん》など幕府構成員への税、③段銭《たんせん》や棟別銭《むなべちせん》など庶民からの税、④日明貿易《にちみんぼうえき》の利益、⑤禅宗寺院《ぜんしゅうじいん》からの収入、⑥土倉《どそう》・酒屋役《さかややく》などの商業税、の六つが挙げられる。

ただし、これらは室町時代を通じて一律に存在していたわけではなく、時代の変化に合わせて取捨選択されていった。また、私的な財源と公的な財源、経常的なものと臨時的なものなどに分かれていた。以下、内容をみていこう。

御料所は、将軍家の私的な財源のうち、最も重要なものである。鎌倉時代以来の足利氏の所領や戦争などを通して獲得したもので、全国で二〇〇ヶ所以上を数える。近習《きんじゅう》や奉公衆、女房《にょうぼう》といった将軍に近しいもののほか、荘園経営《しょうえんけいえい》に長けた禅僧や守護などを代官として起用し、彼らから年貢が納められた。

地頭御家人に賦課《ふか》されたのが地頭御家人役で、これは幕府の下級役人の給料や将軍の生活費などに充てられた。守護出銭は必要に応じて守護に賦課された臨時課税で、さまざまな用途に使用されている。ただし、守護出銭は守護から将軍への贈与という性格をもっていたため、自由に賦課できるわけではなく、将軍にも遠慮があったとされる。

段銭は田地一段、棟別銭は家屋ごとを単位とし、全国的に賦課された臨時税である。もともとは朝廷《ちょうてい》が賦課していたが、義満のころから幕府が代行するかたちで賦課権を握っていった。とくに段銭は、本来は国家的行事のために賦課された一国平均役《いっこくへいきんやく》を起源とするが、幕府が賦課するようになると用途も拡大されていく。また、十五世紀になると、段銭も棟別銭も守護が一括して幕府に納入する守護請《しゅごうけ》が一般化する。

義満の時期に明との間で国交《こっこう》と通商《つうしょう》が開かれると、明皇帝《みんこうてい》からの下賜品《かしひん》や日明貿易による利益が、幕府の財源の中で大きな比重を占めていく。明との通交にあたっては、幕府以外の守護や商人も遣明船《けんみんせん》を派遣したが、彼らが貿易で得た額の一割を幕府に納入させた。これを抽分銭《ちゅうぶんせん》という。

幕府財政を支える6つの柱

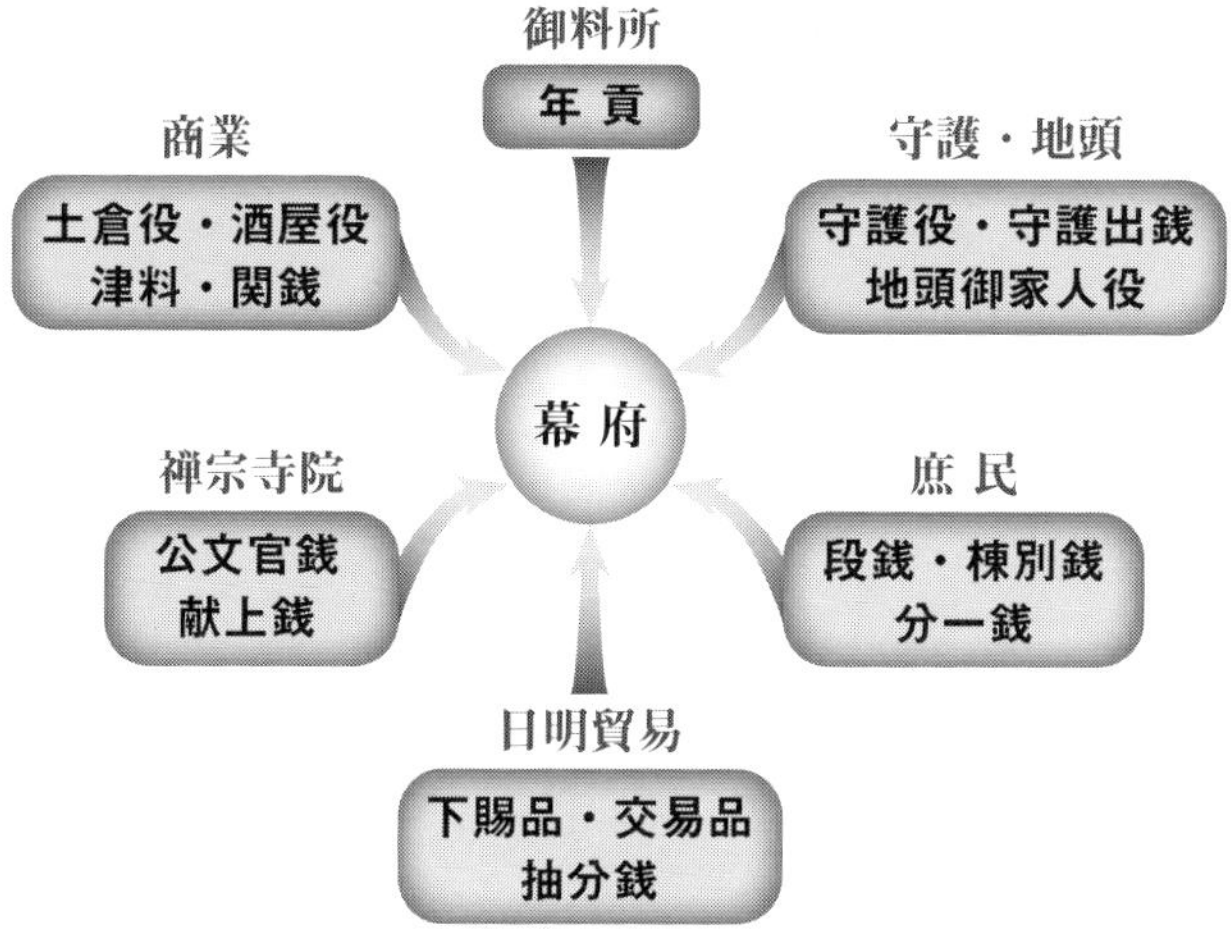

室町幕府下では、禅宗寺院が急速に影響力を増してくる。禅宗寺院は五山《ござん》・十刹《じっさつ》の制で統制され、公文《くもん》・公帖《こうじょう》といった将軍の文書で住持職が任命された。このとき発給された文書の手数料を公文官銭《くもんかんせん》と呼ぶ。禅僧たちにとって五山・十刹の住持という肩書きは魅力的だったようで、幕府はそれを逆手にとり、公文を濫発することで多額の収入を得ていったのである。

さて、室町幕府の財源として最も特徴的なのが、土倉・酒屋役だろう。土倉・酒屋はお金の貸し付けもおこなっていたため莫大な財力を有しており、幕府は彼らに税を賦課することで、新たな財源としたのである。義満によって賦課が始められた土倉・酒屋役は、すぐに幕府の最も重要な財源となった。

ところが、六代義教の死後に代替わり徳政《とくせい》を求めて嘉吉の土一揆《つちいっき》が起きると、一揆は土倉や酒屋を襲撃した。幕府も徳政令を出して債務放棄を認めてしまったため、以降は土倉・酒屋の勢威も衰え、財源としての

「洛中洛外図屏風」に描かれた田んぼ◆応仁・文明の乱後、京都の荒廃にともない市中には田んぼが増えた。本図は上京に広がる田んぼを描いたもので、左側では稲刈りをしているようすがみえる　米沢市上杉博物館蔵

実態を失ってしまう。

ところで、意外に思われるかもしれないが、室町幕府は自前の国庫《こっこ》をもっていなかった。それでは、各地から納入されたさまざまな財産はだれが管理していたのだろうか。実は、それが先に述べた土倉である。幕府は京都で営業する土倉の中から有力な者を選び、財産の保管や出納《すいとう》業務を委託した。幕府から業務委託を受けた土倉を公方御倉《くぼうおくら》という。

幕府内では政所《まんどころ》が財政関係を掌《つかさど》り、公方御倉との間では文書のやりとりにより出納がおこなわれた。ちなみに、将軍の私的な支出については政所執事《まんどころしつじ》が、幕府の公的な支出については執事代《しつじだい》がというように、政所内でも管轄が分かれていたようである。

また、室町期には幕府と朝廷の一部一体化が進み、国家財政は公武同一の帳簿を用いるようになると指摘されている。

なお、財源としての土倉・酒屋役を失ったころから、急激に幕府財政が悪化していく。義教の横死《おうし》により将軍権威が低下したことが要因の一つとして挙げられているが、守護との人格的関係で成り立っていた守護出銭などでも、同様に徴税能力を低下させていった。
　このの ち、徳政《とくせい》分一銭《ぶいちせん》の創出や将軍家秘蔵の宝物を放出するなど、さまざまな財政再建策を試みたが、いずれも劇的な効果は得られず、戦国期になると幕府は慢性的な金欠状態になっていくのである。

「洛中洛外図屏風」に描かれた町屋◆家が所狭しと並んでいる。棟別銭はこのような家屋１棟ごとに賦課された。当時の権力機構は住民の実態を把握できておらず、山伏や勧進聖などを通じて徴収されることもあったようだ。なお、都市部では屋敷の間口数に応じて賦課され、間別銭といわれる　米沢市上杉博物館蔵

「春日権現験記絵」に描かれた土倉◆土倉は本来、土塗りの壁をともなう倉庫であったが、防火性の高さを活かして質屋業務に携わるようになっていった。南北朝から室町期の京都で営業していた土倉の多くは、延暦寺の傘下だったとされる。なお、土倉・酒屋に限らず、商人はもちろん、公家・武家・土豪などさまざまな階層の人々が金融行為に携わっていた　宮内庁三の丸尚蔵館蔵

07 軍事編成《ぐんじへんせい》――守護と国人からなる幕府軍

　室町幕府は行政組織だが、南北朝内乱という戦争状況を克服するなかで形作られてきたこともあり、軍事組織という側面も有していた。それでは幕府は、どのような軍事編成で戦争を戦っていったのだろうか。

　南北朝内乱を戦ううえで、軍事編成のトップに立っていたのは言うまでもなく将軍だが、合戦は全国的に展開されたため、すべてに将軍自らが参戦できるわけではない。そこで、各戦線で軍事指揮を任されたのが守護や国大将《くにだいしょう》、現地の有力国人たちであった。

　戦争に突入すると、まずは味方の確保が必須である。そこで、配下の武士や味方になってほしい者に参陣を命じるために軍事指揮者から出されたのが軍勢催促状《ぐんぜいさいそくじょう》であった。軍勢催促状には敵方の名前が示され、恩賞の有無が記されることもある。参戦を承諾した場合は請文《うけぶみ》（御請《おうけ》）を提出した。

　さて、催促に従って所定の場所に到着すると、その旨を記した文書を軍事指揮者に提出した。これを着到状《ちゃくとうじょう》という。着到状を確認した軍事指揮者は、「承了《うけたまわりおわんぬ》」＝「たしかに承りました」と記して返却し、合戦後、恩賞請求の証拠として用いられた。

　着到状と同じく、恩賞請求の証拠として提出されたのが、軍忠状《ぐんちゅうじょう》である。軍忠状には、戦闘に参陣したことや自身の戦功が列挙され、同じ合戦で戦った部将の名前を挙げて証拠とされた。なお、特徴的なのが、相手に与えた損害のみならず、自隊の損害（死亡・負傷など）も戦功として記されたことだ。この当時は、死亡や負傷も戦功として認められていたのである。軍忠状も着到状と同様に軍事指揮者に提出され、「承了」や「一見了《いっけんしおわんぬ》」と記され返却された。合戦後、これらの証拠文書をもとに恩賞が与えられることになる。

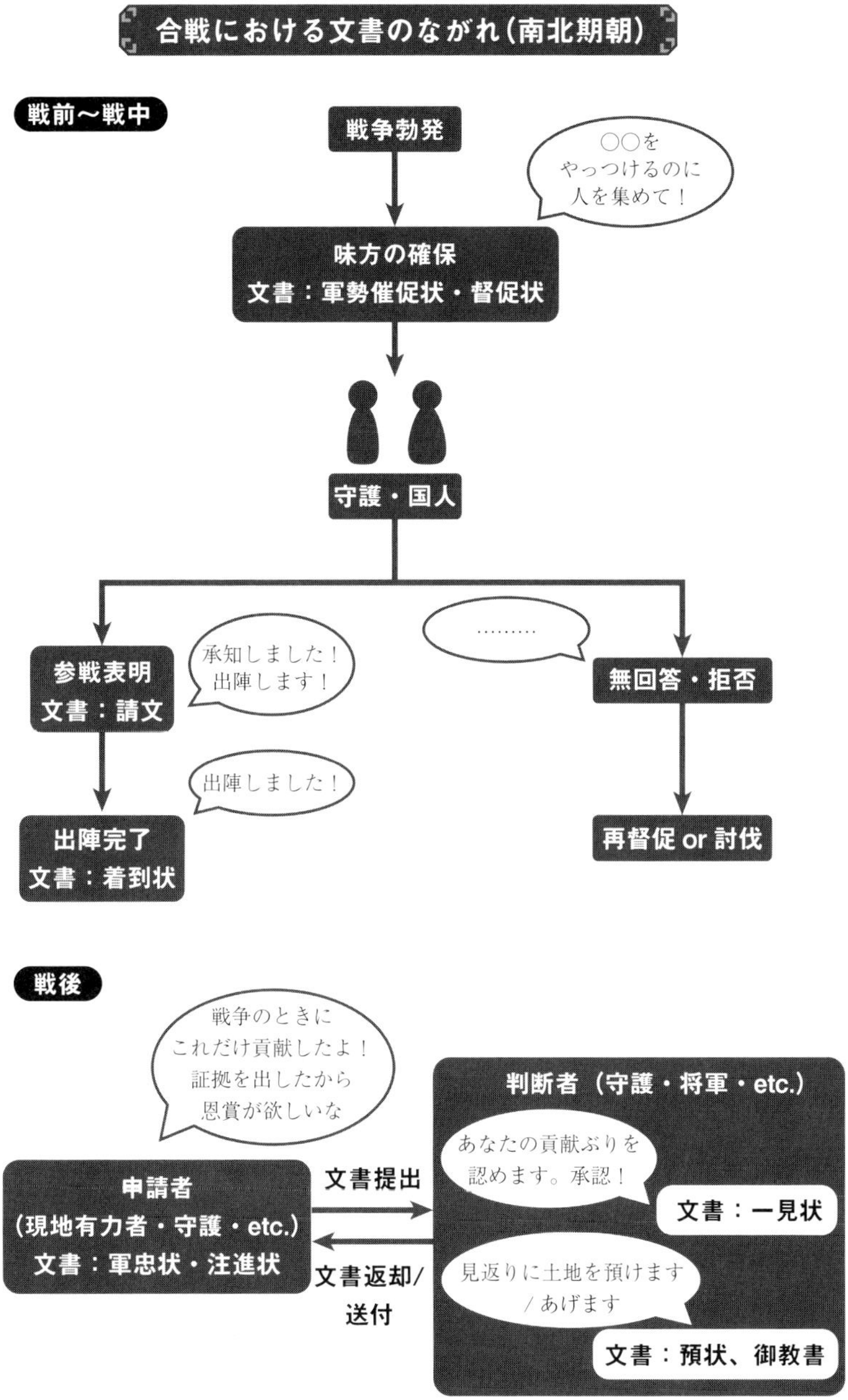
合戦における文書のながれ（南北朝）
戦前～戦中
戦争勃発
○○を
やっつけるのに
人を集めて！
味方の確保
文書：軍勢催促状・督促状
守護・国人
参戦表明
文書：請文
承知しました！
出陣します！
………
無回答・拒否
出陣しました！
出陣完了
文書：着到状
再督促 or 討伐
戦後
戦争のときに
これだけ貢献したよ！
証拠を出したから
恩賞が欲しいな
申請者
（現地有力者・守護・etc.）
文書：軍忠状・注進状
文書提出
文書返却/
送付
判断者（守護・将軍・etc.）
あなたの貢献ぶりを
認めます。承認！
文書：一見状
見返りに土地を預けます
/あげます
文書：預状、御教書

恩賞の中心となったのが、新恩給与《しんおんきゅうよ》と呼ばれる新しい土地の給付である。このほか、本領の安堵《あんど》や、不知行《ふちぎょう》となっていた土地の返還も保証された。

南北朝内乱が終息に向かい、そのころに管領が新たに設置されると、軍事編成も変化を迎える。さらに、将軍の上に室町殿《むろまちどの》が君臨するようになると、将軍ではなく室町殿が軍事編成のトップになった。

また、この時期の動向として見逃せないのが、国人たちが守護に服属するものと、幕府に直属するものとに大きく二分されていくことである。実際の軍事指揮系統は情況により区々《まちまち》であったとされるが、幕府に直属する国人の一部は、奉公衆の格式を与えられ、将軍の直属軍として編成されていった。また、国人より小さい勢力は一揆《いっき》という集団で把握されたという。

義持・義教期になると、重臣会議が大きな役割を果たすようになる。軍事情勢が悪化すると、情報が地方から中央にもたらされ、管領や諸大名が窓口となって室町殿に上申された。室町殿はそれに基づいて重臣会議に諮り、軍事方針を決定したのである。

また、このころになると、恩賞の決定は室町殿と管領が協議しておこなうようになり、軍制の中での管領の重要性が増したとされ、この流れは義教執政期にさらに強くなる。それまで管領奉書《かんれいほうしょ》は土地の裁許を主に扱っていたが、細川持之《もちゆき》が管領に就任すると、軍勢催促や戦功褒賞《ほうしょう》など軍事関係に特化していったのである。

だが、嘉吉《かきつ》の乱による義教の横死、跡を継いだ義勝《よしかつ》の早世《そうせい》により、軍制も路線変更を余儀なくされた。管領執政期を迎えると、将軍権力の低下もあり、幕府奉行人や管領被官《ひかん》の活動が目立つようになっていく。

しかし、義政が成長し、親政を志向するようになると、軍事に関する管領の影響力は低下し、代わって政所執事・伊勢貞親《いせさだちか》が室町殿の補佐をするようになった。これにより、軍制のみならず管領の役割自体が形骸化していく。そして、応仁・文明の乱を経て、明応《めいおう》の政変《せいへん》後に将軍家が分裂すると、奉公衆を構成するメンバーも減少し、将軍を支える軍事力は伊勢氏が中心となる。そのため、将軍を支える守護・大名の存在がより重要になるのである。

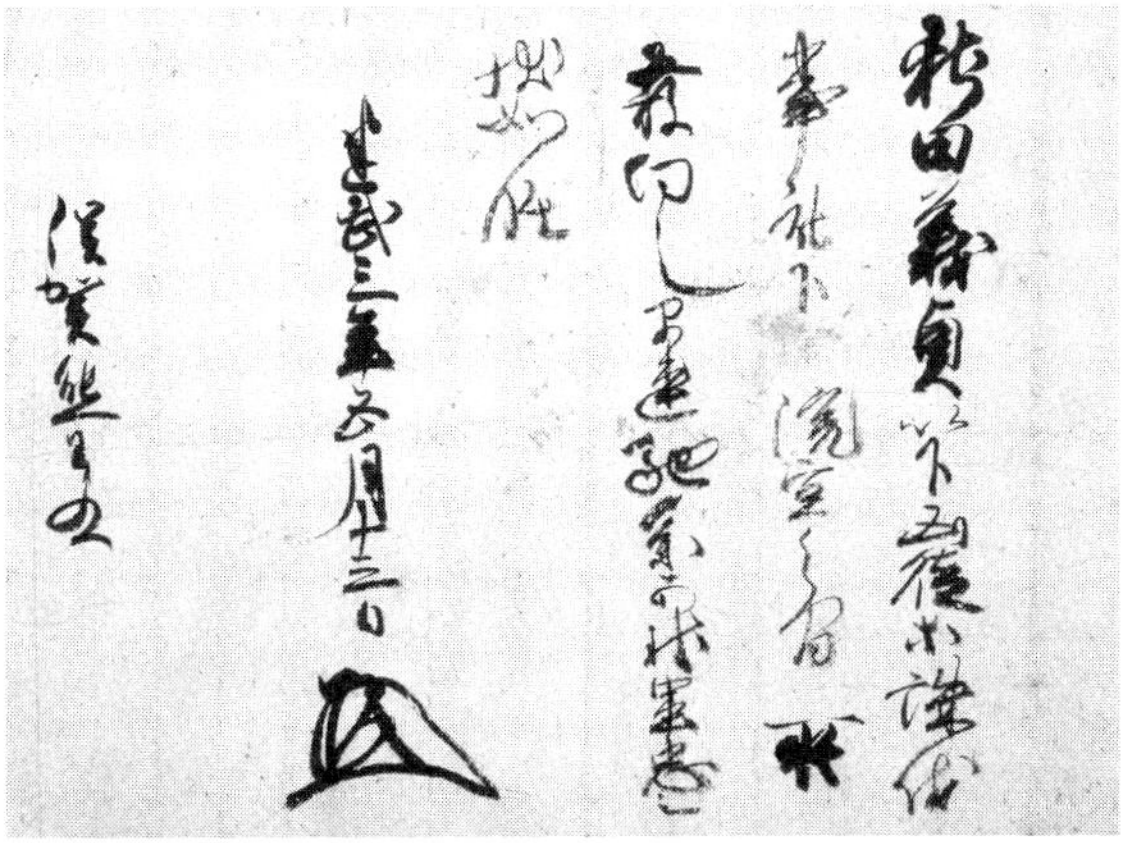

建武３年（1336）５月13日付け足利尊氏軍勢催促状◆「新田義貞以下凶徒」を誅伐するための院宣を下されたので参陣するよう、石見国の俣賀熊王に命じている。このとき尊氏は九州から上洛する途中だった　足利市民文化財団蔵

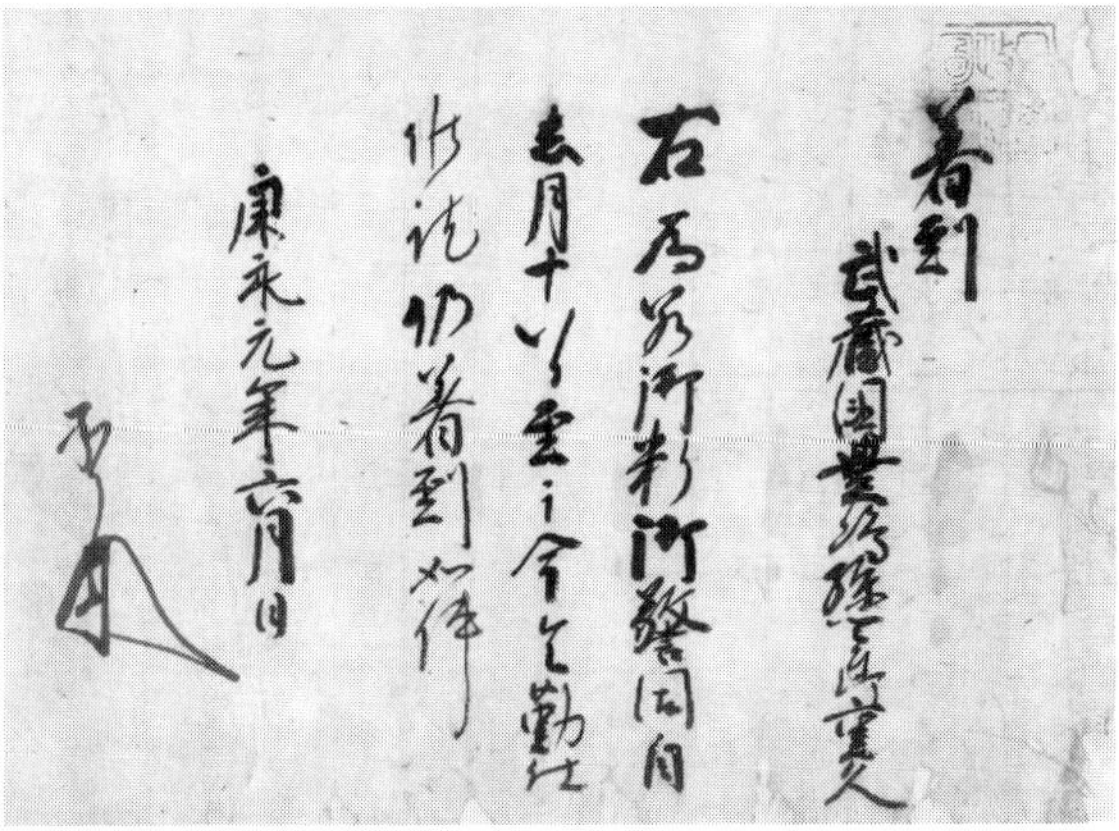

康永元年（1342）６月日付け豊島重久着到状◆このとき関東にいた「若御料」＝足利義詮の警固のため奉仕したことが記されている。「承了」の署名と花押を据えている人物は不詳　「豊島宮城文書」　国立公文書館内閣文庫蔵

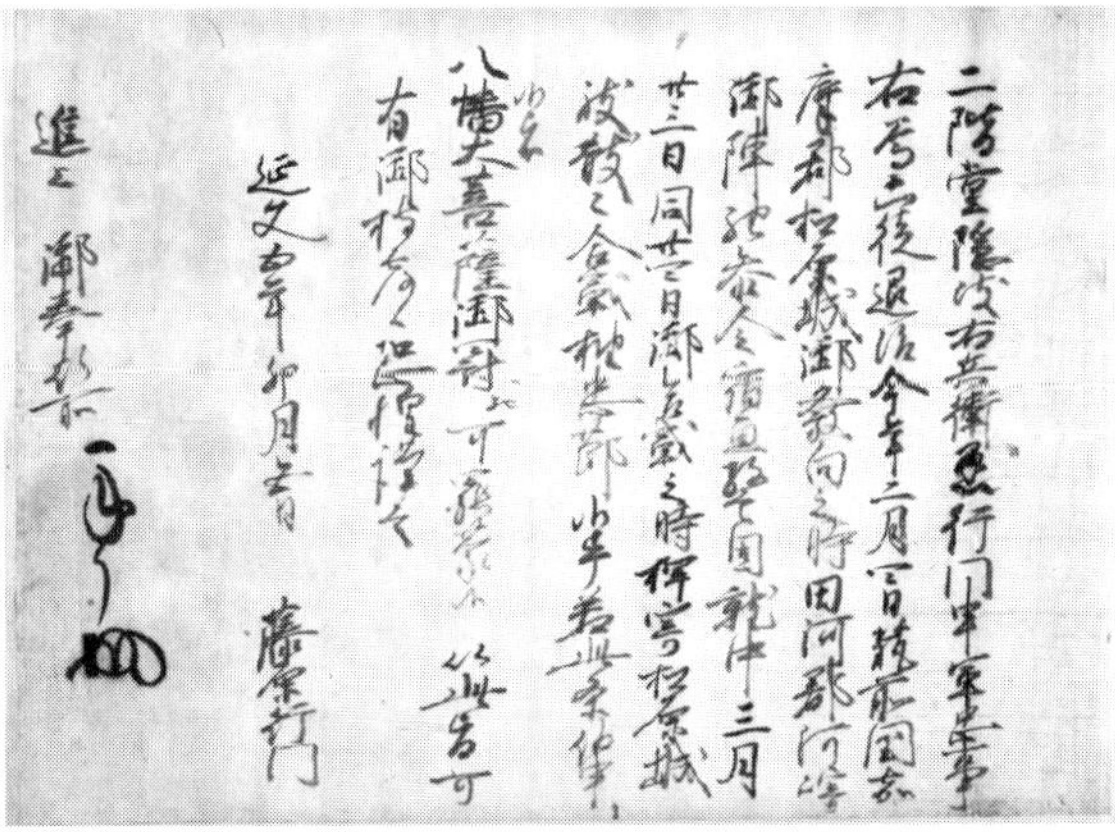

延文５年（1360）４月５日付け二階堂行門軍忠状◆筑前国松原城での合戦など、行門の軍忠がつらつらと記されている。なお、南北朝期後半には軍忠状は著しく減少する。これは幕府や守護が地方武士を保護する側面を減退させたためと評価されている　「島津家文書」　東京大学史料編纂所蔵

08 天皇《てんのう》との関係――北朝天皇家を徹底保護

後醍醐天皇《ごだいごてんのう》と決裂し、建武政権と対立すると、足利尊氏は朝敵《ちょうてき》というレッテルを貼られてしまった。そこで尊氏は、朝敵の汚名をそそぐため、後醍醐と敵対関係にあった持明院統《じみょういんとう》の光厳上皇《こうごんじょうこう》にコンタクトを取り、正当性を確保した。

光厳上皇を奉じて入京《にゅうきょう》した尊氏は幕府を開き、光厳の弟・豊仁《ゆたひと》を光明《こうみょう》天皇として即位させたことにより北朝《ほくちょう》が成立。以後、約六十年続く南北両朝の戦いへと突入していく。また、この時点から、足利将軍家・幕府と天皇（北朝）との切っても切れない縁が発生したのである。

正平《しょうへい》七年（一三五二）、観応の擾乱の混乱に乗じて南朝《なんちょう》の後村上《ごむらかみ》天皇の軍勢が光厳・光明・崇光《すこう》の三上皇と直仁親王《なおひとしんのう》を賀名生《あのう》（奈良県五條市）に拉致《らち》すると、幕府は支配の正当性を失ってしまったため、北朝の再建に動かなければならなかった。

このとき白羽の矢が立てられたのが、崇光の弟・弥仁《いやひと》であった。しかし、践祚《せんそ》に必要な治天《ちてん》の君《きみ》や即位に必要な三種の神器《じんぎ》はすべて南朝の手元にある。窮地に立たされた幕府は、弥仁の祖母・広義門院《こうぎもんいん》を治天の君に見立てて践祚《せんそ》させ、廷臣《ていしん》たちによって擁立されたとされる継体《けいたい》天皇の例にのっとり、弥仁を後光厳《ごこうごん》天皇として即位させた。

しかし、三種の神器なしで即位した後光厳天皇は不完全な天皇というレッテルが終生つきまとい、正統性が欠如していたため、北朝の権威は低下してしまった。そのため、北朝を擁立していることを支配の正当性としていた幕府としても看過することはできず、こののち、幕府は朝廷に直接介入し、手を変え品を変え、北朝の権威強化に躍起になっていった。このとき主導的な役割を果たしたのが二代将軍義詮で、以後展開される天皇との関係の基調は、義詮によって形作られたと評価されている。

　だが、次の義満になると、天皇との関係にも変化が訪れる。後円融《ごえんゆう》天皇は義満と同い年だったこともあり、両者の仲は良かったが、後円融が息子の後小《ごこ》松《まつ》天皇に譲位したころから、関係が急速に悪化していく。自ら公家《くげ》社会に溶け込み、朝廷内で影響力を増した義満は絶対権力化していき、後小松の父のように振る舞うようになったことに加えて、義満の機嫌をとろうとする廷臣たちに嫌気がさし、後円融はすっかりやる気を失ってしまったのだ。こののち、朝廷は義満と関白《かんぱく》二条良基《にじょうよしもと》が取り仕切っていく。

　しかし、義満は後円融とは仲違いしたが、北朝天皇家を支えるという基本姿勢が変わることはなかった。一時期話題になったように、義満は皇位を狙っていたのだという皇位簒奪説《こういさんだつせつ》が唱えられることもあったが、現在では完全に否定されている。むしろ、義満は死ぬ

北朝天皇家略系図

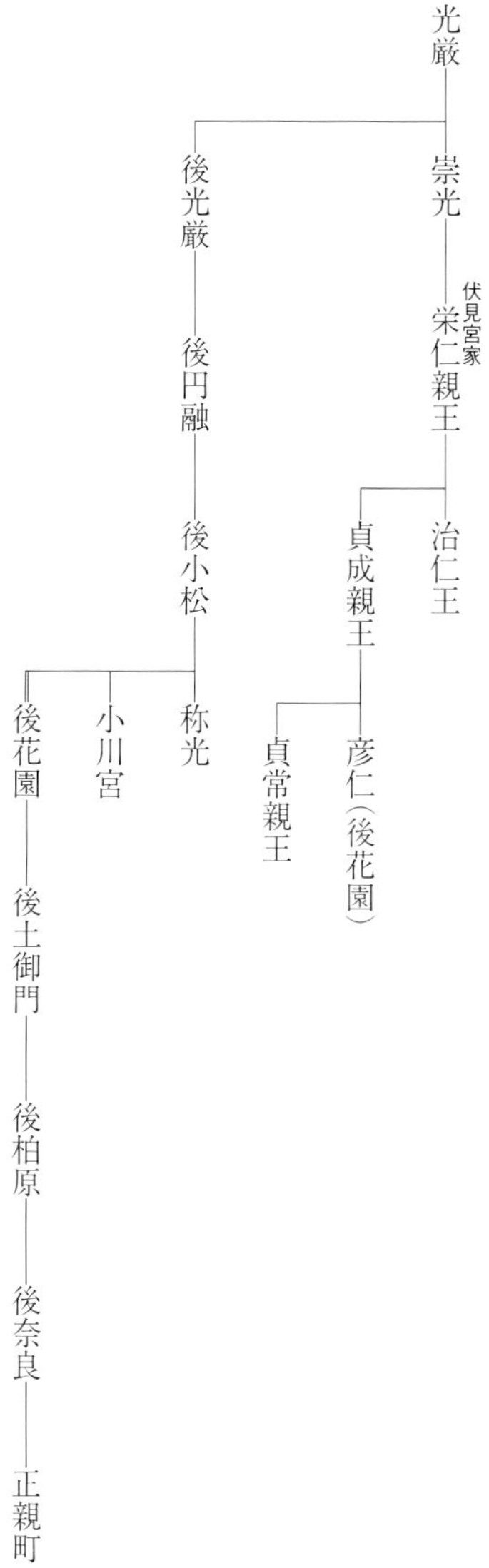

まで後小松の父親代わりとして振る舞い、後見していたのである。

この時期に特徴的なこととして、義満が後円融の、義持が後小松の、義教が後花園《ごはなぞの》のというように、将軍が院別当《いんのべっとう》をつとめたことが明らかにされている。院別当とは、上皇が院政《いんせい》を敷いた際の政務機関・院庁《いんのちょう》の最高責任者であるが、院庁が上皇配下の機関である以上、将軍が院・天皇の下に位置づけられていたことは明白だろう。将軍は院別当などに就任することによって、北朝天皇家を支えつづけたのである。

ところで、これまで「北朝天皇家」と表記してきたが、北朝天皇家内部では後光厳流と崇光流の間で対立があった。これは南朝による三上皇拉致事件に端を発する。北朝の中ではもともと崇光流が嫡流であったが、崇光が拉致されたことによって後光厳が擁立されたことはすでにみた。以後、皇位は後光厳の流れが継いでいくが、崇光もやがて京都に戻されたことから、両者の間で皇位をめぐって対立が起こったのである。

争いはしばらく表面化しなかったが、後小松の子・称光《しょうこう》天皇の跡目をめぐって顕在化した。称光天皇が跡継ぎなくして死去してしまったため、崇光流出身の後花園天皇が即位したのである。後花園は後小松の猶子《ゆうし》として即位したが、崇光流として即位したのか後光厳流として即位したのかで、当時の将軍義教も頭を痛めることとなった。

さて、以上みてきたように、一貫して北朝天皇家を支え続けてきた足利将軍家であったが、戦国期になると両者は徐々に疎遠になっていく。幕府財政の窮乏により、後柏原《ごかしわばら》・後奈良《ごなら》と二代続けて即位が十年以上も延期されたのである。この当時、将軍家自体も分裂し、恒常的な戦争状態にあったため、天皇にまで気にする余裕がなかったのだろう。こののち、両者の間で目立った関係はみられなくなっていく。

なお、南北朝期までは佐々木導誉《ささきどうよ》のように、天皇家と直接交渉する武家もいたが、義満以降は天皇との回路は将軍家に限定され、その他の武家は排除されていったとされる。これは、天皇家を独占するための将軍家の方策だったのである。

足利義詮画像◆足利尊氏の子で、観応の擾乱の勃発にともない鎌倉から召喚され、２代将軍に就任した。制作時期は南北朝時代とみられ、中世に遡る唯一の肖像画とされる　京都市・宝筐院蔵

後小松天皇画像◆後円融天皇の子。足利義満・義持・義教と歴代室町殿の庇護をうけた。子の称光天皇・小川宮が早世し、跡継ぎが絶えたため、伏見宮家から後花園天皇を迎えて即位させた　京都市・雲龍院蔵

「洛中洛外図屏風」に描かれた内裏（土御門東洞院殿）◆康正２年（1456）に新造されたが、応仁・文明の乱により荒廃したため、文明11年から修理がおこなわれた　米沢市上杉博物館蔵

09 公家《くげ》との関係――多くの廷臣を配下にした将軍

室町幕府は京都に政権所在地を置き、北朝天皇家を保護したこともあり、否が応でも朝廷を構成する公家たちと接点を持たざるをえなかった。とはいえ、公家との関わりはほとんど将軍家に限られ、大名以下の武家たちとの接点は希薄である。

それでは、将軍家は公家たちとどのような関係を築いたのだろうか。京都に政権を置いたものの、実は初代尊氏の時期は必要最低限の付き合いに終始していた。戦いが続いている状況では公家たちと親しく付き合っている余裕がなかったのだろうが、同時に公家たちと渡り合う教養等が備わっていなかったことも大きいだろう。

二代義詮の時期から徐々に付き合いが深まり始め、三代義満になって飛躍的に密接な関係を築くことになる。背景には、二条良基が義満を公家社会に引き込んだこともあったが、それ以上に義満自身が意欲的に公家社会に交わり、廷臣として朝廷の儀式（以下、朝儀《ちょうぎ》）もこなすことで官位を上昇させていったことがある。

義満は、官位のみならず権力自体を強大化させており、公家たちからの要請もあり、家督《かとく》や所領を保証する存在となっていく。また、所領や偏諱《へんき》（自身の名前の一字）を与えることで、多くの公家たちと主従関係を築いていった。

こうして公家たちへの影響力を強めた結果、朝儀への参加に積極的ではなかった当時の公家たちに出仕を強制するようになり、「廷臣総動員体制《ていしんそうどういんたいせい》」とでもいうべき状況が現れたことが明らかにされている。このように、公武を超越するような絶対権力は、このの ち当時の人びとから「公方様《くぼうさま》」と呼ばれるようになった。

さて、義満期以降の見逃せない現象として、朝廷と

室町殿と朝廷との関係

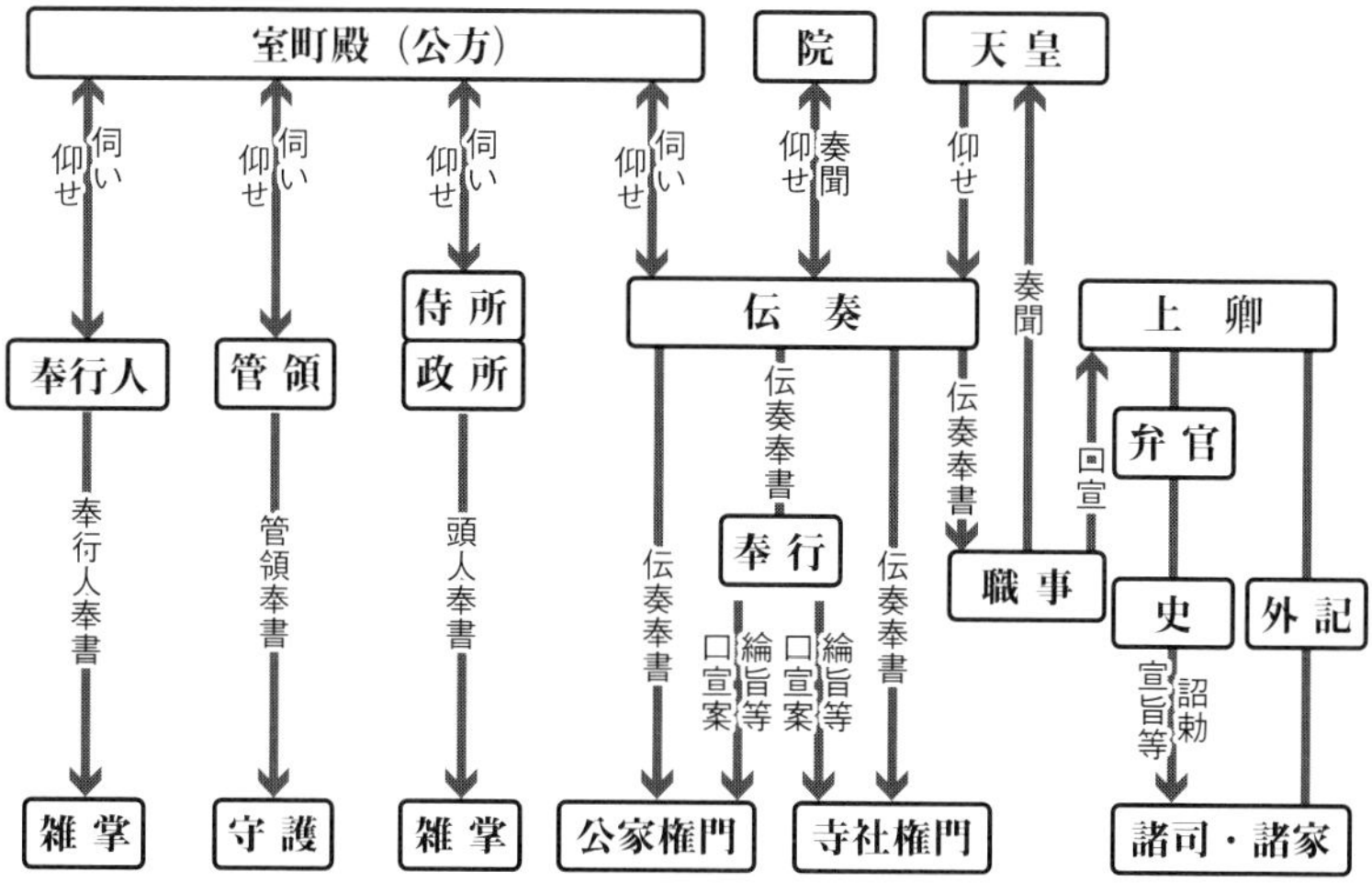

※富田正弘氏作成の図を参考に加筆・修正

幕府の一体化がある。両者の結びつきは、一般的に「公武統一政権《こうぶとういつせいけん》」と呼ばれ、朝廷（院・天皇）と幕府（室町殿・将軍）の間をつないだのが、伝奏《てんそう》と呼ばれる人びとだった。彼らの多くは室町殿と主従関係にある家《け》礼《らい》でもあったので、公武に両属するかたちで両者の間を取り次いだのである。義満の朝廷政策を否定することも多かった次代の義持も、伝奏を介した朝廷との取次システムはそのまま採用し、以後の室町幕府の政策基調となった。

ところで、将軍家との関係が深い公家の家は、義教期になると次第に固定化していく。彼らは「武家昵近《ぶけじっきん》公家衆《くげしゅう》」と呼ばれ、日野《ひの》・広橋《ひろはし》・烏丸《からすま》・正親町三《おおぎまちさん》条《じょう》・飛鳥井《あすかい》・高倉《たかくら》が代表的な家であった（のちに上《かみ》冷泉《れいぜい》・勧修寺《かじゅうじ》が加わる）。

この中からは、義教期の正親町三条実雅《さねまさ》、義政期の日野勝光《かつみつ》といったように、大きな力を持つ側近も出てきたが、武家昵近公家衆自体は必ずしも政務に関与したわけではなく、儀礼的側面の強いグループであった。

また、武家昵近公家衆の家ではないものの、戦国時代

足利将軍家・日野家婚姻関係図

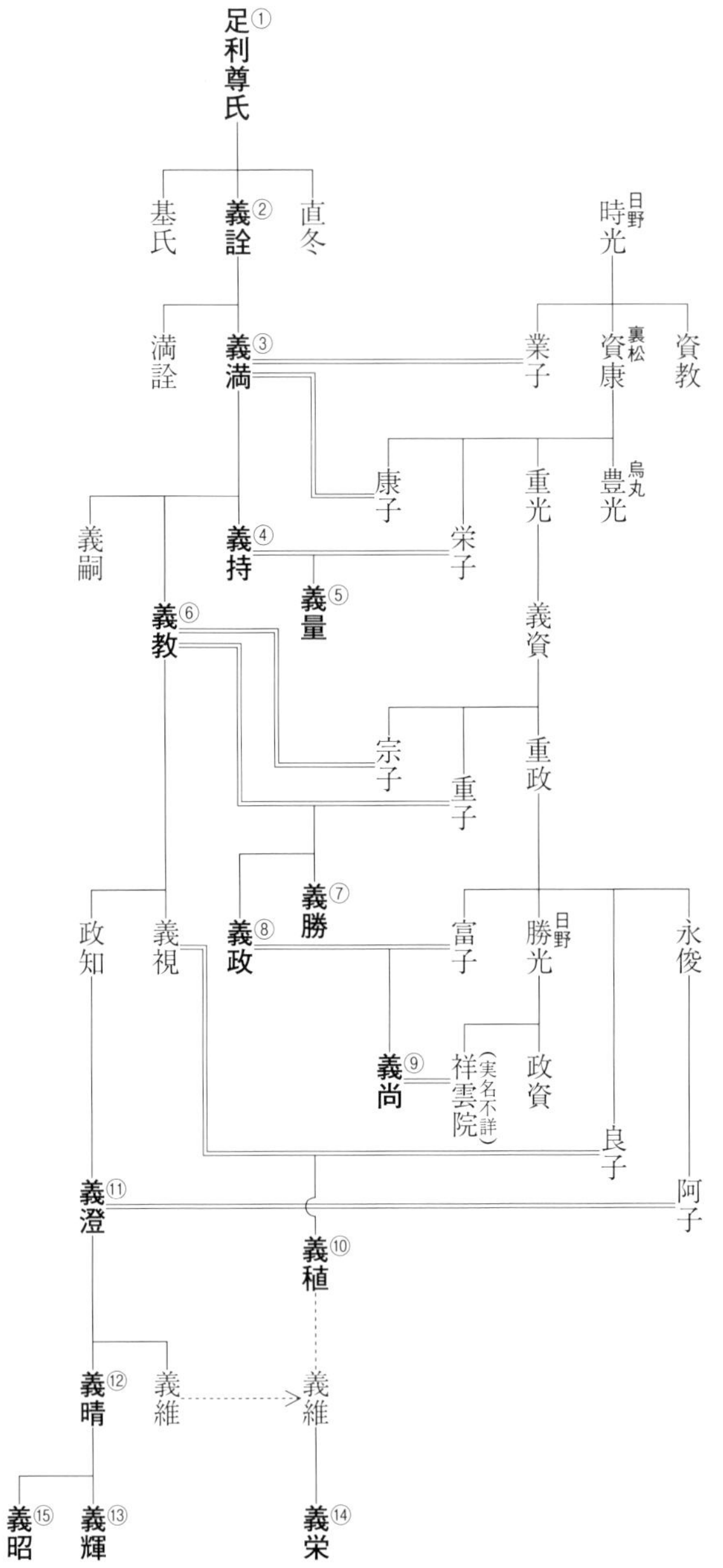

「洛中洛外図屏風」に描かれた近衛殿◆庭に植えられた糸桜が有名で、「桜御所」とも呼ばれる当時を代表する公家屋敷である。戦国期の近衛家は、義晴・義輝の正室を輩出するなど、日野家に代わって将軍家とのむすびつきを強めた　米沢市上杉博物館蔵

日野勝光画像◆足利義政の正室となった日野富子の兄。もう一人の妹も足利義視に嫁ぐなど、足利将軍家と密接にむすびつき、義政期の幕政で重きをなした。「新将軍代」と呼ばれることもある　東京大学史料編纂所蔵模写

になると葉室《はむろ》・阿野《あの》・白川《しらかわ》・山科《やましな》など、個別的な関係から将軍に奉仕する公家も現れている。

なお、日野家からは義満・義持・義教・義政・義尚《よしひさ》・義澄《よしずみ》と、将軍の御台所《みだいどころ》を代々輩出するなど、非常に近しい関係にあり、権勢を誇っていた。しかし、義晴以降は日野家との婚姻《こんいん》はみられなくなり、義晴と義輝は代わって摂関家《せっかんけ》の近衛《このえ》家から御台所を迎えている。

武家昵近公家衆をはじめ、将軍との関係が深い公家たちは、将軍の出陣に際して甲冑《かっちゅう》を身につけて従軍することもあった。義尚の六角《ろっかく》氏征伐や、桂川《かつらがわ》の戦いなどに公家が従ったことが知られ、彼らは戦場で討ち死にすることもあった。

このような密接な関係は、最後の将軍義昭《よしあき》の時期まで続くが、義昭が織田信長《おだのぶなが》に追放されて京都を逐われると、公家たちは誰一人として付き従っていない。所領の保証や獲得、官位の昇進など、メリットがあったから公家たちも従っていたのである。将軍家といえども権力を失ってしまったら、利用価値はなかったのであろう。

10 宗教政策《しゅうきょうせいさく》——顕・密・禅・神社、すべてを統括

　前代の鎌倉幕府と異なって、室町幕府は政権の所在地を京都に置いたこともあり、京都や奈良の大寺社と直接やりとりをする必要に迫られた。また、たとえば禅宗など、新たに影響力を増してきた宗教勢力とはどのような関係を切り結んだのだろうか。

　南北朝内乱を戦う将軍にとってまず重要だったのが、祈禱《きとう》をおこなってくれる寺院や護持僧《ごじそう》である。当初は京都の大寺院とのパイプが深くなかったことも
り、内乱期に祈禱を担ったのは鎌倉幕府にゆかりのある寺院だった。鎌倉幕府の後継者という側面も持っていた室町幕府にとって、それはある意味自然なことであったと指摘されている。

　しかし、内乱状態が終息し、幕府や将軍の権力が安定してくると、祈禱を担う寺院にも変化が現れた。それまでの鎌倉幕府ゆかりの寺院ではなく、朝廷の祈禱を担っていた顕密《けんみつ》の門跡寺院に再編されるのである。このとき将軍と門跡寺院の橋渡しをしたのは、室町幕府草創にも尽力した醍醐寺三宝院であった。三宝院は幕府から「護持管領《ごじかんれい》」などに任じられ、こののち幕府の祈禱体制の中心となっていく。

　なお、石清水八幡宮《いわしみずはちまんぐう》や祇園社《ぎおんしゃ》といった神社にも、将軍の祈禱をおこなう者たちがいたが、彼らのことを「将軍家御師《しょうぐんけおし》」と呼ぶ。

　さて、三代義満のころになると、将軍が自らの子弟を門跡寺院に送り込むようになっていった。これは第1部でみたように、彼らの生活を成り立たせるためという側面もあったが、やはり幕府政治に深くかかわる祈禱の安定的実施のためという側面も強い。一方で、受け入れる側の門跡寺院の意向も働いていたともされる。将軍の子弟が入寺すれば、門跡寺院の権益が幕府

相国寺◆足利義満を開基、夢窓疎石を開山として花の御所に隣接して創建された。将軍家の菩提寺となるなど、幕府にとって最も重要な寺院のひとつで、義満が建立した七重大塔は史上最大の高さを誇る仏塔だったとされる　京都市上京区

に保障されたのである。

室町中期には、幕府と大寺社とは切っても切れない縁となり、義教の時期になると、幕府の奉行人たちが個別の大寺社の専任担当として置かれるようになった。これを「別奉行《べつぶぎょう》」というが、寺社からはそれなりのリベートもあったらしく、奉行人たちにとっても「おいしい話」であったようだ。

また、幕府は将軍を中心に臨済宗《りんざいしゅう》に帰依《きえ》し、中国に倣《なら》って五山・十刹の制度を導入するなど、禅宗寺院

春屋妙葩画像◆足利義満が帰依した臨済禅の僧。相国寺の二世住持や、五山以下の僧侶を統括する初代僧録職をつとめるなど、義満期の禅宗政策の中心となった　東京大学史料編纂所蔵模写

の統制を図っていった。住持任命の公文発給による手数料が幕府の大きな財源の一つとなったことは、「収入基盤」の項でみたとおりである。なお、門跡や護持僧と並び、禅宗寺院による祈禱も幕府の祈禱体制の中で大きな位置を占めていたことが明らかにされている。

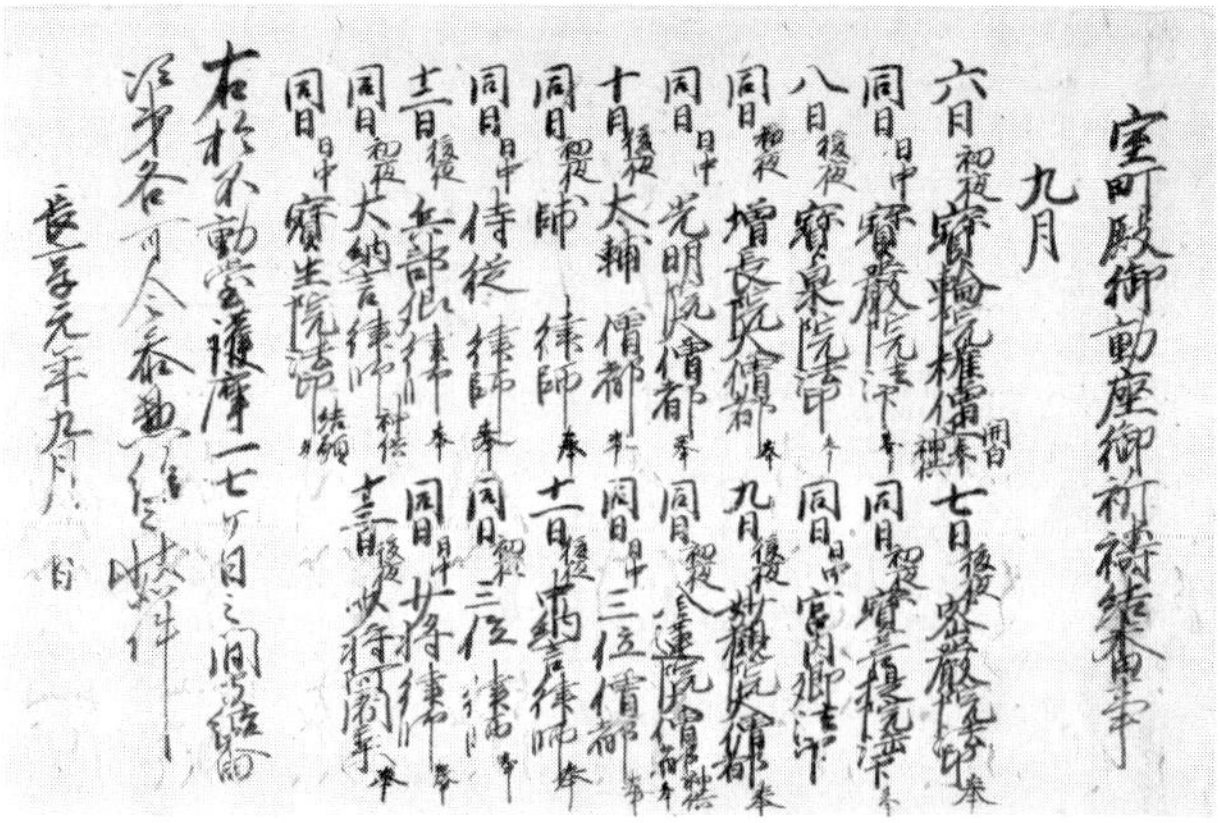

長享元年（1487）９月日付け室町殿御動座祈禱結番帳◆足利義尚が近江の六角氏攻めに赴いた際、義尚の武運長久を祈って不動堂護摩を修する順番を記したもの。宝輪院・密厳院・宝厳院・宝菩提院などの名がみえる　「東寺百合文書」　京都府立京都学・歴彩館蔵

また、禅宗寺院でいうと、室町御所に隣接して建設された相国寺《しょうこくじ》は、義満のころに将軍家の新たな菩提寺として位置づけられていく。なお、義満は禅律方に代わって相国寺鹿苑院《ろくおんいん》内に禅宗寺院の人事行政を総轄する僧録《そうろく》職を置き、のちに蔭凉軒主《いんりょうけんしゅ》が補佐する体制となった。蔭凉軒主は僧録より力を持つこともあり、八代義政の近臣となった季瓊真蘂《きけいしんずい》などを輩出している。

中央の顕密寺院や神社、禅宗寺院のほか、将軍は全国各地に祈願寺《きがんじ》を設定していった。祈願寺も将軍家や幕府の祈禱をおこなうことを基本的な機能としており、将軍・幕府は全国的なかたちで祈禱体制を作り上げていったのである。これが室町幕府の宗教政策の大きな特徴のひとつとされる。

このように、顕密寺院や神社、禅宗寺院などを含み込んだかたちで形成された幕府の宗教編成は、十五世紀を通じて展開したが、十五世紀末には解体されたとされている。その後は政策と呼べるようなものはみられなくなっていき、将軍がそのときどきの情勢に合わせて寺社と個別的に関係を結ぶようになっていった。

視点 護持僧《ごじそう》

もともとは天皇の身体護持などの祈禱をおこなう僧のことであったが、時代が下るにつれて鎌倉将軍や足利将軍の祈禱をおこなう護持僧も現れた。これを武家護持僧や将軍護持僧などと呼ぶ。

室町幕府下では護持僧は複数任命され、彼らは月ごとに順番を決めて将軍御所で祈禱をおこなった。延暦寺《えんりゃくじ》系・三井寺《みいでら》系・東寺《とうじ》系の三流から選ばれ、四代義持期までは六人、六代義教期には十二人体制だったという。義満のころからは足利将軍家出身者も任じられるようになり、護持僧の地位も上昇していった。その後、護持僧全体の数は徐々に減っていったが、幕府末期まで編成され、将軍の祈禱体制の核として機能した。

これら護持僧を統括したのが、「護持管領」に任じられた醍醐寺三宝院門跡である。三宝院門跡は、幕府草創期の賢俊《けんしゅん》から将軍家と密接な関係を築いており、以後、光済《こうさい》→光助《こうじょ》→満済→義賢《ぎけん》といった具合に続いていく。

とくに、摂関家二条家の庶流・今小路《いまこうじ》家出身の満済は義満の猶子となって重用された。義持・義教の政治顧問ともなったので、「黒衣《こくえ》の宰相《さいしょう》」とも呼ばれている。満済は義持の晩年ごろから重臣会議に出席を求められるなど幕政に参加するようになり、大内氏や伊勢守護土岐《とき》氏、宇都宮《うつのみや》氏の取次も担当するなど、幕府としてなくてはならない人物になっていく。僧侶から還俗《げんぞく》して将軍になった義教は、満済の豊富な政治経験をことさら頼りにしていたようで、満済が死去した際には、ひどく落胆したという。

なお、父義教に憧れる八代義政は、満済の後継者となった義賢に政治顧問への就任を打診したが、あっさりと断られている。

満済画像◆足利義満の猶子ともなった醍醐寺三宝院門跡で、幕府の政治顧問。満済の日記『満済准后日記』は当時の幕府政治を知るうえで最重要史料である　東京大学史料編纂所蔵模写

11 対外関係《たいがいかんけい》——偽りの「日本国王」号

日本は四方を海に囲まれていたこともあり、海外からは閉ざされていたと誤解されることもあるが、むしろ海を通して、室町時代も明《みん》や朝鮮《ちょうせん》、琉球《りゅうきゅう》などとつながっていた。

十四世紀の中国は、元《げん》王朝の統治能力が衰え内乱状況にあったため、尊氏や義詮の時代には国交も開かれておらず、通交もなかった。情勢が変わったのは、一三六八年に朱元璋《しゅげんしょう》が明を建国してからである。

応永八年（一四〇一）、義満は僧祖阿《そあ》を正使、博多《はかた》商人・肥富《こいづみ》を副使として明に使節を送り、明皇帝・永《えい》楽帝《らくてい》から「日本国王」に冊封《さくほう》された。これによって明との国交が開かれるとともに、朝貢《ちょうこう》貿易が認められ、幕府にも莫大な利益がもたらされている（日明貿易）。

かつて、義満が「日本国王」に冊封されたことをもって、義満は天皇を超える地位を明皇帝から得ようとしたのだとする見解もあった。しかし、明は国王以外との通交を認めておらず、明との貿易を望むには「日本国王」と認められる必要があったための措置にすぎず、現在では「日本国王」号には通交上の名義以上の意味はなかったことが明らかにされている。

なにより、実質的な「日本国王」に封じられるための使者としては、祖阿や肥富ではあまりにもみすぼらしく不相応であり、逆に彼らが貿易のスペシャリストであったことからすれば、当初より義満の目的は貿易にあったのだとも指摘されている。実際、「日本国王」号は日本国内では用いられていない。

さて、義満が死ぬと、跡を継いだ義持は明との国交を断絶したが、六代義教は国交を回復し、八代義政の時期までは日明貿易をはじめ明との外交をおこなっていた。しかし、日明貿易の主導権は細川氏・大内氏と

木造足利義満坐像◆鹿苑寺金閣が所蔵し、国宝に指定されていたが、昭和25年7月2日の金閣全焼事件で、残念ながら他の宝物とともに焼失してしまった

遣明船模型◆室町時代は造船技術の進歩もあり、船舶の大型化が進んだ。本模型は室町時代に使用された750石級の船舶を10分の1の大きさで復元したもの　広島県立歴史博物館蔵

聖福寺◆栄西が開いた博多を代表する臨済宗寺院。境内は国の史跡に指定されている。享徳2年（1453）に派遣された遣明船の4号船は、聖福寺の造営料を賄うためのものだった　福岡市博多区

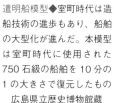

いった守護層や、堺や博多の商人に握られていくことになる。

次に、朝鮮半島との関係をみてみよう。室町幕府開創当初、朝鮮半島は高麗国《こうらいこく》が支配していたが、一三九二年に李成桂《りせいけい》が李氏《りし》朝鮮を建国した。当時の朝鮮半島は倭寇《わこう》の襲撃に悩まされており、応永二十六年（一四一九）には倭寇討伐を目的に対馬《つしま》が襲撃されるという事件も起きている（応永《おうえい》の外寇《がいこう》）。

なお、李氏朝鮮のもとでは朝貢貿易だけではなく民間貿易も認められていたこともあり、多くの守護・国人や商人たちが貿易船を派遣した。最も有名なのが、対馬の宗氏《そう》だろう。宗氏はもちろん幕府に所属していたが、朝鮮の影響下にもあり、両属していたともされる。このような関係から、朝鮮国王からさまざまな特権を与えられ、日朝貿易の仲介役も果たしていた。

ところが、李氏朝鮮は徐々に民間貿易を規制し始めたこと、朝貢貿易の場合は国王から莫大な返礼が与えられたことなどから、朝貢貿易を求めて「偽使《ぎし》」が横行することになる。そこで、義政の要請により朝鮮側で「牙符《がふ》」と呼ばれる通信符を作り、牙符を携えている者だけが通交できるよう制限をかけた。しかし、導入当初は効果を発揮したものの、明応の政変で将軍家が分裂すると、急速に効力を失ってしまったという。

ちなみに、偽使の中心となっていたのが、対馬の宗氏や博多商人だった。対馬は耕地面積が少ないため、宗氏は日朝貿易に活路を見出し、積極的に偽使を派遣したとされる。だが、宗氏と朝鮮との軋轢は徐々に表面化し、一五一〇年には朝鮮で三浦《さんぽ》の乱が勃発し、以後、通交は制限されていく。

現在の沖縄地方では、十五世紀に琉球王国が成立した。琉球は明と朝貢関係をむすんだが、琉球王国の成立直前の応永二十一年（一四一四）には、のちに国王となる尚巴志《しょうはし》から室町幕府に使者が送られている。その後も数年に一回のペースで使者が派遣されていたが、琉球との関係はやがて島津氏に一任されていった。

なお、琉球との間も盛んに貿易がおこなわれ、日本からは刀剣、琉球からは硫黄《いおう》や東南アジア産の香辛料などがもたらされた。

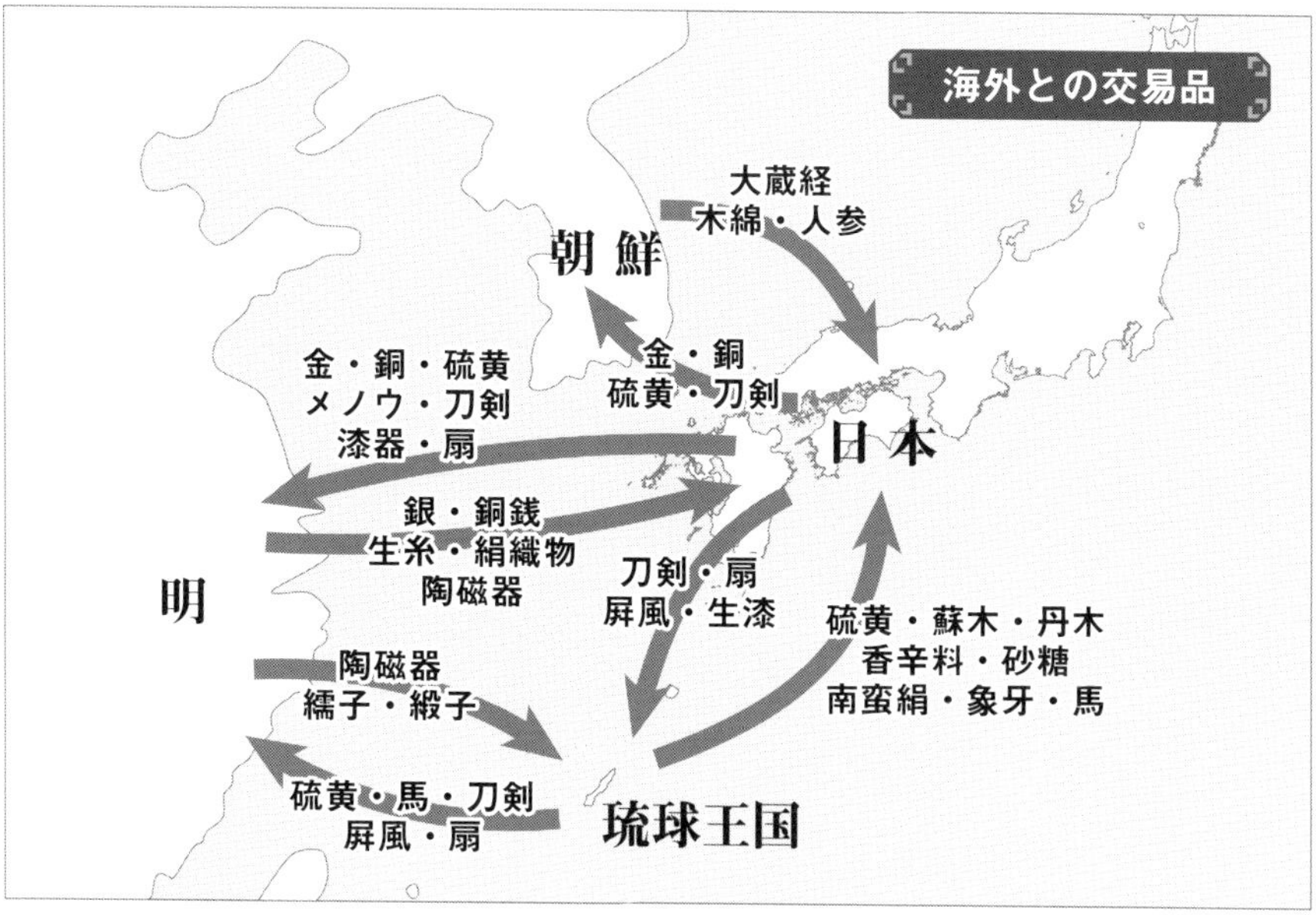

もちろん、いまみてきたことはあくまで幕府と諸外国との関係である。しかしこの時期、倭寇が活発に動いており、民間貿易も盛んにおこなわれているなど、庶民レベルではずっとつながりを持ち続けていたことを忘れてはならない。

対馬の浅芽湾◆上島と下島の間に位置し、西側のリアス式海岸に囲まれた湾。外洋の波浪や風の影響が少なく、迷路のように入り組んだ地形という特徴もあり、倭寇の根拠地のひとつになった。古くから要衝の地だったようで、7世紀には古代山城の金田城が築かれている　長崎県対馬市

12 身分秩序《みぶんちつじょ》——細かく決められた序列

室町幕府も組織である以上、上下関係を規定する身分秩序が決められていた。それでは、将軍（室町殿）である足利氏を頂点として、どのような構造になっていたのだろうか。

将軍に次ぐ格式をもっていたのは、斯波・細川・畠山の管領家だったが、管領と同格もしくはそれ以上の格式をもつ家として、吉良《きら》・渋川《しぶかわ》・石橋《いしばし》の三家が挙げられる。彼らは「御一家《ごいっか》」と呼ばれ、いずれも庶流ではあるが足利氏の兄筋の家にあたるので、高い格式が与えられていたようだ。このうち、吉良氏が御一家の筆頭に位置づけられている。

なお、御一家は高い家格を誇ったが、基本的には幕府の要職に就くわけではなく、守護になるわけでもなかった。彼らはいざというときに将軍職を継承する可能性を有しており、そのため高い格式を与えられていたことが明らかにされている。

このほか、幕府を構成する武家たちは、家格等によって相伴衆《しょうばんしゅう》・国持衆《くにもちしゅう》・外様衆《とざましゅう》・御供衆《おともしゅう》などに編成されていった。以下、具体的にみてみよう。

相伴衆は、将軍の外出や宴席に相伴することを許された人びとのことで、義教期に役職として確立した。メンバーは、山名・赤松・一色・京極《きょうごく》・大内など、おおむね管領を除く大名《たいめい》層に相当する。幕府きっての名門がほとんどであったため、当初はメンバーの加増はなかった。しかし、時代が下るにつれて朝倉孝景《あさくらたかかげ》・三好長慶《みよしながよし》などの戦国大名や、将軍と近しい関係にある公家も任じられるようになり、役職としての実質は薄れ、格式化した。

国持衆は、守護家のうち足利一族や相伴衆の一族が主なメンバーで、職務はなく格式を表す。なお、国持衆は「国持之外様《くにもちのとざま》」ともいわれる。外様衆は国持守護のほか、評定衆家や有力守護の一族、有力国人などによって構成され、将軍が外出する際に帯刀《たちはき》としての供《ぐ》奉《ぶ》や禁裏《きんり》の警固などを職務とした。

御供衆も将軍が外出する際に供奉することを職務とし、義政期から史料上にみられるようになる。メンバーは、伊勢氏や奉公衆家など、将軍の近臣層が中心であった。

このほか、御供衆より下位の格式として、御部屋《おへや》衆《しゅう》・節朔衆《せっさくしゅう》・走衆《はしりしゅう》などもみられる。

以上のような幕府内の序列は、義満期以降、幕府組織の成熟とともに形成されたが、応仁・文明の乱や明応の政変など、幕府を揺るがす合戦や政争《せいそう》に影響され、徐々に構成員を減らしていくとともに、名誉職化していくことになった。

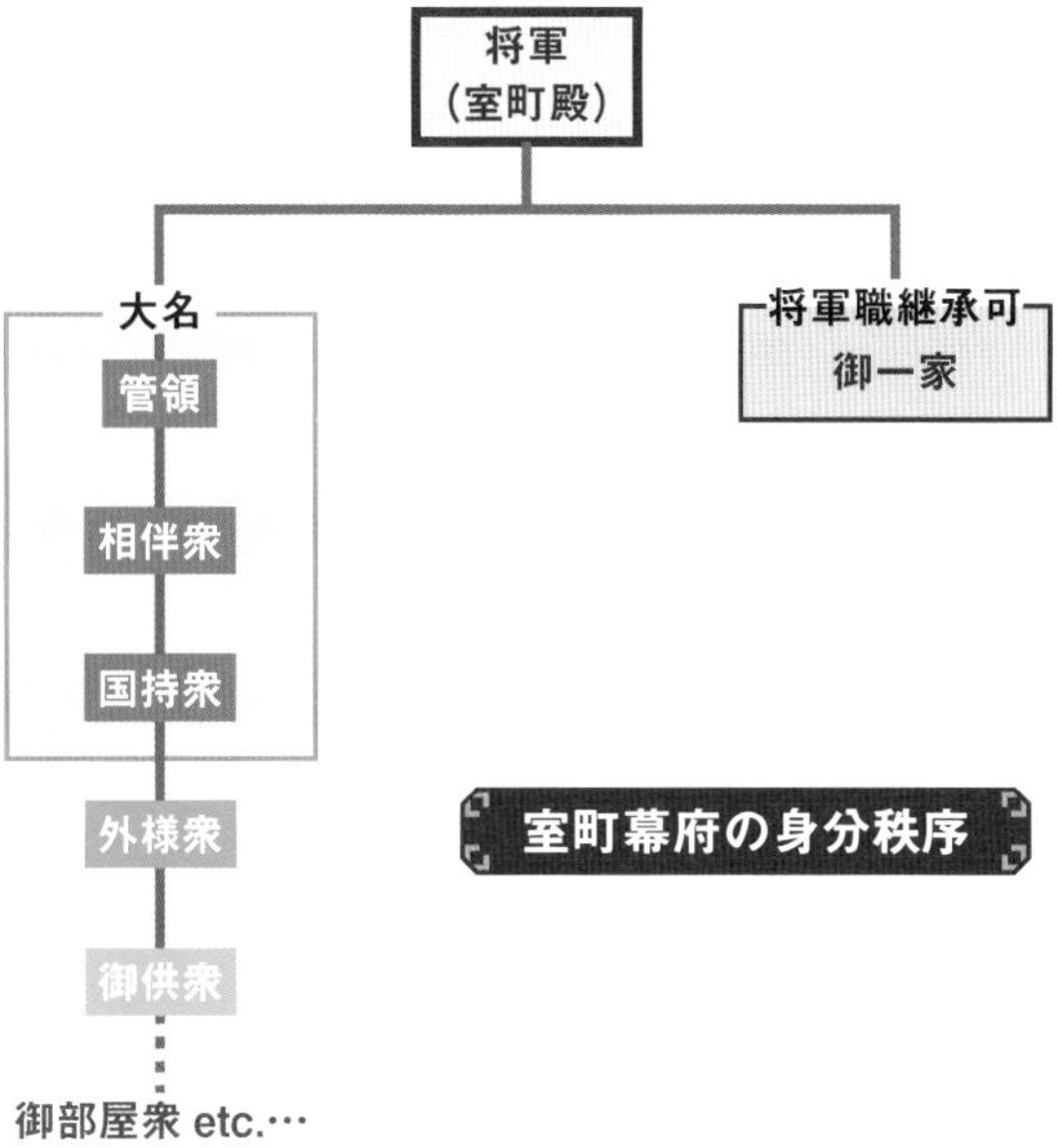

室町幕府の身分秩序

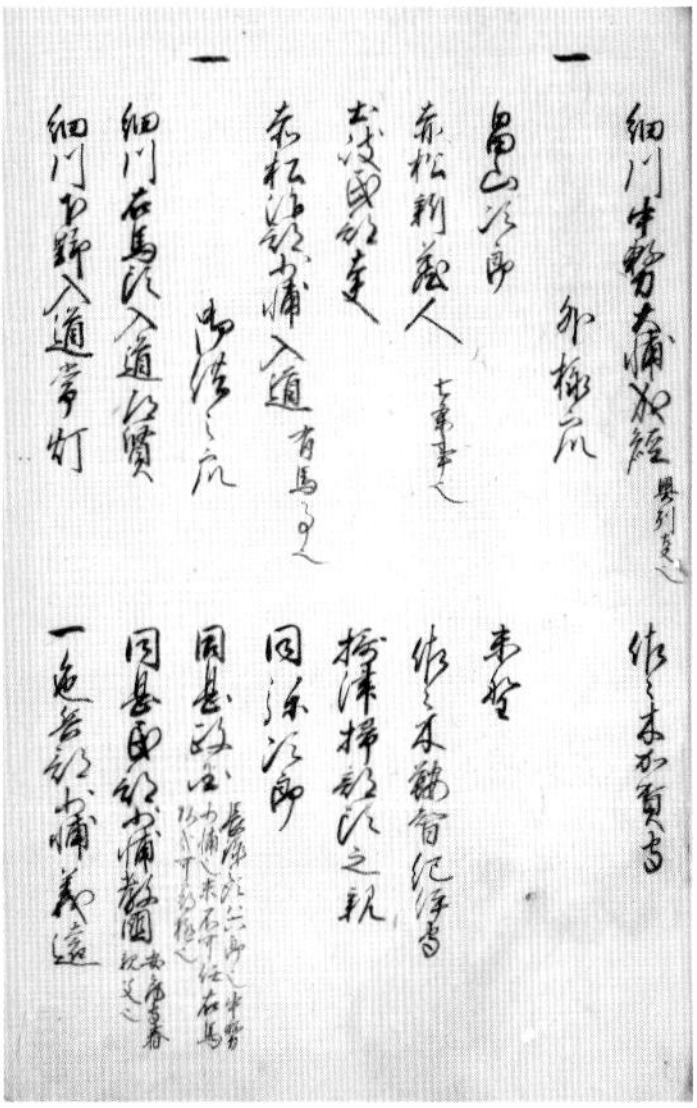
慈照院殿年中行事◆外様衆として、畠山次郎、摂津之親等の名がみえる　個人蔵

コラム

室町幕府はどこにあったか

「室町幕府はどこにあったか?」

このように聞かれたとき、ほとんどの方は足利義満が造らせた有名な「花《はな》の御所《ごしょ》」と答えるだろう。たしかに花の御所は「室町殿」と呼ばれ、室町幕府の名称の由来となったこともあり、最も重要な邸宅であったことは間違いない。

しかし、将軍たちは常に花の御所にいたわけではない。その場合、幕府の所在地はどこになるのだろうか。そこでここでは、将軍御所の変遷を追ってみることにしよう。

まず、京都に本拠を置いた初代尊氏は、二条大《にじょうおお》路《じ》・三条坊門小路《さんじょうぼうもんこうじ》・万里小路《までのこうじ》・高倉小路《たかくらこうじ》に囲まれた辺りに邸宅を構え、ここで政務を執り、ここで死去した。ある意味ここが室町幕府発祥の地といって差し支えないだろう。邸宅の跡地には、足利将軍家の菩提寺・等持寺《とうじじ》が創建されている。

尊氏の跡を継いだ義詮は、尊氏ゆかりのこの邸宅は使用せず、鎌倉から京都に戻された際に尊氏の弟・直義ゆかりの三条坊門邸に入ったこともあり、以後も三条坊門邸に居住しつづけた（実際は、直義が住んだ邸宅は観応の擾乱中に焼失したため、跡地の左隣りに新邸を造営している）。

すでにふれたように、三代義満のもとで花の御所（室町殿）が築かれると、三条坊門邸は荒廃していった。公家の室町《むろまち》家と今出川《いまでがわ》家の邸宅を取得して造営されたため、花の御所は広大な敷地を誇る。ちなみに、花の御所の名称については諸説あるが、室町家の邸宅が「花亭」、今出川家の邸宅が「菊亭《きくてい》」という別称が付けられていたため、それに因《ちな》むというのが有力なようだ。

義満が将軍職を義持に譲り、北山の地に邸宅（北山殿）を築いてそちらに移ると、花の御所は義持のものとなった。義満が死去すると、義持は北山殿に入るが、なぜかすぐに北山殿を離れ、花の御所には戻らず三条坊門邸を居所に定め、花の御所は放棄されてしまう。

　義満に憧れる義教が将軍になると、花の御所は再興された。後花園天皇の行幸《ぎょうこう》を受ける意図もあり、義満時代よりもさらに整備されたので、再興というよりは拡張と言ったほうが正しいかもしれない。だが、嘉吉の乱で義教が殺されたこと、跡を継いだ義勝も早世してしまったことから、不吉とみなされ再び放棄されてしまった。

足利義輝邸跡の碑◆天文16年（1547）に足利義輝がかつての斯波氏屋敷の跡地に築いた屋敷跡。永禄8年（1565）には三好義継らに襲撃され、奮戦むなしく義輝は討ち死にした　京都市中京区

　花の御所を再び用いたのは八代義政である。義政は公家の烏丸資任の邸宅で養育されたこともあり、しばらくは烏丸邸を御所としていたが、やがて祖父義満や父義教への憧れから、花の御所に移って再整備をした。応仁・文明の乱中には、戦火を避けるために避難した後花園上皇・後土御門《ごつちみかど》天皇を迎えている。

　しかし、文明八年（一四七六）に焼失すると、以後は大規模に再建されることはなかった。さらに、十三代義輝《よしてる》が旧斯波邸の跡地に御所を建設すると、花の御所は完全に消滅することになる。なお、最後の将軍義昭も二条御所に入り、整備している。

　以上みてきたように、義満以後の将軍は花の御所を基軸としつつも、必ず御所として用いていたわけではない。「室町」の地は歴代将軍にとって特別な地であったことは間違いないが、むしろ、それぞれの意図にともない御所の場所を取捨選択していたともいえる。とするならば、幕府の所在地は決められていたわけではないことになる。極論すれば、京都で将軍が政務を執る場所こそが幕府だったということになるだろうか。

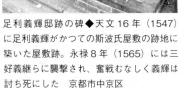

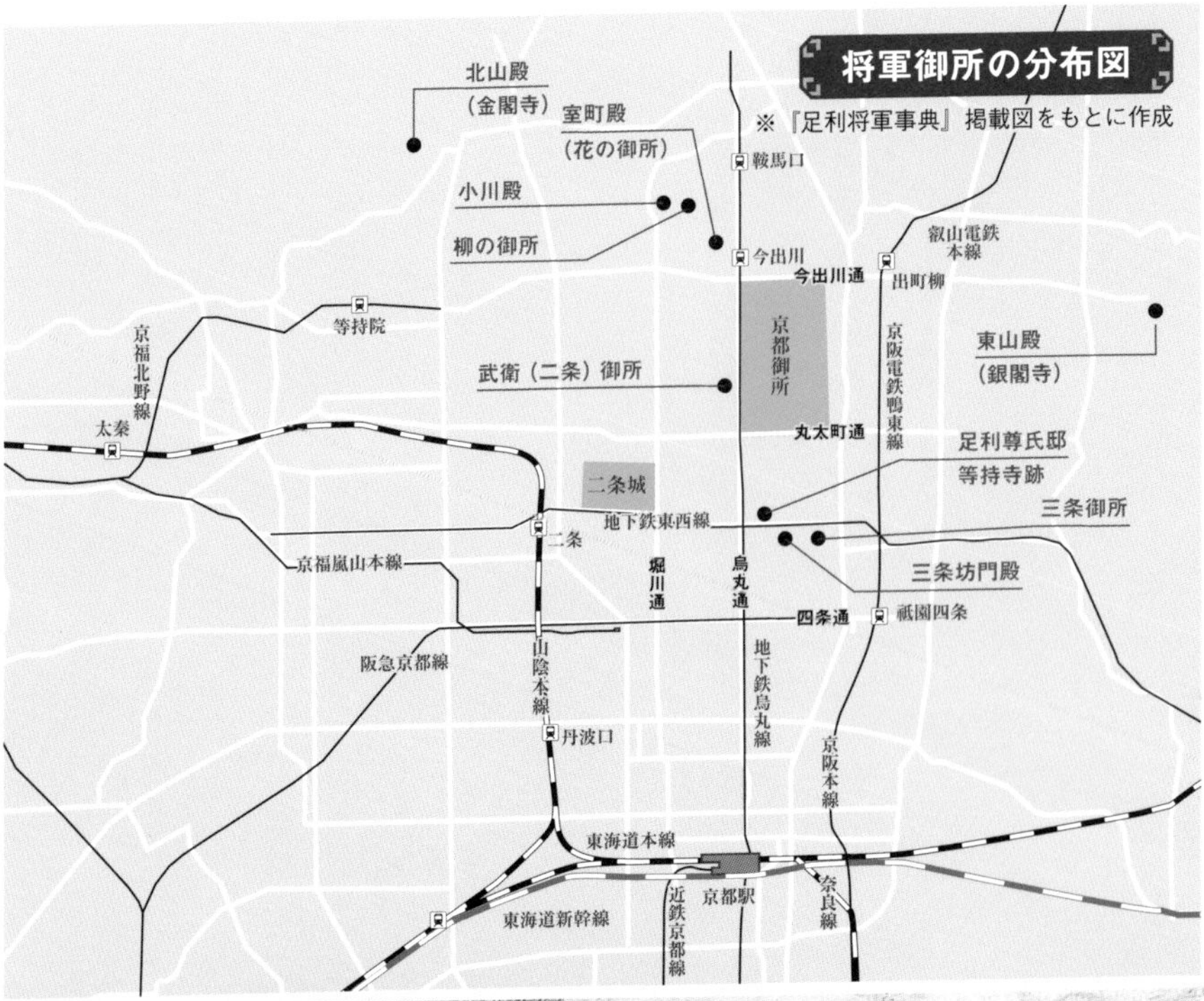

「洛中洛外図屏風」に描かれた室町殿◆本図は、天文８年（1539）に足利義晴によって再建された今出川御所。檜皮葺の屋根をもち、入母屋造を中心として切妻造の建物がみられ、周囲には築地屏が描かれている。なお、跡地の同志社大学の発掘調査ではそのころの石敷き遺構が検出され、保存展示されている　米沢市上杉博物館蔵

第3部　幕府を揺るがした合戦・政争

『結城戦場物語絵巻』に描かれた、永享の乱で足利持氏方を攻める幕府軍◆長い間対立状態にあった幕府と鎌倉府は、永享10年（1438）の永享の乱でついに直接対決を迎えた。本場面では、関東管領上杉憲実の弟清方を大将として箱根に攻め寄せた幕府軍が描かれている　栃木県立博物館蔵

01 幕府開創戦《ばくふかいそうせん》——ライバルたちを蹴散らした尊氏

鎌倉幕府《かまくらばくふ》を攻め滅ぼし、後醍醐天皇《ごだいごてんのう》の下で始められた建武《けんむ》の新政《しんせい》だったが、政策をめぐる方向性の違いから、やがて政権内に不協和音が鳴り始める。

そんななか、建武二年（一三三五）七月に鎌倉幕府最後の得宗《とくそう》・北条高時《ほうじょうたかとき》の遺児時行《ときゆき》が信濃《しなの》で挙兵した。諏訪頼重《すわよりしげ》に擁立された時行は、各地で敵兵を打ち破りながら鎌倉を目指す。そのころ鎌倉には、鎌倉将軍《かまくらしょうぐん》府《ふ》として後醍醐の皇子《おうじ》・成良親王《なりよししんのう》を擁する尊氏の弟・直義《ただよし》がおり、武蔵国井出沢《むさしいでさわ》（東京都町田市）で時行軍を迎え撃つが、かえって返り討ちにあってしまう。

窮した直義は、成良や尊氏の子・千寿王《せんじゅおう》（のちの義《よし》詮《あきら》）を連れて三河国矢作《みかわやはぎ》（愛知県岡崎市）に落ちていく。直義を逐った時行は、七月二十五日に鎌倉に入った。時行の挙兵を中先代《なかせんだい》の乱という。

さて、直義敗走の報せを京都で聞いた尊氏は、直義の救援のため、東国《とうごく》への下向と征夷大将軍《せいいたいしょうぐん》・惣追捕使《そうついぶし》への任官を後醍醐に求めた。しかし、これは後醍醐の容れるところとはならず、尊氏は許可を得ずに京都を発ち、三河で直義と合流して鎌倉に向かった。時行を逐って鎌倉に入ったのが八月十九日で、ここで尊氏は自ら征夷大将軍を名乗り始め、配下の武士たちに恩賞を与え始めた。室町幕府の樹立にあたっては、これが最初のターニングポイントだったことはまちがいない。

尊氏の行動に激怒した後醍醐は、新田義貞《にったよしさだ》を大将とする討伐軍を派遣する。尊氏には後醍醐と争う気はなかったようで、鎌倉の浄光明寺《じょうこうみょうじ》に入って蟄居《ちっきょ》してしまうが、足利方が三河矢作や駿河国手越河原《するがてごしがわら》（静岡市）で破れると、ようやく重い腰を上げ、十二月十一日に箱根竹ノ下《たけのした》（静岡県小山町）で義貞軍を粉砕した。

逃げる義貞軍を追い軍勢を西に進めた尊氏は、翌年

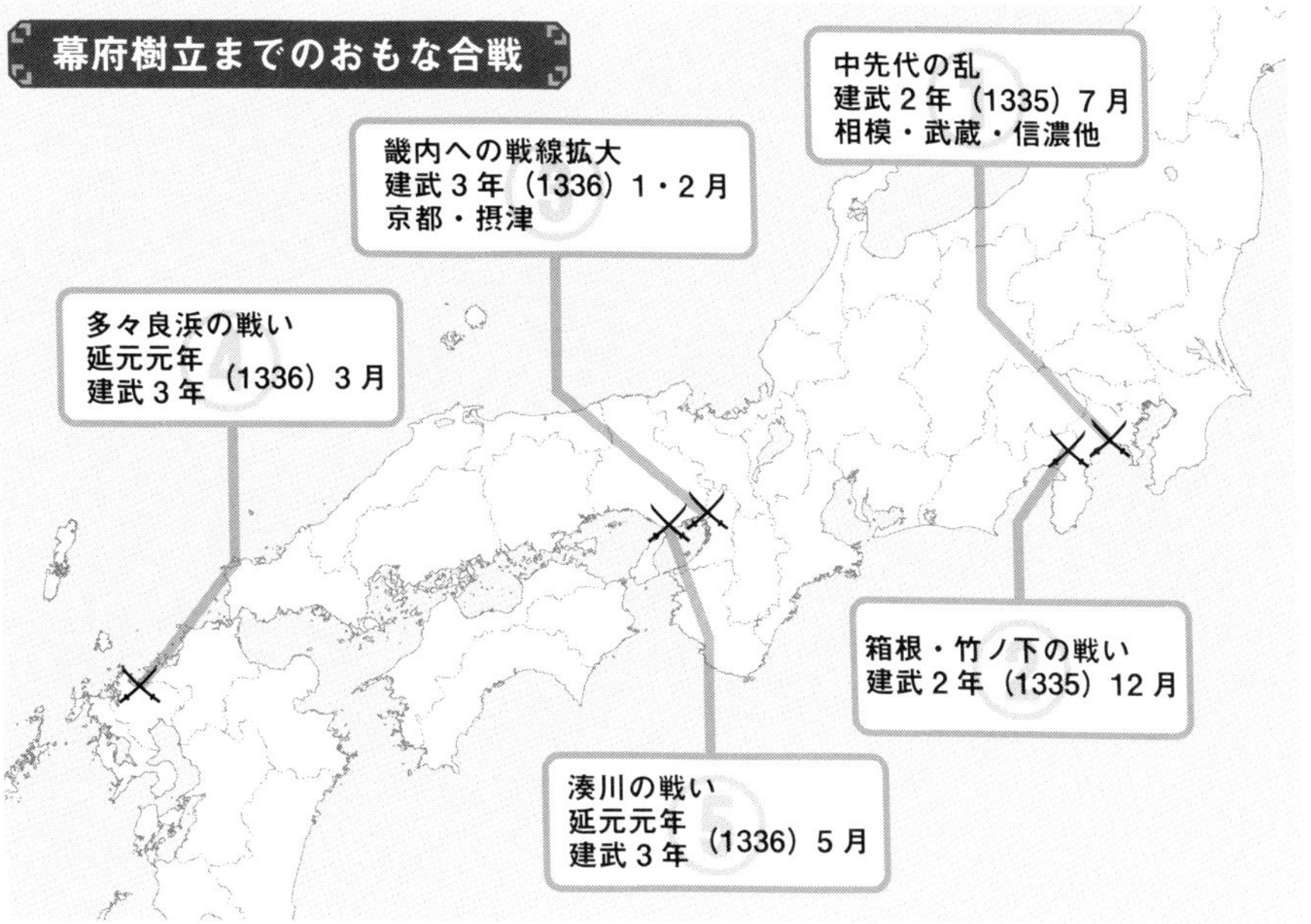

正月に京都に入り、後醍醐を坂本（大津市）に逐う。だが、背後には奥州《おうしゅう》から進軍してきた北畠顕家《きたばたけあきいえ》が迫っていた。顕家は義貞や楠木正成《くすのきまさしげ》と合流し、青野原《あおのがはら》の戦いをはじめ京都近郊で尊氏軍と激戦を繰り広げると、尊氏は京都を確保できず、九州へと落ち延びていく。

坂本から京都に戻った後醍醐は、尊氏を追討するため新田義貞を派遣する。しかし、義貞は播磨《はりま》で赤松円心《あかまつえんしん》の抵抗に遭い、時間をロスしてしまった。この結果、尊氏は九州で態勢を立て直すことに成功することになるので、ここが二つめのターニングポイントだったといってもよいだろう。

なお、九州に落ちる途中の尊氏は、播磨国室津《むろつ》（兵庫県たつの市）で軍議を開き、備後《びんご》国鞆《とも》（広島県福山市）では光厳上皇《こうごんじょうこう》から義貞追討の院宣《いんぜん》を獲得している。これにより朝敵《ちょうてき》というレッテルから解放されることになり、戦いは建武政権内の内紛から、持明院統《じみょういんとう》（北《ほく》朝《ちょう》）VS大覚寺統《だいかくじとう》（南朝《なんちょう》）という構図に移っていった。

さて、九州に上陸した尊氏は多々良浜《たたらはま》の戦いで菊池《きくち》武敏《たけとし》を破り、さらに少弐《しょうに》・大友《おおとも》・島津《しまづ》氏ら九州の有

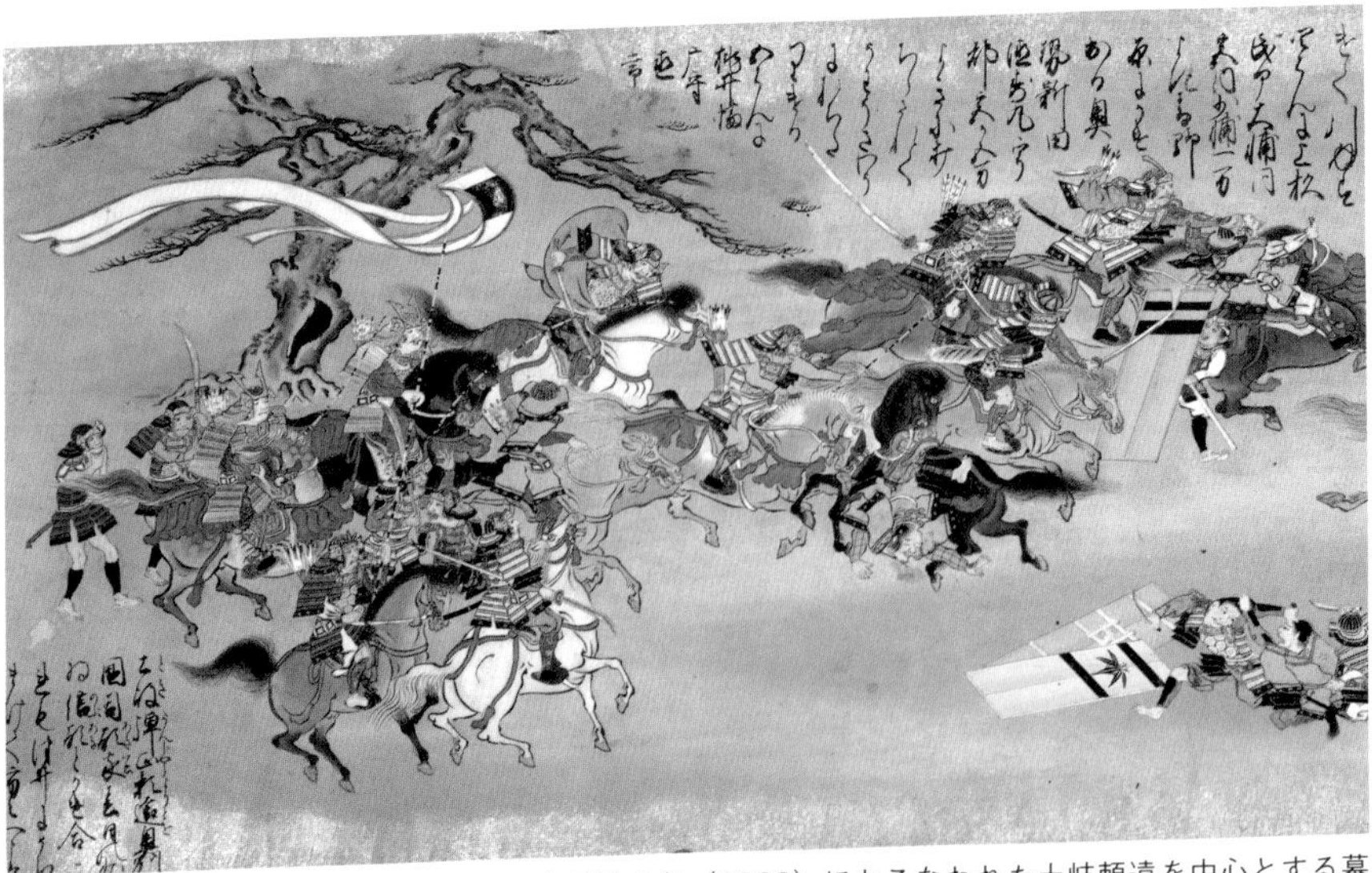

『太平記絵巻』に描かれた青野原の戦い◆延元３年（1338）におこなわれた土岐頼遠を中心とする幕府軍と北畠顕家軍との戦い。頼遠らは敗れたものの、顕家軍をしばらく引き止めることに成功した　埼玉県立歴史と民俗の博物館蔵

力諸氏を味方につけて再起を果たす。そして、延元《えんげん》元年（一三三六）四月に博多《はかた》を発ち、京都に向かって進軍を始めた。鞆からは二手に分かれ、尊氏は海路から、直義は陸路から迫っていく。迎え撃つ後醍醐方は、楠木正成が摂津《せっつ》国湊川《みなとがわ》、新田義貞が和田岬《わだみさき》（いずれも神戸市）に布陣し、戦端が開かれた。九州から東上し、勢いに乗る足利軍は五月二十五日に正成を敗死させ（湊川の戦い）、義貞も京都に逐う。

ライバルたちを蹴散らした尊氏は、ついに六月十四日に光厳上皇を奉じて入京《にゅうきょう》し、八月十五日には光《こう》明《みょう》天皇を践祚《せんそ》させた。北朝天皇家の誕生である。

比叡山《ひえいざん》に拠った後醍醐は、京都を奪還しようとたびたび出兵するが、十月には名和長年《なわながとし》が戦死するなど敗色濃厚となり、和睦《わぼく》を決意する。一方、新田義貞は恒《つね》良《よし》・尊良《たかよし》両親王を連れて北陸へ落ちて行った。十一月二日には、天皇家の宝物・三種の神器《じんぎ》が光明天皇に渡され、ひとまず平和が訪れたのである。

その五日後、政権の基本方針となる建武式目《けんむしきもく》が示され、幕府開創の足がかりを築いた。

木造足利尊氏坐像◆もともと京都東山の東岩蔵寺の所蔵だったが、応仁・文明の乱後に同じく京都山科の地蔵寺に移され、明治時代になって現在所蔵される大分県国東市の安国寺にもたらされた。南北朝期頃の作品とされ、尊氏の像容をよく伝えているという　大分県国東市・安国寺蔵

後醍醐天皇画像◆大覚寺統の後宇多天皇の子で、本来は中継ぎの天皇だったが、両統迭立の要因となっている鎌倉幕府打倒を目指し、元弘３年（1333）に倒幕を果たした。尊氏が離反し北朝を立てると、大和国吉野に逃れ、延元４年（1339）８月16日に死去した　東京大学史料編纂所蔵模写

楠木正成画像◆河内国を基盤とする武士で、後醍醐が倒幕のため挙兵すると、すぐに従った。後醍醐方の有力部将として活躍したが、延元元年５月の湊川の戦いで戦死した。『梅松論』には、離反した尊氏と和睦するよう後醍醐に進言したとの記述がみえる　個人蔵

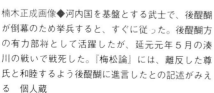

02 観応《かんのう》の擾乱《じょうらん》——幕府を分裂させた骨肉の争い

足利尊氏・直義兄弟は時に「両将軍《りょうしょうぐん》」と呼ばれるなど、二人の蜜月関係をもとに運営されてきた初期室町幕府だったが、やがて尊氏を補佐する執事《しつじ》・高師直《こうのもろなお》と直義の間で主導権や政治体制、政策等をめぐって対立が深まり、幕府を二分する戦いへとつながっていく。

貞和《じょうわ》五年（一三四九）の閏六月、直義の近臣だった畠山直宗《はたけやまただむね》・上杉重能《うえすぎしげよし》らが高師直・師泰《もろやす》兄弟の排除を図り、直義に訴えると、直義は尊氏に迫り、師直の執事職を解任させた。ここにいたり、両者の対立は決定的となる。

危険を感じた師直は、八月十四日に直義を襲撃し、直義は尊氏の屋敷に逃げ込んだ。師直は軍勢を率いて尊氏邸を包囲し（これを「御所巻《ごしょまき》き」という）、直宗・重能らの引き渡しを要求した。当初は渋った尊氏だったが、直義を政務から退け、代わって鎌倉にいた嫡子義詮を呼び寄せ政務に当たらせるという条件で、師直の要求をのむ。義詮が上京すると、鎌倉には弟の基氏《もとうじ》が送られた。なお、政務から退けられた直義は、十二月に出家して恵源《えげん》と称している。

しかし、事はこれでは治まらない。この間、尊氏の子で直義の猶子《ゆうし》となっていた直冬《ただふゆ》が九州で反幕行動を繰り返しており、これを危険視した尊氏は、観応元年（一三五〇）十月に直冬討伐を期して出陣するが、その隙を突いて直義が挙兵したのである。直義方には畠山国清《くにきよ》・細川顕氏《ほそかわあきうじ》・石塔頼房《いしどうよりふさ》・桃井直常《もものいただつね》らが加わり、関東でも上杉憲顕《のりあき》が高師冬《もろふゆ》を攻めるなど、一気に形成が逆転してしまう。

播磨国光明寺《こうみょうじ》・摂津国打出浜《うちではま》と直義方との戦いに敗れた尊氏は観応二年二月、師直・師泰兄弟の出家を条件に直義と和睦した。だが、京都に戻る途中で師直・

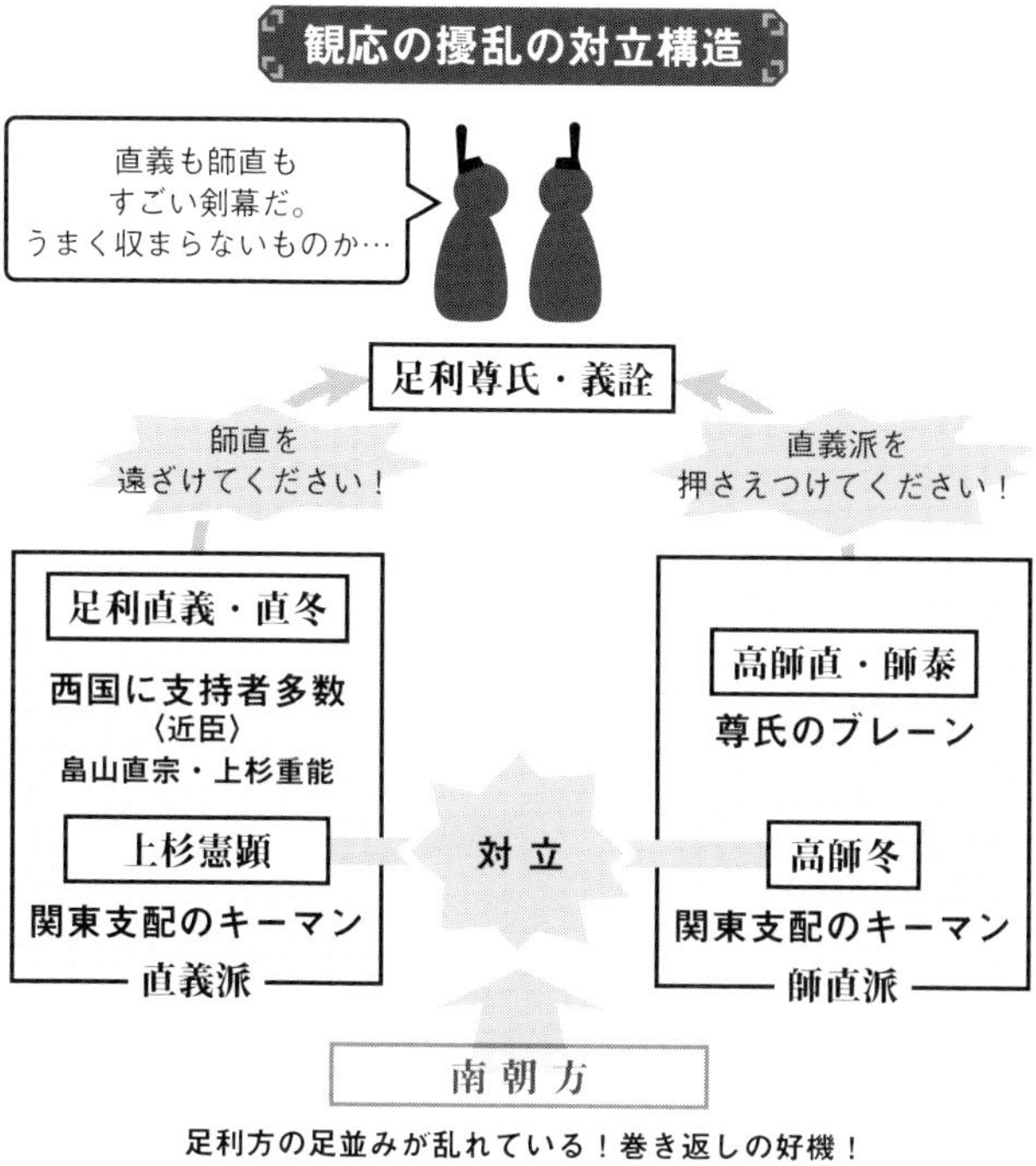

師泰兄弟が殺害されてしまう。直義としては彼らを許すつもりはまったくなかったのだろう。師直らを滅ぼした直義は、義詮の補佐として政務に復帰した。尊氏方の敗北とされることもあるが、結果として尊氏・義

足利直義の墓◆早河尻の戦いで尊氏軍に敗れた直義は、鎌倉浄妙寺境内の延福寺に幽閉され、正平７年（1352）２月26日に死去した　神奈川県鎌倉市・延福寺跡

『英雄百首』に描かれた足利直義◆足利尊氏の弟で、室町幕府樹立後は尊氏を助けて幕政に重きをなしたが、やがて尊氏の執事・高師直と対立し、観応の擾乱勃発の引き金となった　当社蔵

詮父子の立場に変更はないため、あくまで政権内部の主導権争いだったとみなされている。

さて、直義の政務復帰によって平穏が訪れたようにみえたが、根本的な対立構造が解消されたわけではなかった。三月には早くも直義の近臣・斎藤利泰《さいとうとしやす》が襲撃されるなど、不穏な空気が漂っている。また、政務の中心となった義詮と直義の間も、けっしてうまくいっていたわけではない。七月十九日には義詮との不仲を理由に直義が政務の辞退を訴えるなど、政情は緊迫の度を増していった。

七月末になると、尊氏が佐々木導誉《ささきどうよ》を討つため近江《おうみ》に、義詮が赤松則祐《そくゆう》を討つため播磨に向けて出陣すると、直義は八月一日に京都を脱出し、北陸を経由して鎌倉に向かった。尊氏・義詮の出兵は直義を挟撃《きょうげき》するための作戦で、それに気付いた直義が先手を打って逃亡を図ったのだと理解されている。事態はここから、尊氏方と直義方との全面対決に向かっていった。

ところでこのとき、尊氏は思いもよらぬ一手を打った。なんと宿敵だった南朝と和睦し、北朝の崇光《すこう》天皇と皇太子直仁《なおひと》を廃したのである。また、年号も観応二年から南朝年号の正平六年に戻したことから、これは「正平《しょうへい》の一統《いっとう》」と呼ばれている。これにより背後の心配がなくなった尊氏は、京都の留守を義詮に任せ、直義討伐のため鎌倉に出陣していった。

尊氏軍は破竹の勢いで進軍し、相模《さがみ》国早河尻《はやかわじり》（神奈川県小田原市）で直義を破ると、翌年正月に直義を伴って鎌倉に入っている。二月二十六日には幽閉中の直義が急死し、尊氏によって毒殺されたとの噂も流れたが、真相は闇の中だ。

直義が死去し、これでようやく平穏が訪れたかと思われたが、正平の一統がマイナスに働いた。閏二月六日に、後村上《ごむらかみ》天皇が尊氏の征夷大将軍職を解任してしまったのである。これに乗じた南朝軍が鎌倉を襲い、尊氏はいったん武蔵国に逃れるが、南朝方の新田義興《にったよしおき》・義宗《よしむね》らと激突した武蔵野合戦《むさしのかっせん》で勝利し、ふたたび鎌倉を奪還した。京都でも義詮と南朝との間で戦闘が勃発し、三月までに観応元号の復活が宣言され、正平の一統は四ヶ月あまりで瓦解してしまう。

『英雄百首』に描かれた足利直冬◆足利尊氏の子だが、尊氏からは冷遇され、足利直義の養子となった。観応の擾乱が起こると直義方として活躍し、九州を中心として一大勢力を築いた。正平21年（1366）を最後に消息不明となる　当社蔵

師直塚◆高師直は観応２年（1351）の摂津国打出浜の戦いで敗れ、京都へ護送される途中、摂津国武庫川辺で弟師泰らとともに上杉能憲によって殺害された。現在の碑は大正４年（1915）に建てられもので、何度かの引っ越しを経て現在地に落ち着いた　兵庫県伊丹市

後村上天皇画像◆後醍醐天皇の子で、延元４年（1339）８月15日に後醍醐の跡を継いで南朝の２代目天皇となった。吉野や賀名生、住吉などを転々としながら幕府方と戦いを繰り広げ、正平23年（1368）に住吉で死去した　大阪府守口市・来迎寺蔵

なお、京都をめぐる南朝との争いの中で、義詮は痛恨のミスを犯してしまう。北朝の光厳・光明・崇光の三上皇と廃太子直仁親王が、南朝の本拠賀名生《あのう》（奈良県五條市）に拉致《らち》されてしまったのだ。こののち幕府は急きょ後光厳《ごこうごん》天皇を践祚させ、北朝の再建に邁進していくことになる。

03 康暦《こうりゃく》の政変《せいへん》——細川頼之追放計画

永和《えいわ》三年（一三七七）六月、越中《えっちゅう》国で起きたささいな所領紛争をきっかけに、細川頼之《よりゆき》と斯波《しば》高経《たかつね》の仲が急速に悪化する。頼之は管領《かんれい》、高経も足利氏に次ぐ家格《かかく》を保持した斯波氏の惣領《そうりょう》という、両者とも当時の幕閣の重鎮だったため、大名たちもいずれかの陣営に属し、京都は一触即発の状態になった。このときは将軍義満《よしみつ》の仲介により、なんとか事なきを得たが、両者は政治的路線の違いもあって永和三年の事件以前から対立状態にあったため、遺恨が消えたわけではない。

また、幕府の内紛を聞きつけたのだろうか、南朝軍が紀伊《きい》国で挙兵したため、頼之は弟の頼元《よりもと》を総大将として派遣した。しかし、頼元は鎮圧できずに撤退したため、反頼之派の攻勢も活発になり、政情は予断を許さない状況になっていく。

康暦元年（一三七九）二月、頼之を引きずり落とそうとする動きが生じ、その混乱の中で頼之は義満に働きかけ、逆に反頼之派の土岐頼康《よりやす》と佐々木高秀《たかひで》の討伐が決定した。このとき、斯波義将《よしゆき》と土岐義行《よしゆき》がゆくえをくらましている。

土岐討伐は山名義幸《よしゆき》・赤松義則《よしのり》らが、佐々木討伐は同族の六角《ろっかく》家の亀寿丸《かめじゅまる》（のちの満高《みつたか》）が命じられたものの、これに反発する反頼之派の軍勢が京都に終結し、混乱状態に陥った。土岐・佐々木の赦免を求める声も日増しに多くなり、反頼之派の面々が将軍御所《しょうぐんごしょ》を包囲する状況になると、さすがの義満も恩人である頼之をかばいきれず、討伐を断念する。

一方、形勢が悪くなった頼之は、屋敷に火をかけて頼元らとともに四国に下り出家した。斯波高経や土岐頼康をはじめとする、反頼之派が勝利したのである。

頼之の追放により、後任の管領には高経の子・義将が就任し、幕政は斯波派が牛耳《ぎゅうじ》ることとなった。

なお、このとき義満は頼之に、思いきって引き下がってほしいと説得したとされるが、反頼之派によるクーデターには義満も一枚噛んでいたことをほのめかす史料もある。頼之が恩人であることはまちがいないが、義満としても頼之の長期政権が続くことは好ましく思っていなかったようだ。

ちなみにこの間、鎌倉では関東管領《かんとうかんれい》の上杉憲春《のりはる》が自殺している。なんとも不自然な自殺の背景として、幕府の混乱に乗じて鎌倉公方《かまくらくぼう》足利氏満《うじみつ》が将軍になろうとし、義満を討とうとしたことに対し、憲春が諫死《かんし》したのだとされる。氏満をそそのかしたのは斯波派と目され、義満が頼之擁護の姿勢を崩さなかった場合、斯波は氏満を将軍にしようとした可能性まであったようだ。

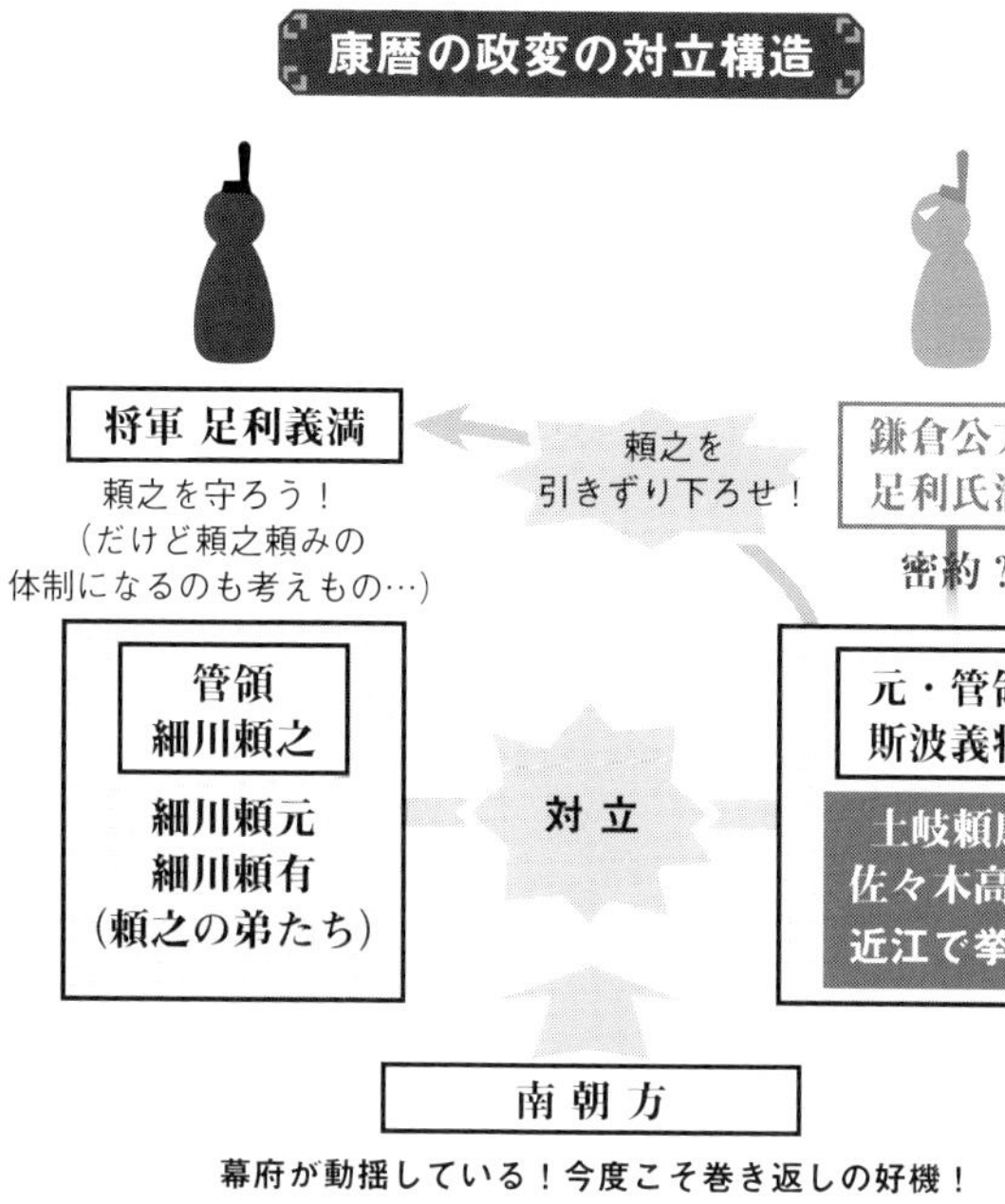

細川頼之画像◆細川頼春の子で、足利義詮の命により管領として幼少の義満の後見役をつとめた。康暦の政変で一度失脚するが、明徳２年（1391）に復権し、重鎮として幕政に参加した　東京大学史料編纂所蔵模写

04 土岐康行の乱《ときやすゆきのらん》――一族の分裂を利用した勢力削減策

土岐氏は室町幕府開創当初からの足利氏与党で、将軍義満の時代には、美濃《みの》・尾張《おわり》・伊勢《いせ》の三ヶ国の守護職を保持する有力大名になっていた。

嘉慶《かけい》元年（一三八七）に惣領・頼康が死去すると、頼康には子がなかったため、美濃・伊勢の守護職は養子の康行に、尾張の守護職は同じく養子の満貞《みつさだ》に与えられた。しかし、従兄弟の詮直《あきなお》も尾張守護職を望んだようで、両者は同二年五月に尾張の黒田宿《くろだしゅく》（愛知県一宮市）で激突している。この戦いで敗北した満貞は、京都へ逃げ帰った。

守護職をめぐっての一族内の内紛であったが、ここにつけ込んだのが将軍義満であった。義満は満貞を支持し、康応《こうおう》元年（一三八九）には援軍として六角満高《みつたか》の軍勢を尾張に派遣している。一方、土岐氏惣領康行と満貞との間も不仲であったようで、康行は従兄弟であり婿でもある詮直を支援していた。

このような状況が影響したのだろう、康行が義満に対して謀叛《むほん》を企《くわだ》てているという噂が流れはじめ、ついに義満も康行討伐を決意する。明徳《めいとく》元年（一三九〇）閏三月には、同じく土岐一族の頼忠《よりただ》・頼益《よります》父子が美濃に侵攻し、敗れた康行が越前《えちぜん》に逃亡したことで乱は終結した。

これにより、土岐氏の本領である美濃守護職は頼忠の系統が世襲するようになり、伊勢守護職は仁木満長《にっきみつなが》に与えられた。だが、翌年には康行も帰参を許され、以後は紆余曲折《うよきょくせつ》がありつつも、康行の系統（土岐世《よ》保家《やす》）が伊勢守護職を保持していく。

また、満貞が保持していた尾張守護職も、満貞が明徳の乱で卑怯《ひきょう》な行動を取ったとして没収されてしまった。やがて守護職は斯波氏に与えられ、以後、土岐氏の手から離れていってしまう。

なお、この政変は一般的には「土岐康行の乱」と呼ばれているが、康行が実際に反乱を起こしたのではなく、康行謀叛の噂に乗じた義満による有力大名抑制策の一環だったことには注意しておきたい。義満は土岐氏全体の勢力削減を狙ったというよりも、美濃・尾張という東海道の重要な国の守護職を、一人に集中させたくなかったというのが真相だったようだ。

土岐康行の乱の概要

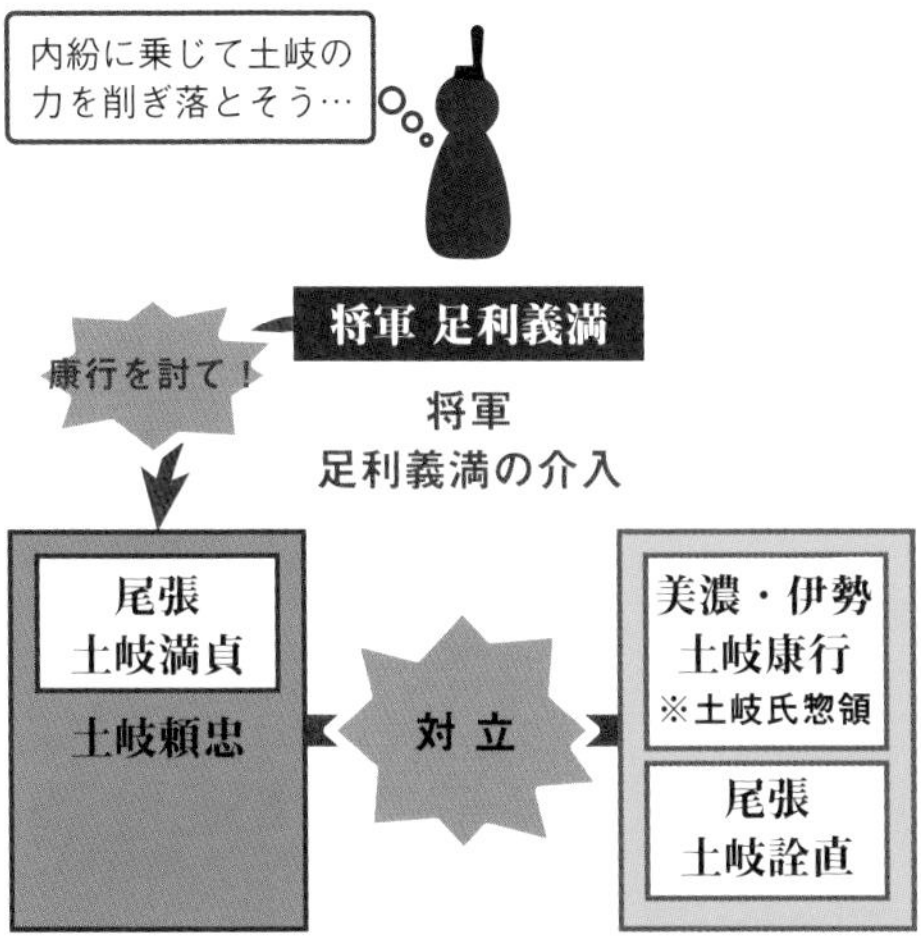

土岐頼康画像◆土岐氏の庶流であったが、惣領頼遠が失脚したことで跡を継ぎ、美濃国守護となった。観応の擾乱では一貫して尊氏方につき、その功績で観応２年（1351）に尾張国守護職を、延文５年（1360）には伊勢国守護職を与えられるなど、土岐氏の最盛期を築いた　岐阜県揖斐川町・瑞巌寺蔵

土岐氏略系図

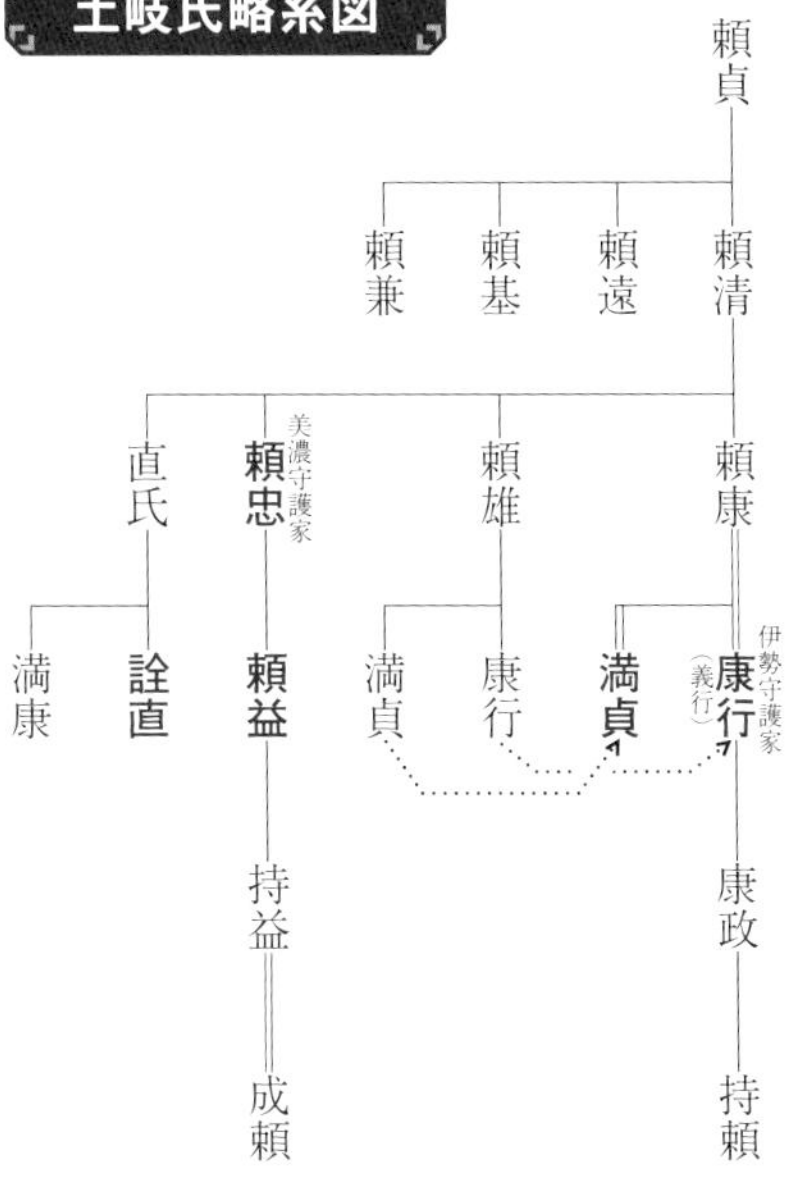

05 明《め》徳《いとく》の乱《らん》——中国地方の雄・山名一族を粉砕

室町幕府下で有力大名のひとつとなる山名氏は、観応の擾乱時に足利直義方に味方したため、その後しばらくは幕府と敵対していた。しかし、自身で勝ち取った領国は保証するという確約を二代将軍義詮から得られたため、貞治《じょうじ》二年（一三六三）、山名時氏《やまなときうじ》のときにようやく幕府に帰順することになった。

このとき、山名氏は一族で伯耆《ほうき》・丹波《たんば》・丹後《たんご》・因幡《いなば》・美作《みまさか》の五ヶ国の守護職を保持することになり、幕府内での一大勢力にのし上がっていく。また、軍功によって紀伊・和泉《いずみ》・備後《びんご》・隠岐《おき》・出雲《いずも》の守護職を次々と一族で獲得していった。なお従来、山名氏は全国の守護職の六分の一を保持したことから、「六分《ろくぶん》の一殿《いちどの》」と呼ばれるようになったとされてきたが、同時代の史料にはそのような表現は見られないという。

時氏が応安《おうあん》四年（一三七一）に死去し、跡を継いだ惣領師義《もろよし》も永和二年（一三七六）に死ぬと、惣領をめぐって一族の深刻な内紛が起こってしまう。これだけ多数の守護職を保持していた山名一族の惣領という地位が、やはりそれだけ魅力だったということだろう。師義の死後、弟の時義《ときよし》が惣領となるが、やがて師義の子・満幸《みつゆき》との間で対立を深めていく。

そして、時義が康応元年（一三八九）五月に死去してしまうと、一気に局面が動いた。明徳元年（一三九〇）の三月、将軍義満が突如、時義の子・時熙《ときひろ》と氏之《うじゆき》の討伐を命じたのである。命を受けた山名氏清《うじきよ》と満幸は時熙の領国但馬《たじま》に攻め込み、時熙を備後に没落させた。義満が討伐を命じた理由は諸説あるが、どうやら惣領になりたかった満幸が、氏清と企《たくら》んで時義兄弟を陥れたとするのが一般的である。このときの功により、氏清には但馬、満幸には伯耆の守護職が与えられた。

だが、年が改まると事態は思わぬ展開を迎える。時熙と氏之が京都に戻って復権活動を始めると、焦った氏清はへたをうち、義満の怒りを買ったことなどをきっかけに、今度は氏清と満幸が追い詰められていくのである。氏清は義満に謝罪したものの、受け入れられず、やがて満幸とともに京都を攻めることを決意し、挙兵した。

氏清は、一門の長老格となっていた兄の義理《よしただ》も勧誘するが、義理は中立の立場を選んで動かず、同じく兄氏冬《うじふゆ》の子で跡を継いでいた氏家《うじいえ》も京都から没落してしまう。氏清らは自らに同調してくれる大名が現れることを期待していたようだが、ついに現れなかった。

堺に軍勢を集めていた氏清は和泉から京都に迫り、満幸も丹波から進軍。明徳二年十二月三十日、ついに幕府軍との間で合戦の火ぶたが切られたが、合戦は

明徳の乱の概要

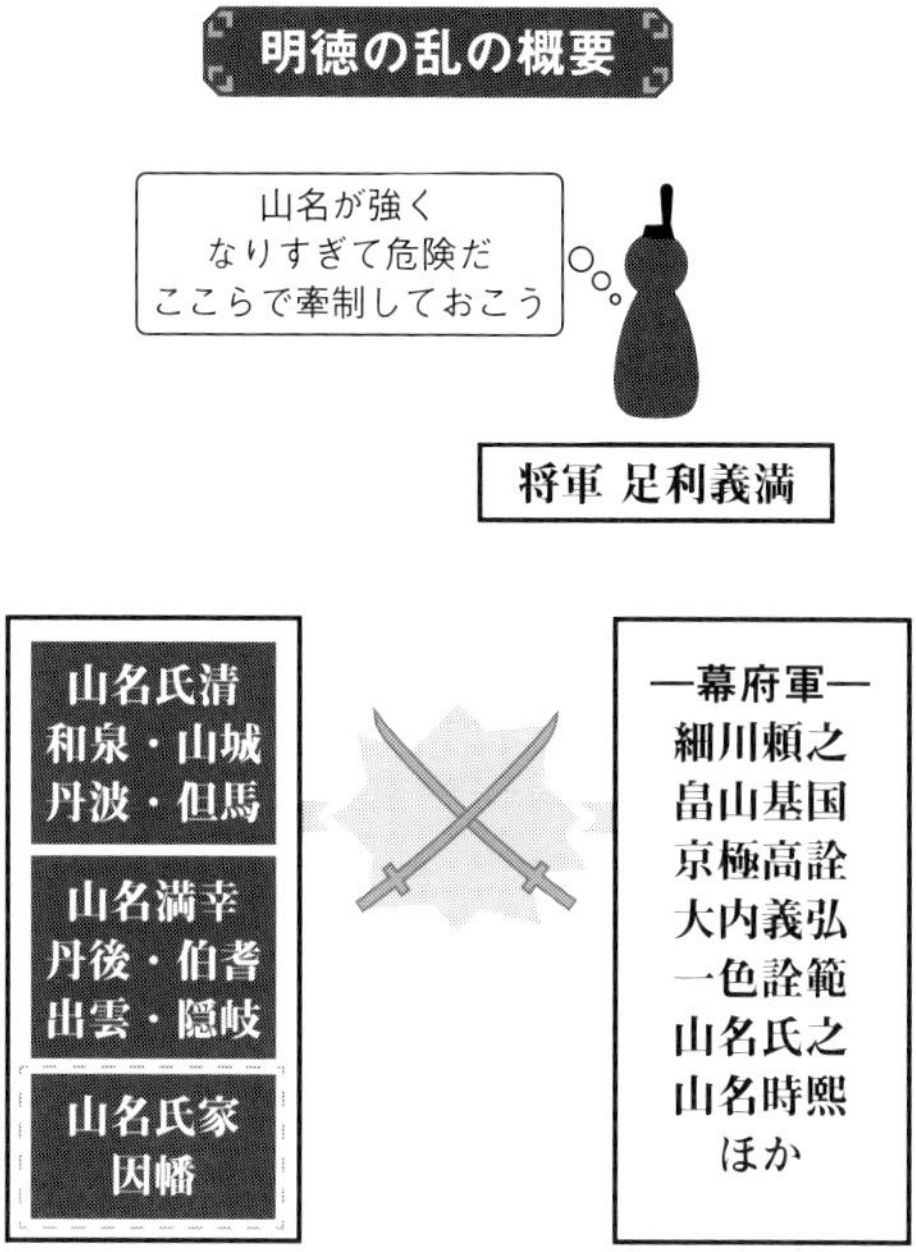

山名氏略系図

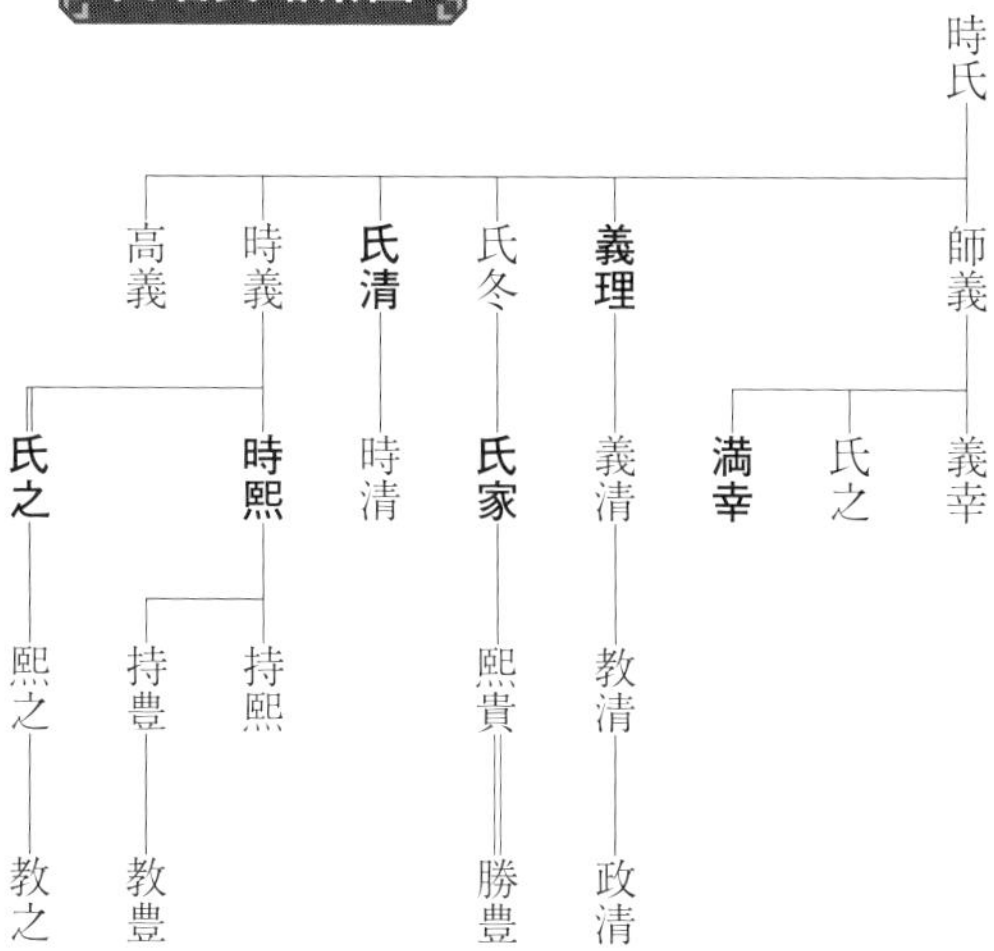

あっさりと決着がついてしまう。

氏清は二条大宮《にじょうおおみや》で大内義弘《おおうちよしひろ》・赤松義則《よしのり》と交戦して敗北、二条猪熊《にじょういのくま》の戦いでも敗れて逃げるところを、一色詮範《いっしきあきのり》・満範《みつのり》父子の軍勢に討ち取られた。満幸は内野《うちの》で細川・畠山・京極《きょうごく》等の軍勢と交戦するが、こちらも敗れてしまい、山陰へと落ちて行ったのである。まさに電光石火の決着劇だった。なおこのとき、義満の直属軍も投入され、大きな役割を果たしたとされる。

敗戦により、山名一族は壊滅的ともいってよいほどの打撃を受けた。氏清・満幸が保持していた守護職は当然没収されるとともに、中立の立場を取っていた義理が保持していた紀伊と美作の守護職も没収されてしまったのだ。そのため、山名一族に残された守護職は、氏家が保持していた因幡と、復権を期して幕府軍に参加した時熙と氏之が軍功を挙げて獲得した、但馬と伯耆という三ヶ国にすぎなくなってしまう。

ただし、これによって復活の足がかりを得た時熙は、山名一族の惣領の地位に返り咲き、以後、幕府の重鎮として活躍していくことになる。

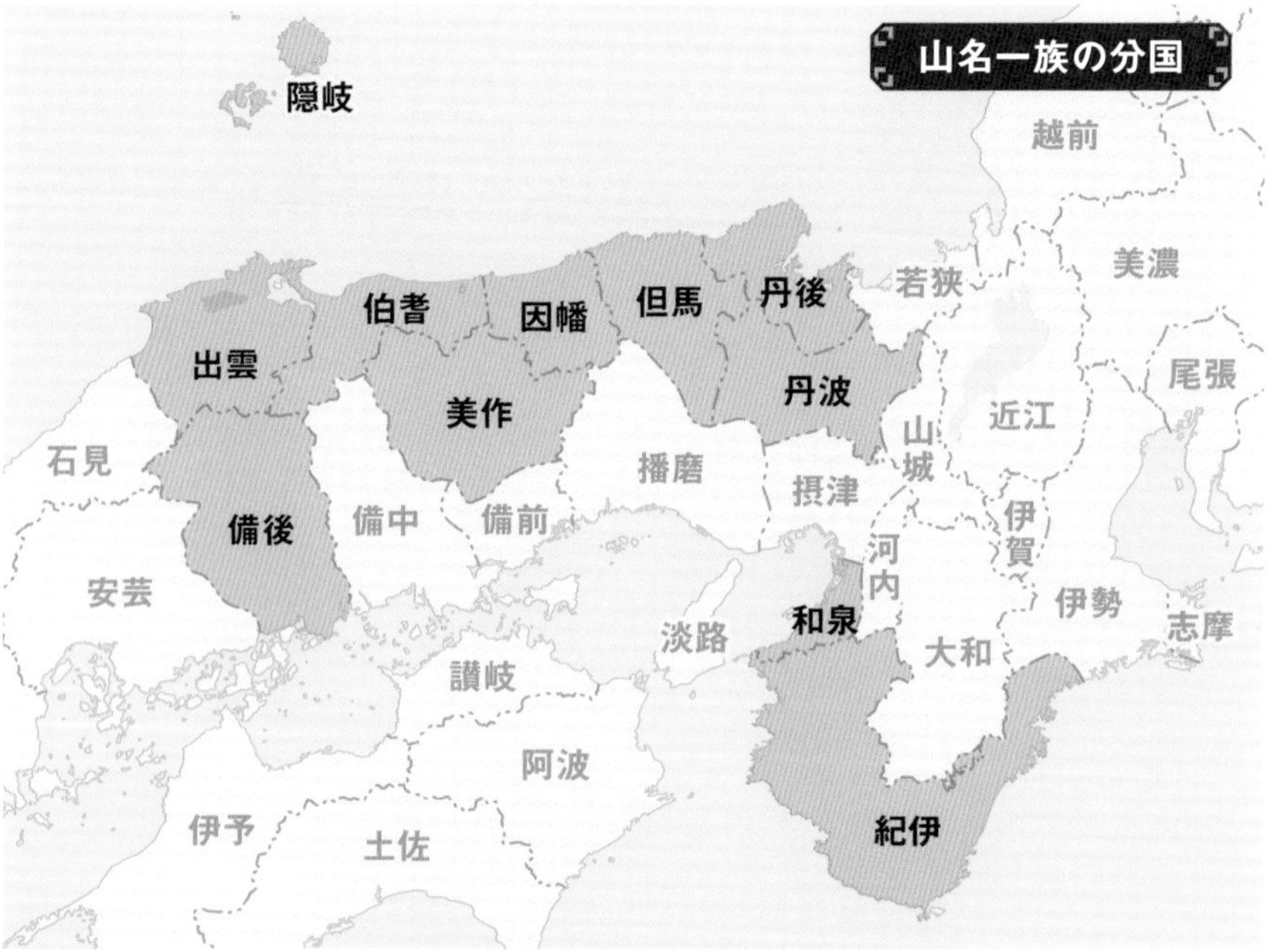

山名時義木像◆山名時氏の子。兄で惣領の師義が死ぬと、他の兄たちを差し置いて山名氏惣領となった。侍所頭人をつとめ、但馬国に此隅山城を築いたことでも知られている。康応元年（1389）に死去すると、山名一族は分裂し、明徳の乱に突入していった　兵庫県豊岡市・円通寺蔵

山名氏清供養塔◆明徳の乱終結後、足利義満は氏清を弔うために千本釈迦堂の境内に北野経王堂を建立した。経王堂は江戸時代になると荒廃したが、お堂の前には氏清の供養塔が建てられている　京都市・大報恩寺

山名時義・時熙の墓◆墓が所在する豊岡市の円通寺は、寺伝によると元中６年（康応元年）に時義・時熙父子が月菴宗光を招いて創建された。時義・時熙父子の木像のほか、中世から近代の文書を多数所蔵している

06 応永《おうえい》の乱《らん》——ハシゴを外された大内義弘

明徳の乱で勢力を削減された山名氏と同じく、大内氏も観応の擾乱で足利直義方に付いたため、幕府への帰順は遅れた。大内弘世《ひろよ》が、周防《すおう》・長門《ながと》二ヶ国の守護職と引き換えにようやく帰順したのは、貞治元年（一三六三）九月のことである。

どうやら、弘世は幕府への帰順を一時的なものと考えていたようで、西国《さいごく》で独自の動きを示すこともあったが、跡を継いだ義弘は将軍義満の忠実な駒として活躍した。そして、軍事行動に対する恩賞や南北朝合一の影の立役者となったこともあり、石見《いわみ》・豊前《ぶぜん》・和泉《いずみ》・紀伊の守護職を次々に獲得していく。ここにいたり、大内氏は山名氏に代わって幕府を代表する大大名となったのである。

しかし、こうなると逆に大内氏の実力が脅威となってくる。蜜月状態にあった義満と大内義弘の間に亀裂が生じ始めたのは、応永五年（一三九八）のことだった。この年十月、義弘は義満から九州への出陣を命じられ、義満の要求どおりの成果を挙げたが、陣中で驚くような噂を耳にする。このときの討伐対象者だった少弐氏や菊池氏に対して、義満から義弘を討てとの命が下ったというのだ。

これが事実かどうかはわからないが、義弘が疑心暗鬼になったことはまちがいない。義満からの上洛要請には従わず、本拠の周防を出発し、応永六年十月十三日に堺に駐屯した（大阪府堺市）。これに驚いた義満は、信頼を寄せる禅僧の絶海中津《ぜっかいちゅうしん》を使者として堺に派遣し、義満と面会するように説得させたが、やはり義弘は従わない。

義弘の言い分によると、先ほど述べたように、九州出陣中の義弘を少弐・菊池らに討伐させようとしたことが発覚したこと、恩賞として与えられた和泉・紀伊両国の守護職が没収されるという噂があること、応永四年の九州出陣中に戦死した弟満弘《みつひろ》の遺児に対して恩賞が与えられていないこと、今回の上洛要請が義弘を

応永の乱の対立構造

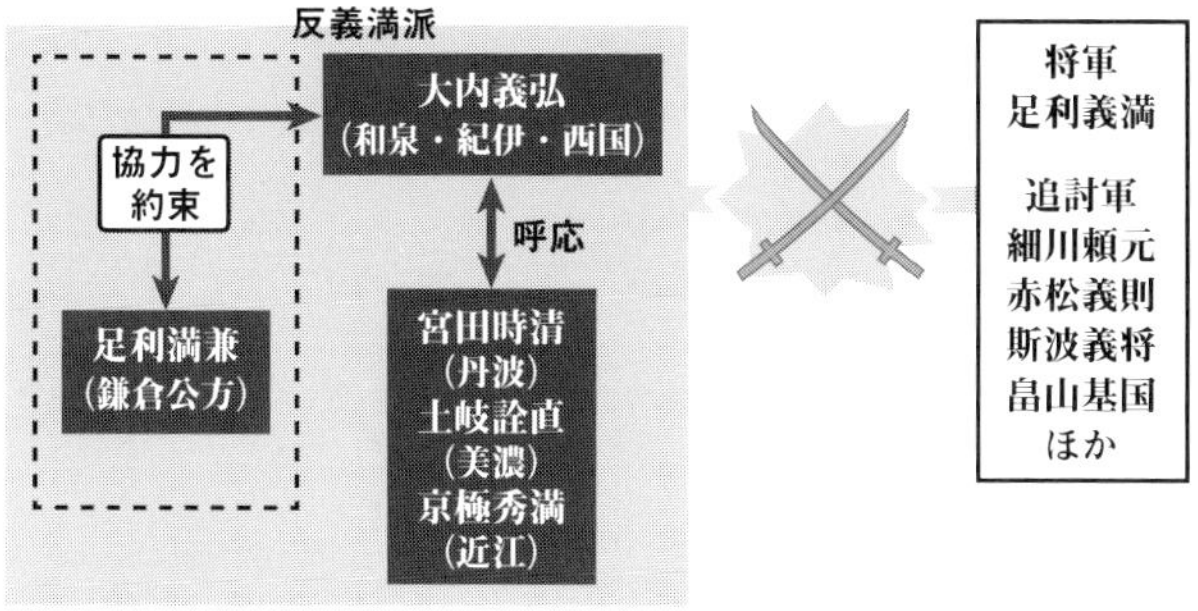

大内義弘画像◆大内弘世の子で、名乗りの「義」字は足利義詮からの偏諱。弘世が死ぬと、家督をめぐって弟満弘と争ったが、足利義満の助けもあり勝利した。以後、幕府の命に忠実に従い、九州戦線などでの功績により六ヶ国の守護職を獲得するなど、大内氏の最盛期を築いた。しかし、急激な勢力の増進がかえって義満の脅威となったのか、応永の乱で滅ぼされた　山口県立山口博物館蔵

大内氏略系図

※推定は点線で示した

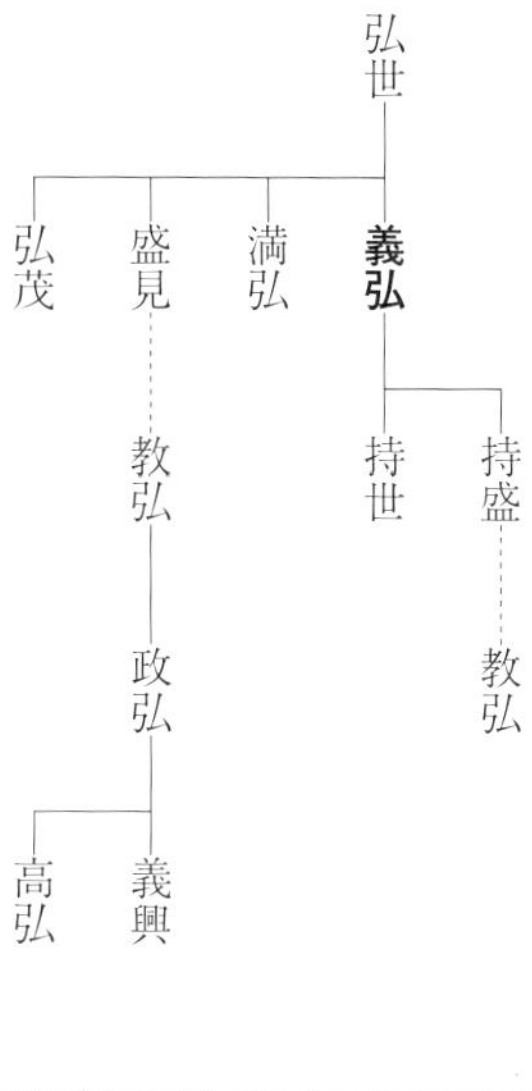

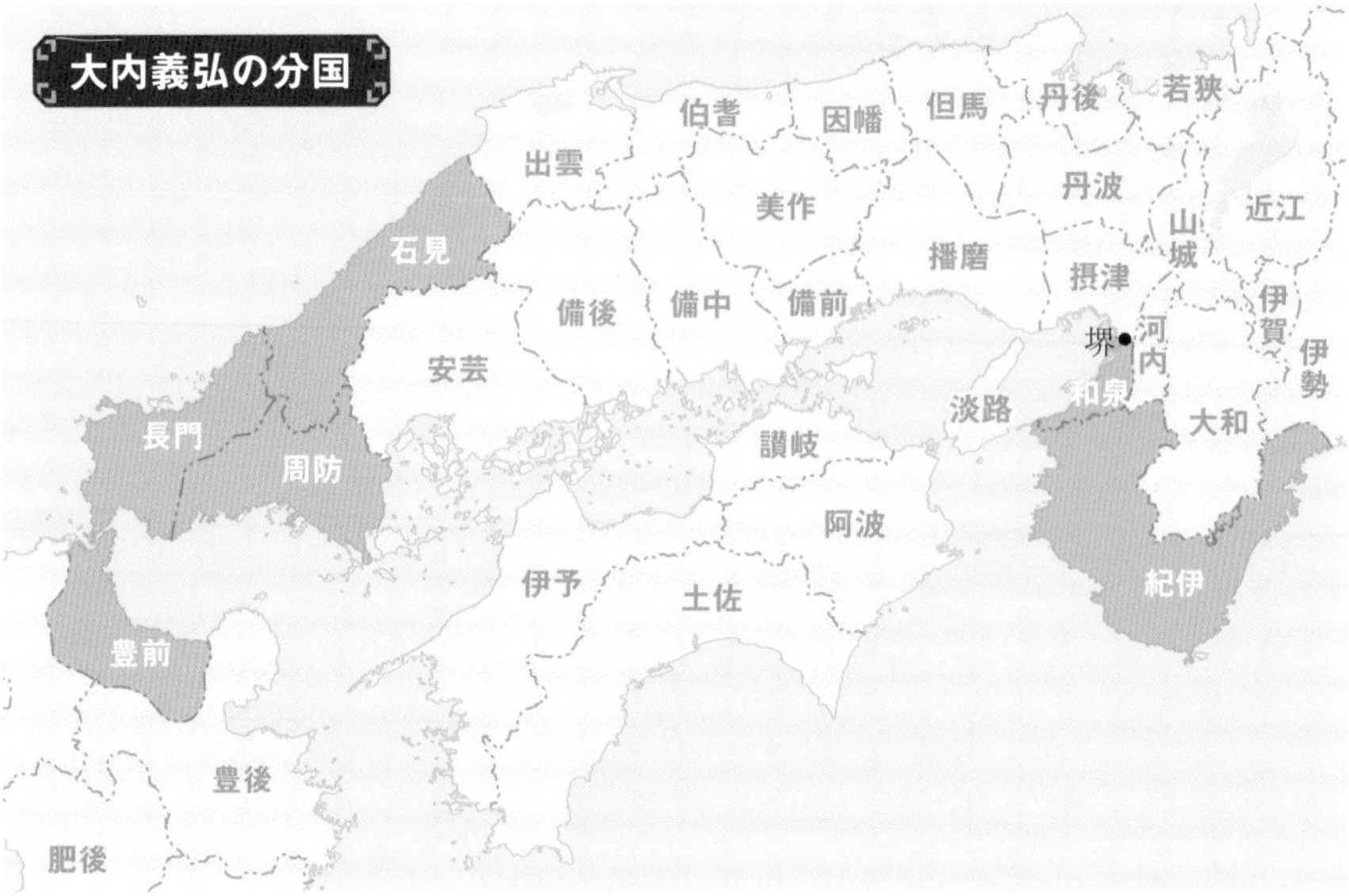

絶海中津画像◆夢窓疎石の弟子で、中国に渡海し明の洪武帝に謁見も果たしている。足利義満・義持のほか、後小松天皇や称光天皇の帰依をうけるなど、この時代を代表する高僧。等持院や相国寺の住持となり、僧録をつとめるなど幕政に重きをなす一方、五山文学の第一人者としても知られている　京都市・慈済院蔵

瑠璃光寺の五重塔◆義弘が応永の乱で死去すると、跡を継いだ盛見が兄義弘の菩提を弔うために五重塔を建立した。室町時代を代表する塔で、国宝に指定されている　山口市

殺害するためのものであるという噂がながれているため、上洛を見合わせているというのだ。

絶海はそれでもしつこく説得するが、義弘は拒否し、びっくりするような発言が飛び出す。「一緒に（義満の）ご政道《せいどう》を諫めようと鎌倉殿《かまくらどの》と約束してしまっているので、ここで上洛をしてしまっては、約束を違えてしまう」というのである。「鎌倉殿」とは、鎌倉公方であった足利満兼《みつかね》のことだ。つまり、義弘と満兼は協力して挙兵したことになる。これは事実だったようで、満兼は「義満を救援する」と称して鎌倉を出陣し、武蔵国高安寺《こうあんじ》（東京都府中市）に入っている。

このほか、義弘は明徳の乱で義満に討たれた山名氏清の子・時清《とききよ》や土岐詮直、京極秀満《ひでみつ》など、義満に恨みをもつ者を中心に挙兵を促している。

こうなってしまっては、さすがの義満も説得を断念して絶海を引き上げさせた。そして諸大名に参陣を命じ、京都に続々と軍勢が集まってきた。十一月八日になると、義満は東寺《とうじ》に陣取り、細川・赤松・斯波・畠山ら諸大名の軍勢は堺に向けて出陣していく。

義弘は堺に城郭を構え、十一月二十九日に戦端が開かれる。幕府軍に兵力で圧倒的に負ける義弘軍は、押し寄せる敵を何度もはねかえしたが、十二月二十一日に総攻撃を受けると、もはや持ちこたえることはできず、義弘は畠山満家《みついえ》の軍勢に討ち取られた。

乱後、義弘の弟弘茂《ひろしげ》は義満に降伏して赦免されると、周防・長門の二ヶ国は安堵《あんど》され、大内氏の名跡《みょうせき》を相続することを認められている。義満としても、大内氏一族を滅ぼす意図はなかったのだ。だが、弘茂は本国に戻ると兄盛見《もりみ》と戦って敗れ、家督を奪われてしまう。なお、幕府と和解した盛見は将軍義持《よしもち》の時代に重用され、義持は大内氏の軍事力に依存していくようになる。

大内義弘の墓◆応永の乱により堺で戦死した義弘の遺骸は、近隣の住民により葬られた。現在の墓碑は江戸時代に建立されたもの　大阪府堺市・本行寺

07 上杉禅秀《うえすぎぜんしゅう》の乱《らん》——闇の中に葬られた事件の真相

鎌倉公方足利満兼が応永十六年（一四〇九）に死去すると、幼少の子息持氏《もちうじ》が第四代鎌倉公方に就任した。若年の持氏を補佐したのが、同十八年に関東管領に就任した犬懸《いぬかけ》上杉氏出身の氏憲《うじのり》（のちに禅秀）である。

しかし、持氏は成長するにつれて禅秀を疎《うと》みだし、ライバルの山内《やまのうち》上杉氏出身の憲基《のりもと》を重用し始める。背景には、急速に影響力を高めてきた犬懸上杉氏を牽制する意図があったようだ。また、同二十二年には禅秀の家臣・越幡六郎《おばたろくろう》の所領が持氏に没収されると、評定《ひょうじょう》の席で持氏への不満を述べ、禅秀は関東管領職を辞任してしまう。ここにいたり、持氏と禅秀の間は完全に決裂してしまった。

不和の背景には、持氏が専制化を強めてきたことがあったとされる。そして、禅秀と同様に持氏の専制化に脅威を覚えていたのが、持氏の叔父で後見をつとめていた満隆《みつたか》だった。満隆は持氏の弟・持仲《もちなか》を養子にするなど関係の融和に努めていたものの、禅秀とともに失脚した。これにより持氏と憲基が主導権をにぎった。

反持氏の気運が徐々に高まり、それが爆発したのが応永二十三年十月二日だった。その夜、満隆と持仲は鎌倉西御門《にしみかど》の宝寿院《ほうじゅいん》に入って挙兵、禅秀も軍勢を率いて持氏の御所を襲ったが、すんでのところで取り逃し、持氏は上杉憲基の佐介《さすけ》邸に逃げこんだ。

しかし、禅秀はすぐには追撃せず、四日になって両者の対陣が始まる。にらみあいのすえ、戦端が開かれたのは六日になってからで、鎌倉市街で激戦を展開した結果、持氏は敗れて鎌倉を脱出、駿河を目指して落ちて行った。ひとまずクーデターは成功したのだ。

なお、持氏方についた扇谷《おうぎがやつ》上杉氏定《うじさだ》は合戦で重傷を負い、落ち延びる途中の藤沢《ふじさわ》（神奈川県藤沢市）で

上杉禅秀の乱の対立構造

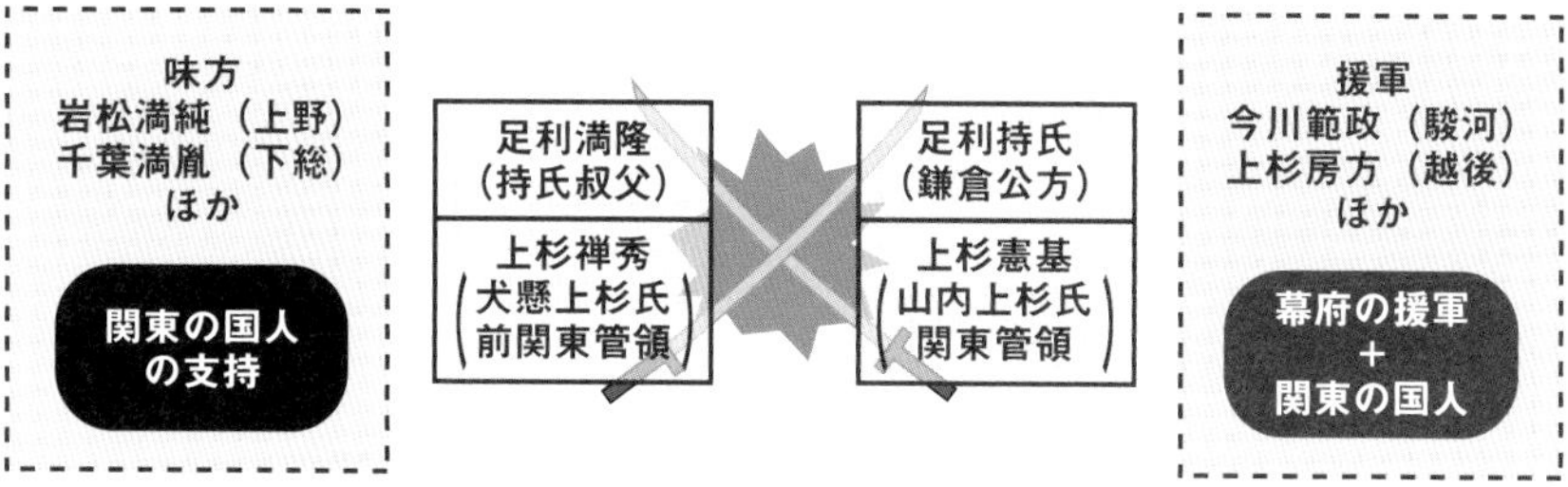

上杉氏略系図

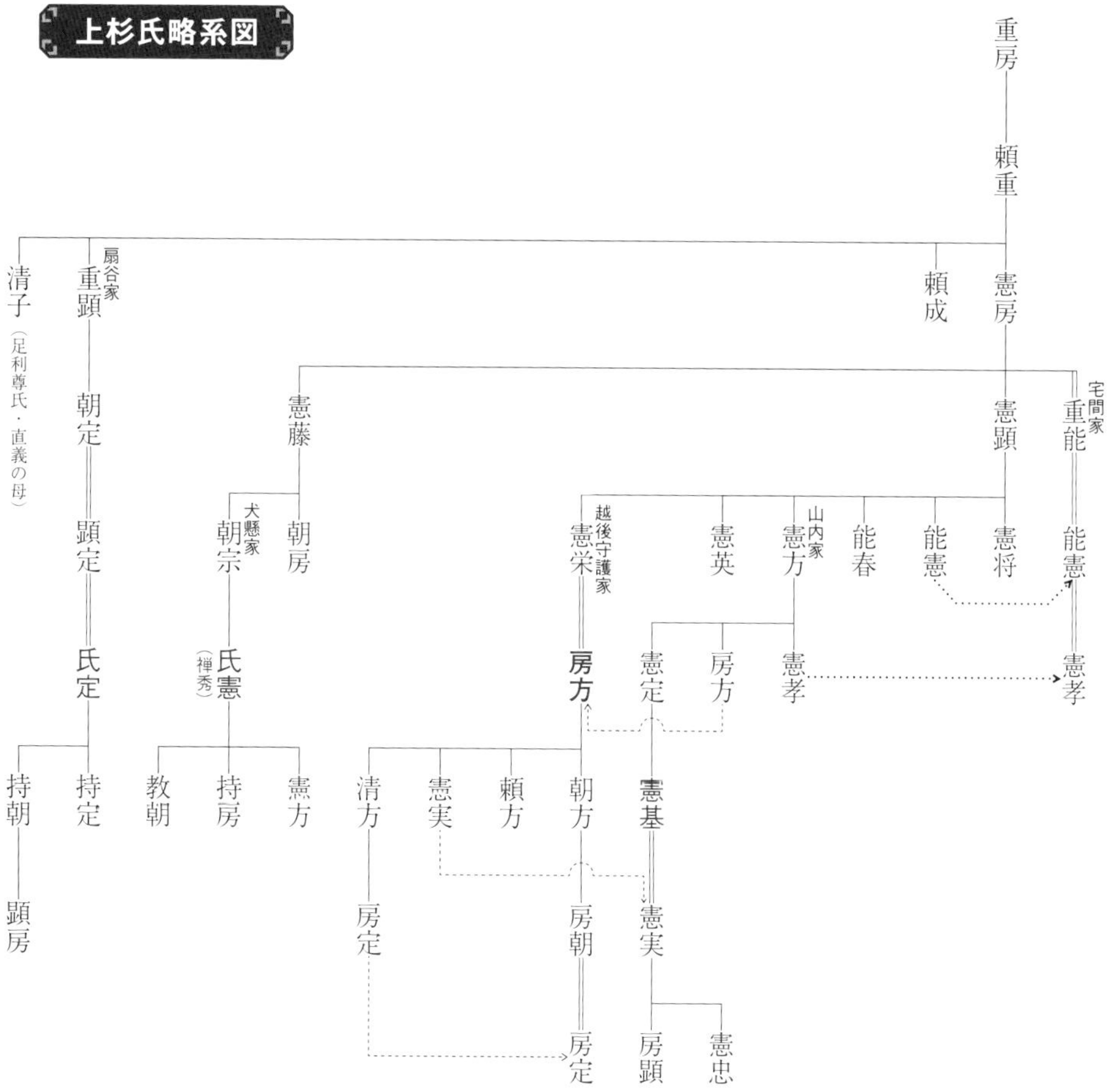

自害、憲基は途中で持氏と別れ越後《えちご》に逃亡している。

このとき、禅秀方には甲斐《かい》の武田信満《たけだのぶみつ》、下総《しもうさ》の千葉《ちば》兼胤《かねたね》、常陸《ひたち》の山入与義《やまいりともよし》・大掾満幹《だいじょうみつもと》・小田持家《おだもちいえ》、上野《こうずけ》の岩松満純《いわまつみつずみ》など、関東の伝統的豪族層が多数参陣している。彼らの多くは禅秀の縁者でもあった。一方、持氏方には佐竹義盛《さたけよしもり》や結城基光《ゆうきもとみつ》らが参陣しているものの、上杉憲基や同氏定、持氏の近臣層が中心である。婚姻関係を除いても、両者の政治路線の対立構造が読み取れるだろう。

さて、禅秀と満隆が決起し、持氏を駿河に没落させたというニュースが京都に届いたのは、十月十三日の夕方だった。十五日には持氏や憲基が自害したとの続報が届き、さすがの将軍義持も驚いたが、のちにこれは誤報と判明する。幕府としては反乱軍の動きにどう対処するかの判断が求められたが、なかなか意見が一致しない。足利満詮のアシストもあり、ようやく持氏救援、禅秀打倒の方針が決まったのは、二十八日になってからだった。義持の烏帽子子《えぼしご》である持氏を見捨てることがためらわれたこと、満隆・禅秀が幕府に反旗を翻す可能性があることが理由だった。

幕府は駿河の今川範政《いまがわのりまさ》や越後の上杉房方《ふさまさ》、信濃《しなの》の小《お》笠原政康《がさわらまさやす》のほか、関東の佐竹氏や宇都宮《うつのみや》氏にも参陣を呼びかけ、出陣させている。持氏も今川範政の支援を受けながら鎌倉に攻め込み、上杉憲基も鎌倉を目指す。翌年正月十日に総攻撃がおこなわれ、禅秀や足利満隆・持仲父子らは鎌倉雪下《ゆきのした》で自害し、落ち着きを取り戻した。なお、禅秀の子たちは生き延びている。

こうして、ようやくクーデターは鎮圧されたかにみえた。だが、持氏の救援が決定された翌日から、実は遠く京都の地で思いもよらない事態が進行していた。十月二十九日の早朝、義持の弟・義嗣《よしつぐ》が御所から姿を消し、出奔してしまったのである。捜索のすえ、京都の高雄《たかお》にいることが判明したため、義持は使者を遣わして帰宅を要請したが、はねつけられてしまった。

そこで、義嗣の身柄を仁和寺興徳庵《にんなじこうとくあん》・相国寺林光《しょうこくじりんこう》院《いん》と移し、出奔の理由について尋問がおこなわれることになったが、義嗣から爆弾発言が飛び出す。なんと、上杉禅秀の乱も義嗣が計画したもので、日本を代表す

敵御方供養塔◆上杉禅秀の乱で戦死した敵・御方（味方）を供養するために応永25年（1418）に建立された。銘文には、「亡くなった人たちが極楽往生するように、塔婆の前を通る人は念仏を10回唱えてください」と記されている　神奈川県藤沢市・清浄光寺

『続英雄百首』に描かれた足利持仲◆足利満兼の子で、持氏の弟。持氏と叔父の満隆の間が険悪な状態になると、関東管領上杉憲定の仲介で持仲が満隆の養子となることで、両者の融和が図られた。禅秀の乱では満隆と行動を共にし、最期は鎌倉雪下で自害した　当社蔵

る寺社権門の延暦寺《えんりゃくじ》や興福寺《こうふくじ》とも連携していたというのである。

また、義嗣に近侍《きんじ》していた遁世者《とんせいしゃ》語阿《ごあ》は、拷問の結果、斯波義教《よしのり》・細川満元《みつもと》・赤松義則《よしのり》らも内通していたと証言した。真偽は不明ながら、上杉禅秀の乱は関東における局地的な反鎌倉公方の反乱だったのではなく、将軍の弟や幕閣を構成する諸大名をも巻き込んだ、壮大なクーデター未遂事件だった可能性すらあったのだ。

対応に苦慮した義持は、義嗣をしばらく蟄居《ちっきょ》させていたが、応永二十五年の正月二十四日、近習《きんじゅう》の富樫《とがし》満成《みつなり》に命じて殺害させた。だが、事件はこれで終わらない。六月になると諸大名に次々とクーデター内通の嫌疑がかかりはじめ、管領細川満元が政務放棄をするなど、幕府が混乱状態に陥ってしまう。

そのようなさなか、富樫満成が十一月に義持から突如勘当《かんどう》され、高野山《こうやさん》に出奔する事件が起き、翌年二月に畠山満家の手の者によって殺害されてしまった。なんとも不可思議な幕切れであるが、事件の真相は闇の中に葬られたのである。

08 応永《おうえい》の外寇《がいこう》——対馬に押し寄せた朝鮮軍

応永二十六年（一四一九）六月二十日の昼頃、対馬《つしま》の尾崎浦《おざきうら》（長崎県対馬市）に十隻ほどの船が現れた。仲間たちが帰ってきたものと思い、歓迎の準備をしていた島民たちだが、やがて異変に気づく。現れた船は朝鮮から来た軍船だったのだ。

この年の五月七日、数千名の倭寇《わこう》が朝鮮西部の庇仁《ひじん》県を襲撃し、甚大な被害をもたらした。彼らは同月十二日にも同国海州《かいしゅう》を襲い、多数の死者と捕虜が生じている。このときの倭寇たちの根拠地が対馬と壱岐《いき》であることを聞いた朝鮮国王世宗《せいそう》の父・太宗《たいそう》は激怒し、対馬への派兵が決定。六月二十日に対馬に現れた船団は、太宗が派遣した軍勢だったのである。

上陸した朝鮮軍は島内を侵攻し、行く先々で船を奪い、家を燃やし、島民を殺害するかたわら、倭寇の捕虜となっていた明国の人びとを救出した。しかし、ここから島民たちの反撃が始まる。同二十九日には糠岳《ぬかだけ》で奇襲をかけ、将校をはじめとする多数の朝鮮軍を討ち取ったのだ。

島民たちの反抗により、朝鮮軍の侵攻も陰りをみせる。また、対馬国守護・宗貞盛《そうさだもり》から和睦を願う書状が届いたことにより、朝鮮軍も撤収を決断。七月三日になって朝鮮に戻っていった。

この間、京都にはなかなか正確な情報が届かなかったようで、伏見宮貞成《ふしみのみやさだふさ》の日記『看聞日記《かんもんにっき》』には、「大《だい》唐国《とうこく》・南蛮《なんばん》・高麗《こうらい》」が攻め寄せてくるという報せが届き、室町殿《むろまちどの》（足利義持）が仰天していると記されるなど、当初はどこの国が攻めてきたのかすらわかっていない状況にあったらしい。

短期間で朝鮮軍が撤兵したため大事にはいたらなかったが、モンゴル軍の襲来（元寇《げんこう》）から約一三〇年、久しぶりに受けた外国からの攻撃であった。なお、朝鮮側ではこのときの事件を「己亥東征《きがいとうせい》」と呼んでいる。

戦闘終結後、事の真相を確かめるため、義持は朝鮮に使者を派遣した。翌年になって朝鮮から使者として宋希璟《そうきけい》が来日し、紆余曲折を経て日朝間の国家レベルでは和解することになったが、事態が完全に解決したわけではない。この後、朝鮮は対馬を領土に加えることを決定し、それに反発する倭寇の首領・早田左衛門《そうださえもん》太郎《たろう》との間でいざこざが起きている。

結局、朝鮮の属州化はうやむやのまま終息するが、後々にわたる大きな遺恨を残すことになった。

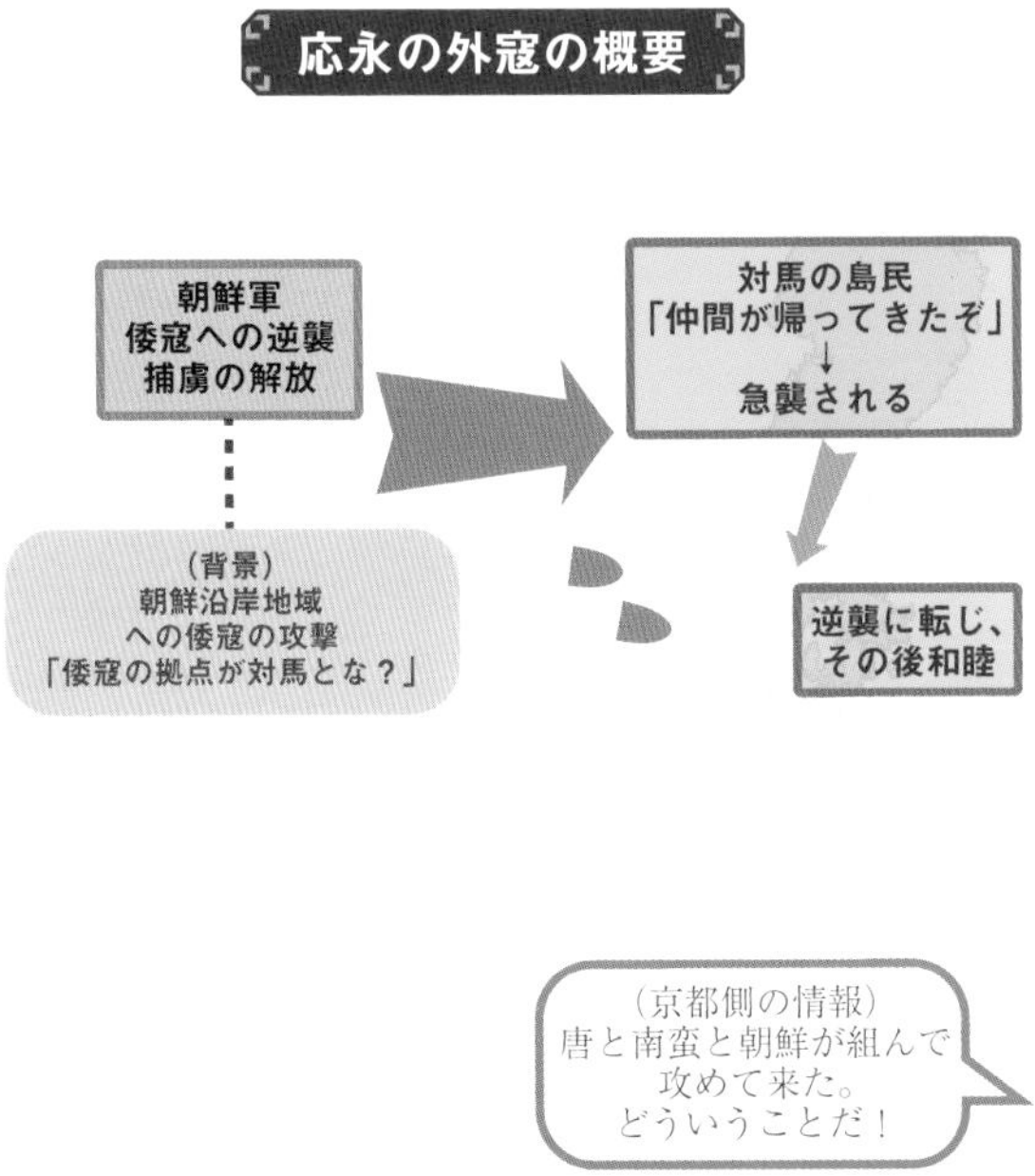
応永の外寇の概要
朝鮮軍
倭寇への逆襲
捕虜の解放
（背景）
朝鮮沿岸地域
への倭寇の攻撃
「倭寇の拠点が対馬とな？」
対馬の島民
「仲間が帰ってきたぞ」
↓
急襲される
逆襲に転じ、
その後和睦
（京都側の情報）
唐と南蛮と朝鮮が組んで
攻めて来た。
どういうことだ！

『倭寇図巻』に描かれた倭寇◆16世紀の倭寇を描写したもので、戦闘の様子や船・鉄砲といった武具なども詳細に描かれている。なお、倭寇は14世紀から15世紀に活躍した前期倭寇と、16世紀に活躍した後期倭寇に分けられる　東京大学史料編纂所蔵

09 永享《えいきょう》の乱《らん》――ついに訪れた鎌倉府との直接対決

上杉禅秀の乱では一応、幕府と協力して乱を鎮圧した鎌倉公方足利持氏だったが、野心が消えたわけではない。乱後すぐに、禅秀の乱で自身に反抗的だった京都扶持衆《きょうとふちしゅう》たちの討伐に動いている。

これに激怒した幕府は、応永三十年（一四二三）八月に今川氏や小笠原氏に鎌倉府討伐の命を下す。慌てた持氏は、十一月に弁明の使者を上京させるが、将軍義持はしばらく使者と面会せず、翌年二月に持氏から降伏状が提出されたことで、ようやく和睦を結んだ。

また、応永三十五年に足利義持が後継者を定めずに死去すると、持氏は自身の将軍就任を期待するが、願いは叶わず義教《よしのり》が六代将軍に就任してしまう。これには持氏も相当不快だったようで、正長《しょうちょう》から永享《えいきょう》に改元されると、持氏はこれを用いず、しばらくの間、正長年号を使用しつづけている。

この間、持氏は武蔵・相模・安房《あわ》・上総《かずさ》の御料国《ごりょうごく》化《か》を目指し、扇谷上杉氏や宅間《たくま》上杉氏、一色直兼《なおかね》などを抜擢《ばってき》するなど、専制化を強めていくとともに、関東管領上杉憲実《のりざね》との対立が表面化していった。事態が動いたのが永享八年（一四三六）である。

この年、信濃で小笠原氏と村上《むらかみ》氏との確執が起こると、持氏は村上氏支援のため軍勢を派遣した。しかし、信濃は幕府の管轄国であったため、憲実は持氏を諫め、持氏は一度は受け入れたものの、不穏な空気が漂いはじめる。

そして翌年、持氏が宅間上杉氏の憲直《のりなお》を大将として信濃に派兵しようとし、「今回の派兵は信濃に送られるものではなく、実は憲実を討伐するためのものだ」との噂が流れると、双方の軍勢が鎌倉に結集し、緊張感がピークに達する。

一触即発の状態がつづいたが、ここで妥協したのがなんと持氏だった。これにより両者は和解し、持氏は上杉憲直父子や一色直兼を蟄居させ、憲実は嫡子を本拠の上野国に下向させている。しかし、静謐状態は長くはつづかなかった。

永享十年の六月、持氏が自らの嫡子・賢王丸《けんおうまる》の元服儀式を鶴岡《つるがおか》八幡宮《はちまんぐう》でおこなった。先例では将軍の名前の一字を拝領することになっていたにもかかわらず、これを無視して将軍家の通字である「義」を用いて「義久《よしひさ》」と名付けたのである。

さすがにこれは幕府への明確な敵意であり、慌てた憲実はふたたび持氏を諫めるが、持氏はこれを無視して、持氏と憲実、持氏と幕府との対立は決定的なものとなった。

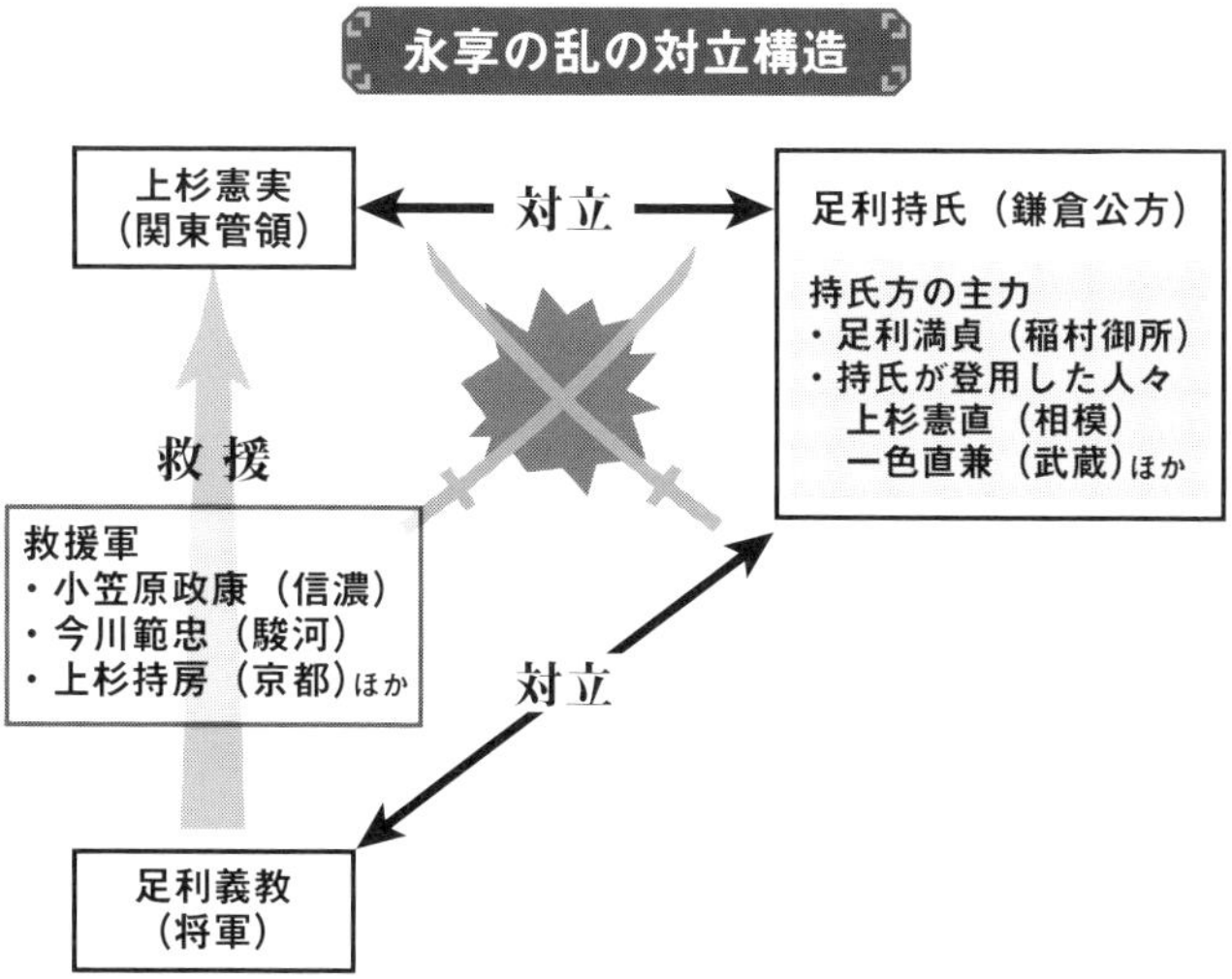

上杉憲実木像◆越後守護上杉房方の子で、山内上杉家の憲基が死去すると同家を継ぎ、関東管領となった。長らく幕府と足利持氏との間の調整役をつとめ、永享の乱後には持氏を死なせてしまったことを悔いて出家し、隠遁した。足利学校や金沢文庫を再興したことでも知られている　新潟県南魚沼市・雲洞庵蔵

八月十六日の鶴岡八幡宮放生会《ほうじょうえ》の後に、持氏が憲実を討つという噂が流れると、憲実はこれまでと思い自害を試みるが、家臣たちに制止され、上野国平井《ひらい》城（群馬県藤岡市）に下った。これに対し、持氏は憲実討伐の軍勢を調え、自らも武蔵国高安寺（東京都府中市）に出陣した。

ここにいたって憲実は幕府に救援を請い、派兵が決定されるとともに、後花園《ごはなぞの》天皇からは治罰《ちばつ》の綸旨《りんじ》も与えられ、万全の体制が敷かれている。まずは幕府は、関東に隣接する信濃守護の小笠原政康や駿河守護の今川範忠《のりただ》に憲実の救援を命じ、京都にいた上杉禅秀の遺児持房《もちふさ》・教朝《のりとも》らからなる幕府軍を派遣した。また、斯波持種《もちたね》や甲斐常治《つねはる》らに錦《にしき》の御旗《みはた》を持たせて援軍に送っている。ちなみに、このときは将軍義教自身も出陣しようとしたが、大名たちに説得されて断念した。

九月二十七日には相模国早河尻（神奈川県小田原市）で両軍が衝突し、上杉憲直を大将とする鎌倉府軍は敗北、海老名《えびな》に落ちていく（同海老名市）。このときの負けにより、鎌倉方では千葉胤直《たねなお》や三浦時高《みうらときたか》など裏切る者が続出し、憲実もついに上野国を出て武蔵国分倍河原《ぶばいがわら》（東京都府中市）に出陣している。勢いに乗る幕府方は、三浦時高が十一月一日に鎌倉に乱入し、持氏の子息たちを捕縛した。

一方の持氏は、海老名から鎌倉に向かう途中で憲実の家宰《かさい》・長尾忠政《ながおただまさ》らの軍勢とばったり出会ってしまった。観念した持氏は、幕府への恭順《きょうじゅん》を誓って鎌倉永安寺《ようあんじ》に入り、十一月五日に金沢称名寺《しょうみょうじ》（横浜市）で出家する。しかし、称名寺も幕府軍に攻められ、上杉憲直・一色直兼らはここで自害、持氏は捕縛されて鎌倉永安寺に幽閉された。

憲実は持氏の助命と義久の鎌倉公方就任を幕府に願い出たが、当然これはいれられず、翌一一年二月十日、持氏は叔父の満貞らとともに永安寺で自害した。義久も同月二十八日に幽閉されていた報国寺《ほうこくじ》で自害し、室町幕府と鎌倉府との直接対決は、幕府方の圧勝というかたちで終結を迎えたのである。

乱の性格として、関東管領への依存から脱却を図り、公方権力の自立を目指したとも評価されている。

『結城戦場物語絵巻』に描かれた自害直前の足利持氏◆幕府との対立が抜き差しならないものとなり永享の乱が勃発すると、当初は攻勢をみせた鎌倉府軍だったが、やがて幕府の大軍の前に為す術もなく、持氏は鎌倉永安寺で自害して果てた　栃木県立博物館蔵

伝足利義久の墓◆壁をくりぬくようにやぐらが掘られ、やぐらの中にある多数の石造物の中に義久の墓があるとされる　神奈川県鎌倉市・報国寺

高安寺◆足利尊氏が武蔵国の安国寺として創建したとされる曹洞宗寺院。武蔵国府の近くにあり、前身の見性寺には分倍河原の戦いで新田義貞が本陣を置いているなど、古くからの要衝であった。鎌倉府下でも軍事拠点として機能しており、氏満・満兼・持氏・成氏がそれぞれ陣所として使用していることが確認できる　東京都府中市

10 結城合戦《ゆうきかっせん》——消えない関東足利氏の脅威

永享の乱で足利持氏が敗死したことにより、ようやく平穏が訪れたかにみえた関東情勢であったが、余燼《よじん》はいまだくすぶっていた。そして、将軍義教が自らの実子を新たな鎌倉公方として下向させようとしたことから、問題が再燃してしまったのである。

持氏が死んで鎌倉公方が不在となった関東では、関東管領上杉憲実を中心に政務がおこなわれていたが、憲実は持氏を死なせてしまったことを悔いて隠遁《いんとん》してしまう。代わって関東管領になったのが、憲実の弟・清方《きよまさ》だった。

そのような状況のなか、永享十二年（一四四〇）正月には持氏の近臣だった一色伊予守《いよのかみ》が相模国で挙兵、さらには同年三月に持氏の遺児・安王丸《やすおうまる》と春王丸《しゅんおうまる》が挙兵すると、結城氏朝《うじとも》が自らの居城・結城城（茨城県結城市）に招き入れた。一色伊予守の反乱は早々に鎮圧されたが、岩松持国《いわまつもちくに》・桃井《もものい》憲義《のりよし》ら安王丸・春王丸兄弟に与同する者は多く、一大勢力となっていく。

事態の大きさに驚いた幕府は、早々に討伐軍を編成し、上杉清方を総大将として出陣させた。関東の有力諸氏も幕府の命に応じ、さらには駿河の今川範忠や信濃の小笠原政康、美濃の土岐持益《もちます》など、広域にわたって動員されている。

関東の諸氏にのみ討伐を任せず、周辺諸国にも動員をかけていることからは、どれだけ幕府が事態を憂慮していたかがわかるだろう。なお、幕府は隠遁していた憲実に政務への復帰を命じ、仕方なしにではあるが憲実も出兵している。

幕府軍は七月末には結城城を包囲しているが、なかなか落城させることができなかった。要因として、結城城が堅固だったこと、関東の武士たちにとって、敵

結城合戦の対立構造

新しい鎌倉公方は
京都から派遣する！

幕府軍
上杉清方（関東管領）
今川範忠（駿河）
小笠原政康（信濃）
ほか

持氏様の子供たちを
もり立てよう！

結城軍
安王丸・春王丸
（前鎌倉公方・持氏の子）
結城氏朝（下総）
ほか

奥州では

足利満直
（篠川公方）

奥羽の諸勢力

結城氏が動いた
今が好機！

足利安王丸・春王丸木像◆ともに足利持氏の子。永享の乱後、関東に潜伏していたが、永享12年（1440）3月に挙兵した　岐阜県垂井町・金蓮寺蔵

結城氏朝の墓◆氏朝は小山泰朝の子で、結城満広の養子となり結城氏を継いだ。名乗りの「氏」字は足利持氏の偏諱。上杉禅秀の乱でも結城氏は持氏方に付くなど、一貫して公方派だった　茨城県結城市・結城家御廟

結城城跡◆結城朝光が治承・寿永内乱期に城を築いたのが始まりとされる。構造は単調だが、周囲の地形もあり堅固だったといわれる。江戸時代には結城藩の藩庁が置かれたが、現在は公園や宅地化が進み、遺構の残存状況はよくない　茨城県結城市

方に持氏の遺児安王丸・春王丸がおり、心理的な躊躇があったことなどが指摘されている。また、早期の決着を図りたい幕府首脳部の意向とは裏腹に、現地の軍勢の士気がそれほど上がっていなかったことも大きいだろう。

しかし、翌年四月十六日に幕府軍の総攻撃がおこなわれ、ようやく落城した。この戦いで結城氏朝は奮戦のうえ自害、安王丸・春王丸兄弟は長尾実景《さねかげ》に捕縛され、京都に送られる途中、美濃国垂井宿《たるいしゅく》（岐阜県垂井町）で殺害され、乱は終息した。だが、幕府にとっての関東問題はこれで解決したわけではない。鎌倉公方の復活を望む関東諸氏の意向は強く、混乱は享徳の乱に引き継がれていく。

なお、結城合戦のさなか、結城氏に呼応した石川持《いしかわもち》光《みつ》をはじめとする南奥羽《みなみおうう》の諸氏が篠川御所《ささがわごしょ》を襲撃し、足利満直《みつなお》が自害した。満直はそれ以前からすでに影響力を失ってはいたとされるが、これで南奥羽における求心力は完全に消滅し、南奥羽は慢性的な争乱状態に陥っていったのである。

『結城合戦絵詞』に描かれた切腹しようとしている武士◆かつてこの武士は、結城合戦で敗れて自害しようとしている結城氏朝だという説もあったが、現在では同絵詞には錯簡があり、永享の乱に破れた足利持氏とする説が有力になってきている　国立国会図書館蔵

輿に乗って逃げようとする安王丸・春王丸◆どちらが兄であったかは確定していない。ただし、出された文書には安王丸の署名がなされているので、頭に立っていたのは安王丸だったようだ　『結城合戦絵詞』　国立国会図書館蔵

足利安王丸・春王丸の墓◆結城合戦で敗れ、幕府軍に捕らえられた兄弟は京都に護送される途中、美濃国垂井の金蓮寺で殺害された。首は京都に送られ、首実検の後に同寺に戻され埋葬されたとされる　岐阜県垂井町・金蓮寺

11 嘉吉《かきつ》の乱《らん》——血祭りにあげられた将軍義教

嘉吉元年（一四四一）六月二十四日、結城合戦の戦勝を祝う宴が開かれるということで、義教は赤松満祐《みつすけ》の子・教康《のりやす》の屋敷に招待された。めでたい席になるはずだったが、実は裏では恐ろしい計画が進行していたのである。

管領細川持之《もちゆき》や山名持豊《もちとよ》、正親町三条実雅《おおぎまちさんじょうさねまさ》など、公武《こうぶ》の重要人物たちをたくさん引き連れて教康邸を訪れた義教は、歓待を受け、猿楽《さるがく》鑑賞を楽しんでいたときに事件は起こった。急に馬が放たれ、武装した兵士たちが乱入してきたのである。

混乱のさなか、義教は首をきられて絶命した。宴席は血の海に染まり、お供でついてきた山名熙貴《ひろたか》もその場で殺され、細川持春《もちはる》・京極高数《たかかず》・大内持世《もちよ》も重傷を負い、その他の者も命からがら逃げ出した。

現役の将軍が暗殺されるという予期しない事件が起きると、幕府は大混乱に陥り、対応は後手後手にまわる。当然、すぐに軍勢を差し向けるべきだったが動きはなく、これをみた満祐をはじめとする赤松一族は屋敷に火を放ち、領国の播磨へ落ちていった。

それでは、義教はなぜ暗殺されてしまったのだろうか。赤松氏は室町幕府開創の功労者で、侍所頭人《さむらいどころとうにん》をつとめるなど有力な大名であったが、四代将軍義持のころから将軍家との関係が悪化し始めた。応永三十四年（一四二七）に赤松満祐が家督を継ぐと、義持は赤松氏の本国播磨を取り上げ、同族の赤松持貞《もちさだ》に与えようとしたのである。これに対し、満祐は屋敷に火をかけ播磨に下国した。激怒した義持は、軍勢を派遣し討伐しようとしたが、この間、持貞が不可解な失脚を遂げ、大名たちの取りなしもあったため、満祐は赦免されて事態は沈静化した。

六代義教の下では、しばらく友好的な関係が続いたが、永享九年（一四三七）には播磨・美作の所領を没収されるという噂が流れている。同十二年（一四四〇）には満祐の弟・義雅《よしまさ》の所領が没収されると、満祐は猛抗議し幕府への出仕をやめるなど、不穏な空気が流れ始める。また、このころには義教による大名の粛清が相次いでおり、すでに指摘されているように、次は自らの番ではないかと疑った満祐が、先手を打って義教を殺害したのだろう。

さて、対応が後手にまわった幕府も、事件翌日の二十五日には管領細川持之が主導して評定が開かれ、義教の遺児・千也茶丸《ちやちゃまる》（のちの義勝《よしかつ》）を跡継ぎとする

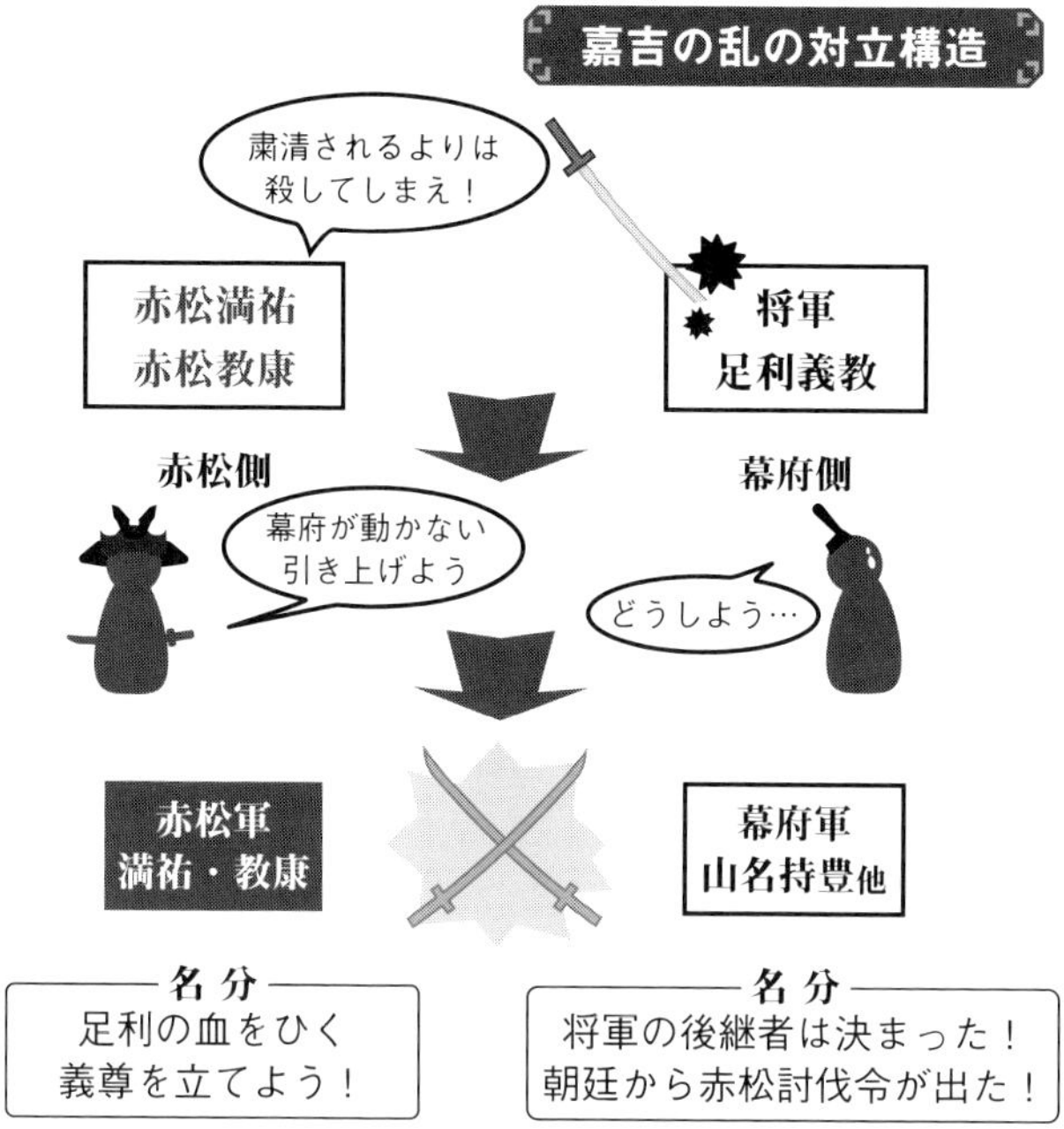
嘉吉の乱の対立構造
粛清されるよりは殺してしまえ！
赤松満祐
赤松教康
将軍
足利義教
赤松側
幕府側
幕府が動かない引き上げよう
どうしよう…
赤松軍
満祐・教康
幕府軍
山名持豊他
名分
足利の血をひく義尊を立てよう！
名分
将軍の後継者は決まった！朝廷から赤松討伐令が出た！

寺常住

足利義教画像◆専制的な面が伝えられ、嘉吉の乱直前の永享12年（1440）5月15日、奈良の陣中で一色義貫と土岐持頼を謀殺するなど、抑圧を強めていた　東京大学史料編纂所蔵模写

赤松氏略系図

※ゴシックは嘉吉の乱の反幕方

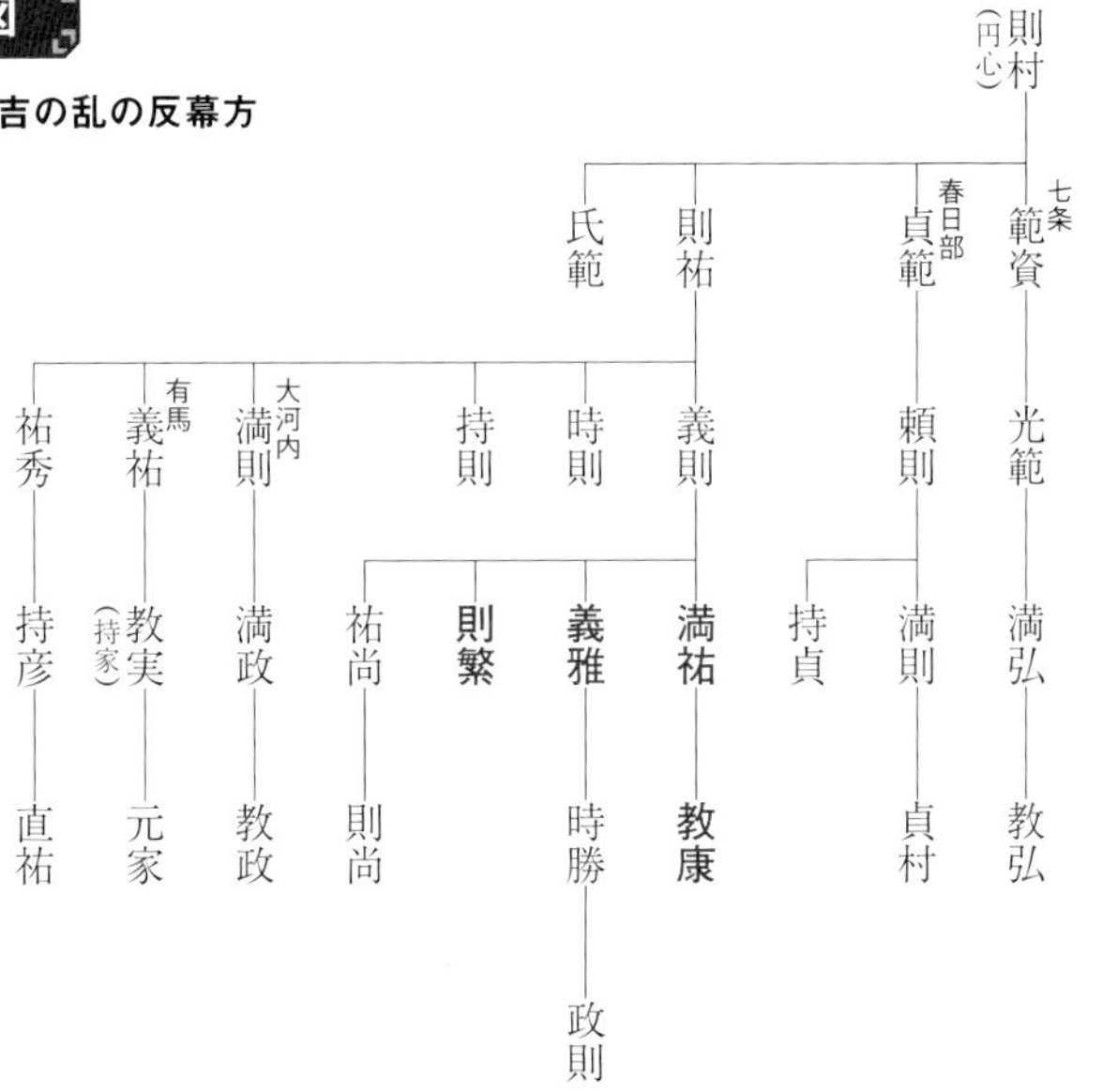

ことが決められた。しかし、やはり軍勢の派遣はすぐにはおこなわれず、ようやく幕府軍が出陣したのは七月十日から十一日にかけてであった。

このとき、細川持之は赤松氏討伐のため治罰の綸旨の発給を朝廷に要請している。将軍不在という状況では幕府の指導力も低下したため、それを補完するために要請したのだろう。

一方、赤松氏側では足利直冬の孫とされる義尊《よしたか》を擁立し、幕府への敵意をむき出しにする。赤松氏の領国のひとつ美作には、七月初旬に山名教清《のりきよ》が侵攻し、難なく制圧した。赤松氏の本国播磨での戦端は、八月後半になって開かれた。戦線は守護所・坂本城（兵庫県姫路市）から城山《きのやま》城（同たつの市）へと移り、両者の間で激戦が交わされたが、九月十日に幕府軍が城山城に総攻撃をかけ、満祐が自害して果てた。

なお、満祐の子・教康は城山城を脱出し、伊勢国の北畠教具《のりとも》のもとに逃れた。しかし、教康の願いむなしく教具は匿うことを拒絶し、教康は九月二十八日に自害した。こうして、戦乱は完全に終結することになる。

足利義教の首塚◆義教の首を持ち去った赤松満祐は、播磨国安国寺で盛大な法要をおこない供養した。首はのちに京都に戻されたとされる。幕府側では嘉吉元年７月６日に相国寺で葬儀をおこなった。なお、大阪府の崇禅寺にも義教の首塚がある　兵庫県加東市・安国寺

足利義勝画像◆足利義教の子で、７代将軍。義教が嘉吉の乱で横死すると、管領細川持之らにより将軍として擁立された。しかし、将軍就任後半年たらずで夭死してしまい、次の義政も幼少だったため、将軍権力の失墜を招いてしまう　東京大学史料編纂所蔵模写

赤松満祐自刃の地◆義教の殺害後、本拠播磨に戻った満祐は足利直冬の子とされる義尊を奉じるも、幕府軍の猛攻を支えきれず、最後の拠点となった城山城で自刃した。首は山名教之が持ち出して京都に送られ、首実検の後に四条河原に晒された　兵庫県たつの市

12 禁闕《きんけつ》の変《へん》——襲撃された後花園天皇

嘉吉三年（一四四三）九月二十三日の夜中、後花園天皇の内裏《だいり》を何者かが襲撃した。賊は内裏に火をかけ、後花園天皇は女房《にょうぼう》の姿になって命からがら近衛房嗣《このえふさつぐ》邸に逃げ延びている。しかし、天皇家で最も大事な宝物・三種の神器のうち、剣と神璽《しんじ》が奪われてしまった。

襲撃の首謀者は、南朝の後胤《こういん》とされる金蔵主《こんぞうす》・通蔵主《つうぞうす》兄弟、後鳥羽《ごとば》上皇の後胤と称する源尊秀《みなもとのたかひで》、さらには廷臣の日野有光《ひのありみつ》など、いわゆる後南朝《ごなんちょう》勢力だったとされる。この年七月には七代将軍義勝が早世し、幼い義政《よしまさ》が跡を継いだばかりであり、彼らは将軍権力の空白期を狙って襲撃したのだろう。

明徳三年（一三九二）の南北朝の合一後、幕府側の約束不履行もあって後南朝勢力は不遇をかこっていた。とくに六代将軍義教の時期には南朝後胤の断絶策が取られるなど、彼らの運命は風前のともしびであった。そのため、起死回生を図っての襲撃だったと考えられている（北朝の皇統をめぐる争いという説もある）。

さて、剣と神璽《しんじ》を持ち去った凶徒《きょうと》たちは、比叡山を目指して落ちていき、根本中堂《こんぽんちゅうどう》に立て籠もった。延暦寺の僧兵《そうへい》の協力を期待しての行動だったと思われるが、凶徒追討の治罰の綸旨が出されたこともあり、僧兵たちは協力を拒み、押し寄せた幕府軍によって金蔵主や日野有光が討たれている。

変後は関係者の処罰が進められた。有光の子・資親《すけちか》は変に関与していたかは不明なものの、九月二十八日に六条河原《ろくじょうがわら》で斬首《ざんしゅ》されている。通蔵主は捕縛されて四国に流される途中で殺害された。また、後南朝の嫡流だった小倉宮聖承《おぐらのみやせいしょう》の子・勧修寺《かじゅうじ》教尊《きょうそん》も疑いの目をかけられ、隠岐島へと流されている。ただし、教尊の場合はとばっちりだったのかもしれない。

なお、奪われた神器のうち、剣は清水寺《きよみずでら》の境内に捨てられていたところをすぐに発見されたが、神璽は持ち去られ、依然ゆくえ不明だった。のちに赤松氏の遺臣たちにより奥吉野の北山にあることが突き止められ、ようやく長禄《ちょうろく》二年（一四五八）に奪還されて朝廷に戻されている。このときの功によって赤松氏は再興を許され、赤松政則《まさのり》を当主として返り咲くこととなった。

禁闕の変は注目されることが少ないが、三種の神器の一部が強奪され、一歩間違えれば現役の天皇が殺害される危険性もあったのだ。幕府は北朝天皇家の保護を第一義にしていたことに鑑《かんが》みると、重大事件であったことはまちがいない。

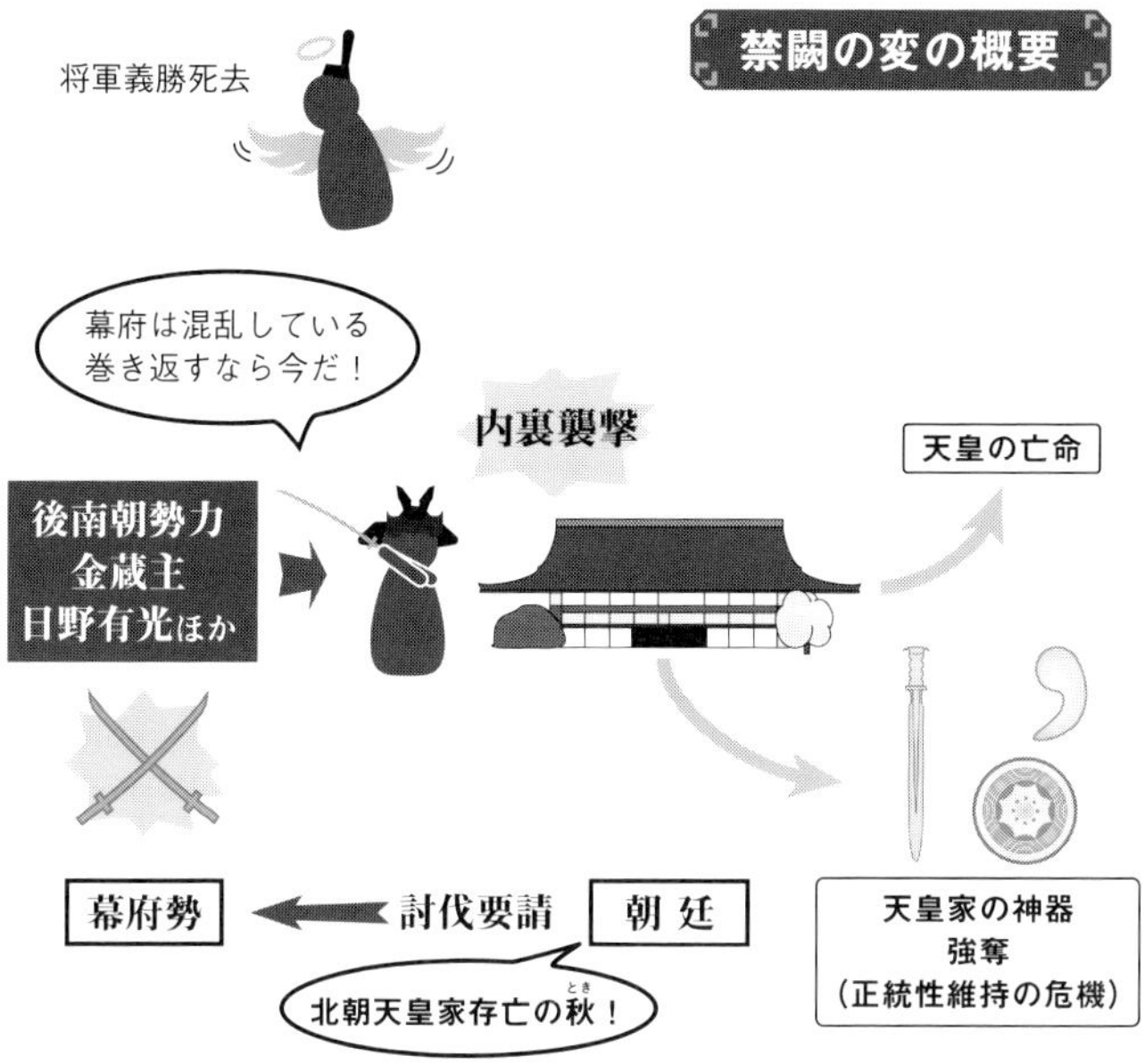

後花園天皇画像◆崇光流の伏見宮貞成親王の子で、後光厳流の称光天皇が跡継ぎのないまま死去してしまったことから、後小松上皇の猶子として即位した。治罰の綸旨を乱発し、「戦う天皇」としても知られる　京都市・大應寺蔵

コラム

再生される後南朝《ごなんちょう》

明徳三年（一三九二）に南北朝の合一が果たされると、後亀山《ごかめやま》天皇は吉野（奈良県吉野町）の行宮《あんぐう》を出て、南朝（大覚寺統）ゆかりの京都の大覚寺に入った。これにより南朝は消滅したので、彼らにつらなる勢力は以後、「後南朝」と呼ばれる。

さて、当初の約束では、皇位は北朝系と南朝系から交互に輩出することになっていたが、義満は約束を反故《ほご》にし、後小松《ごこまつ》上皇の後継として称光《しょうこう》天皇を即位させようとすると、絶望した後亀山は応永十七年（一四一〇）に京都を出奔し、吉野に戻ってしまう。

そして、同十九年に称光天皇が践祚すると、南朝シンパだった北畠満雅《みつまさ》が同二十一年に伊勢で挙兵する。幕府軍によって反乱はすぐに鎮圧されたが、まだまだ後南朝もそれなりの軍事力を持っていたのである。

後亀山は応永二十三年に京都に戻ったが、正長元年（一四二八）七月に称光天皇の崩御《ほうぎょ》にともない、南朝系ではなくふたたび北朝系の傍流・伏見宮家から彦仁《ひこひと》が迎えられて後花園天皇として即位すると、またしても北畠満雅が、今度は後亀山の孫・小倉宮聖承を擁して挙兵した。今回は翌年十二月まで持ちこたえたものの、二十一日に討ち死にしている。

北畠満雅に限らず、室町時代には常に後南朝勢力の影がちらついている。たとえば嘉吉三年（一四四三）には、将軍義勝が夭死《ようし》した隙を突き、後南朝の後胤という金蔵主・通蔵主兄弟らが後花園の内裏を襲撃し（禁闕の変）、三種の神器のうち神璽を大和《やまと》国の山中深くに奪い取っている。そこにはやはり、南朝の後胤とされる北山宮《きたやまのみや》や河野宮《こうののみや》などがいた。

また、応仁・文明の乱のさなか、文明三年（一四七一）には小倉宮の後裔とされる人物が西軍に迎えられ、「西陣南帝」と呼ばれている。このように、幕府権力が動揺した際に、後南朝勢力が暗躍したのだ。

ただし、彼らはいずれも南朝後胤を称しているものの、証拠はない。南北朝合一から時期が下れば下るほど、彼らの顔を知っている者は減っていく。極論すれば、「後南朝」の関係者であると称してさえいれば、その実態は問われない可能性すらあったのだ。逆に、そのような状況でも後南朝の脅威が存在しつづけたことはまちがいない。

このように、幕府権力が動揺する時期を見越して、後南朝は再生産されていったのである。

後亀山天皇画像◆後村上天皇の子で、南朝最後の天皇。兄の長慶天皇の譲位により即位した。幕府との交渉を経て明徳３年（1392）に南北朝合一が果たされ、京都の大覚寺に入り「大覚寺殿」と呼ばれるようになった。出奔騒動などを起こすもやがて京都に戻り、応永 31 年（1424）４月 12 日に大覚寺で崩御した　京都市右京区・大覚寺蔵

伝河野宮の墓◆長禄の変で赤松氏の残党に襲撃された河野宮（忠義王とも）の墓。後南朝勢力は大和の山奥などに身を隠しながら、再起の機会を探っていたとされる　奈良県川上村・金剛寺

賀名生行宮跡（堀家住宅）◆後村上天皇が高師直率いる幕府軍に吉野行宮を逐われて賀名生に逃れてのち、行宮として定められた。以後、南朝の拠点として機能し、北朝の三上皇を京都から連れ去った際にも賀名生に入っている。位置については現在の堀家住宅が有力視されているが、確定はしていない　奈良県五條市

13 享徳《きょうとく》の乱《らん》――泥沼の関東三十年戦争

永享の乱で足利持氏が自害して以降、鎌倉公方はしばらくの間置かれず、関東管領だった上杉憲実も持氏を死なせてしまったことを悔いて隠遁してしまっていたため、関東の政治は憲実の弟・清方や上杉氏の家宰・長尾景仲《かげなか》、太田資清《おおたすけきよ》を中心におこなわれてきた。

しかし、秩序の核になる人物が不在になってしまった影響は大きく、関東の諸氏の間で公方《くぼう》の復活を願う声が日増しに強くなっていく。そこで、文安《ぶんあん》四年（一四四七）に持氏の遺児・万寿王丸《まんじゅおうまる》が鎌倉に入り、同六年に元服《げんぷく》して「成氏《しげうじ》」という名が与えられた。新たな鎌倉公方の誕生である。

一方、幕府からのたび重なる要請にもかかわらず、憲実は関東管領への復帰を拒否した。窮した幕府は、憲実の反対にもかかわらず、子息の憲忠《のりただ》を擁立して鎌倉に入れ、関東管領に就任させた。成氏が鎌倉に入ったのと同様、文安四年のことである。

鎌倉公方も関東管領も一新され、新たな秩序の形成が望まれたが、早くも宝徳二年（一四五〇）四月に、長尾景仲や太田資清が成氏を襲撃するという江の島《えのしま》合戦が起こるなど、前の時代から続く公方派と上杉派の対立が解消されたわけではなかった。

このときは幕府の仲介もあり、両派は和睦したが、享徳三年（一四五四）に成氏が憲忠を西御門御所に呼び出して殺害してしまう。この事件をきっかけとして、泥沼の内乱が勃発してしまった。これを享徳の乱と呼ぶ。

翌年正月には、成氏は長尾景仲・太田資清を討伐するため出陣し、各地を転戦することになる。そして、やがて鎌倉を捨てて下総国古河（茨城県古河市）を本拠と定めたため、以降は古河公方と呼ばれる。鎌倉か

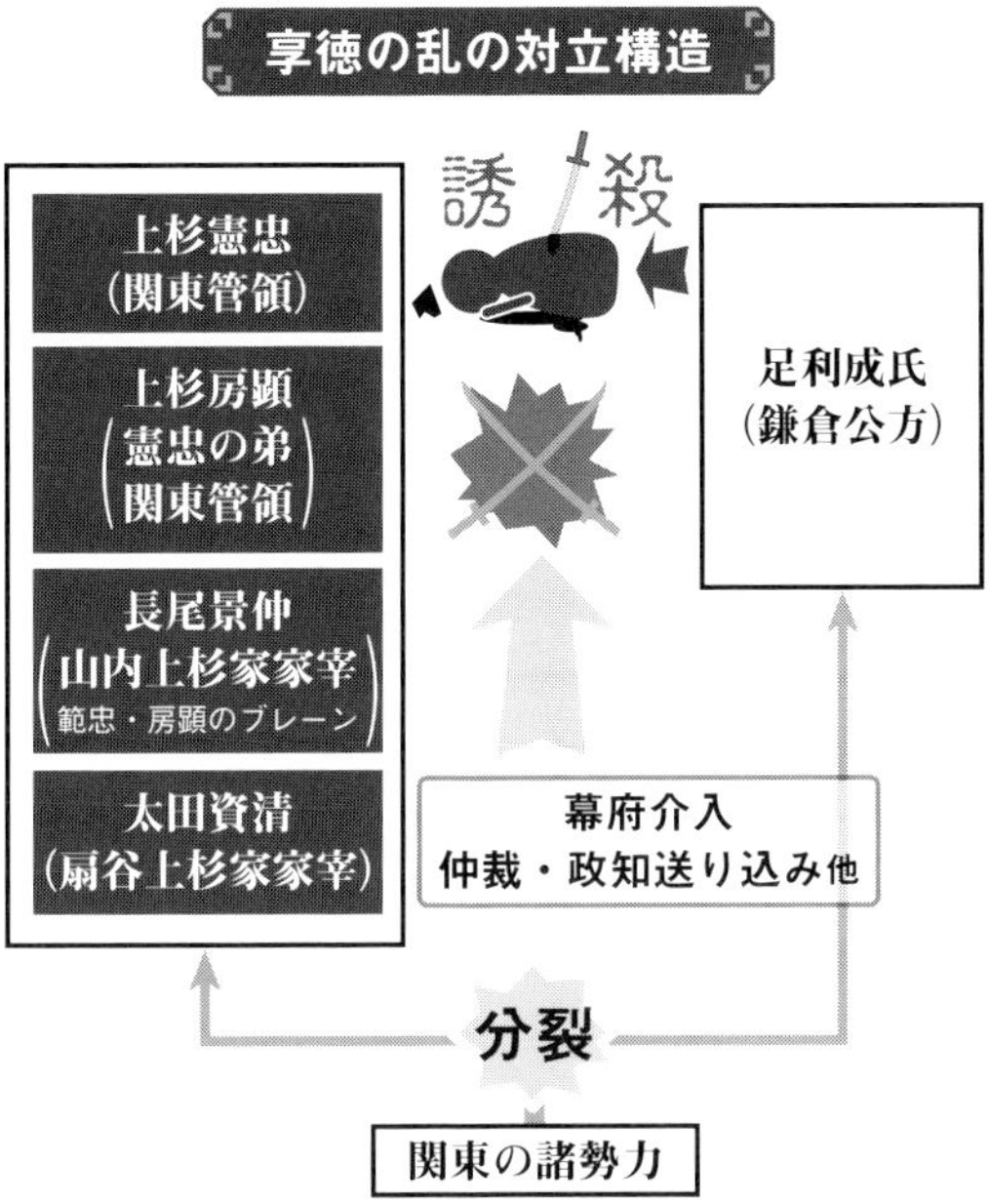

らは近臣や寺社をはじめ、かなりの人数が古河に移り、地域政権として体裁は整っていたようだ。

ところで将軍義政は、関東の内乱状態に対処するため天龍《てんりゅう》寺《じ》香厳院《きょうごんいん》に入っていた兄政知《まさとも》を還俗《げんぞく》させ、長禄《ちょうろく》二年（一四五八）に成氏に代わる鎌倉公方として関東に派遣した。だが、政知は関東の諸氏の支持を得られず、鎌倉には入れなかったため、伊豆《いず》国堀越《ほりごえ》（静岡県伊豆の国市）に留まり、堀越公方《ほりごえくぼう》と呼ばれるようになる。義政の関東政策の肝となるはずだった政知の派遣は、早くも頓挫してしまったのだ。

また、斯波義敏《よしとし》を総大将として追討軍の派遣準備を

『太田道灌雄飛録』に描かれた足利成氏が鎌倉に下向する場面◆結城合戦後、信濃の大井氏一族のもとに匿われていた足利持氏の遺児は、文安４年（1447）に鎌倉に入り、将軍義成（のちの義政）から一字もらって「成氏」と名乗るようになった　当社蔵

足利成氏が使用した軍旗（復元製作）◆古河歴史博物館蔵

長尾景仲（昌賢）木像◆山内上杉氏の家宰で、太田道真とともに「関東不双の案者」と称された。新たに公方となった足利成氏と対立し、激戦を繰り広げている　群馬県渋川市・雙林寺蔵

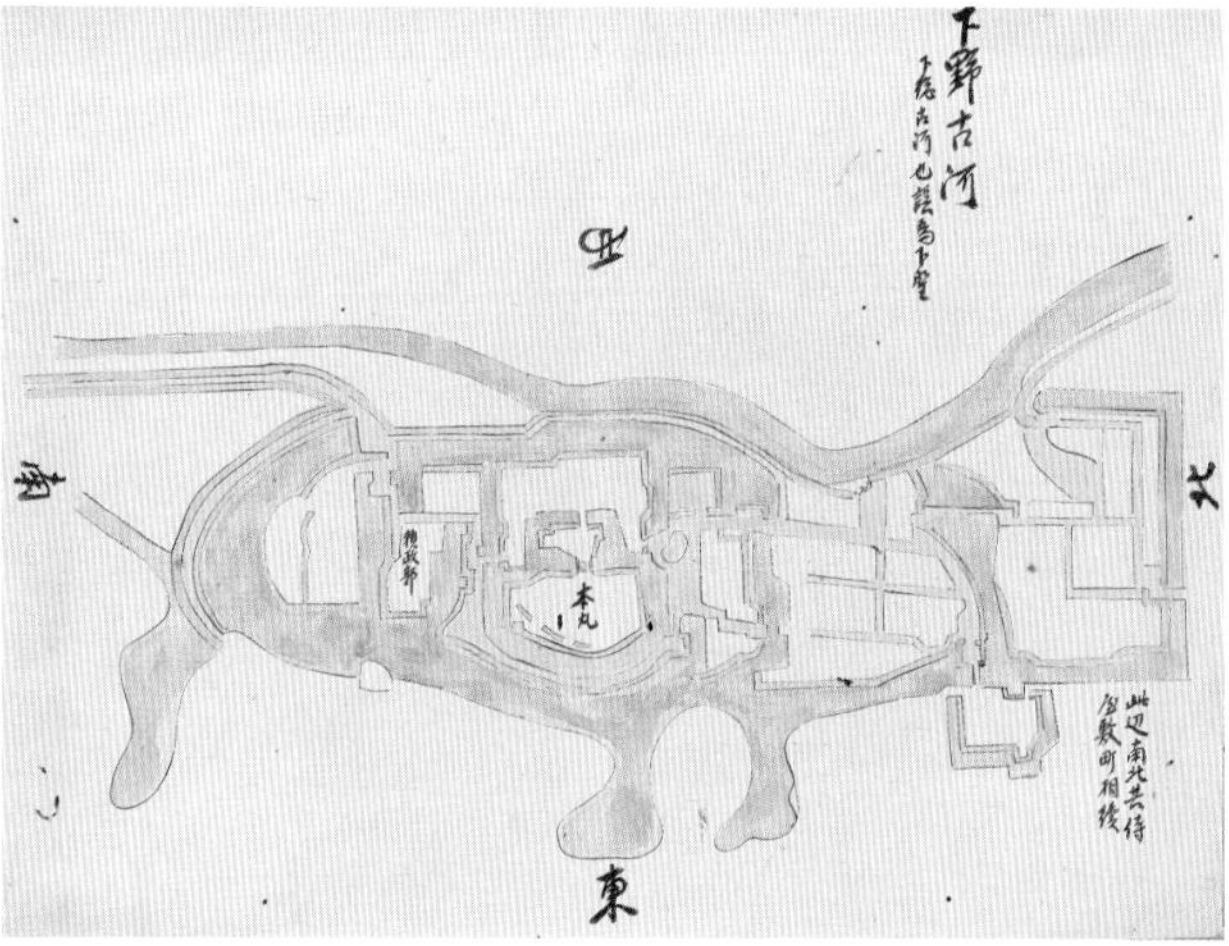

『近世城図』に描かれた古河城◆茨城県古河市に所在。利根川や渡良瀬川に囲まれるなど、軍事的にも流通的にも大事な要衝だった。なお、成氏が移ってきた当初の呼称は「古河御陣」とされる。明治以降の河川改修工事や宅地化によって、遺構のほとんどが消滅してしまった　個人蔵

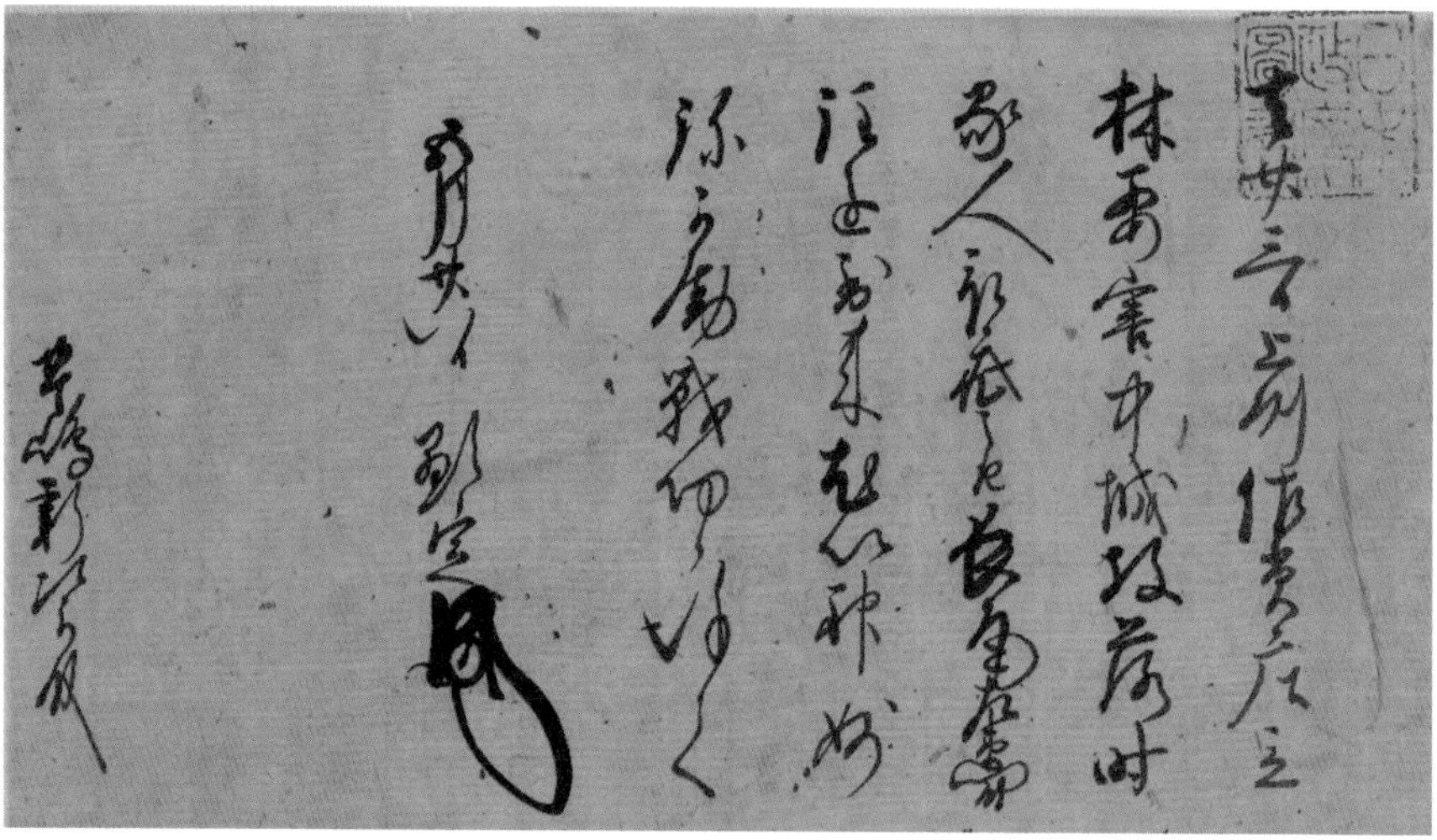

上杉顕定感状◆享徳の乱まっただ中の文明３年（1471）５月28日付けで出された関東管領上杉顕定の感状で、豊島新次郎に宛て、「上州佐貫庄立林要害中城」を攻めた際に被官が負傷したとの旨を長尾景信が注進してきたということで、それを賞するとともにさらなる軍功に励むよう命じている　国立公文書館内閣文庫蔵

進めていたが、義敏は意に反して自身の領国である越前に出兵し総大将を解任されるなど、関東対策は大幅な修正を求められることとなる。

憲忠が殺害された後、関東管領は憲忠の弟・房顕《ふさあき》が継いでいたが、寛正《かんしょう》七年（一四六六）に武蔵国五十子《いかっこ》陣中（埼玉県本庄市）で没すると、越後から上杉房定《ふささだ》の子・顕定《あきさだ》が養子として迎えられ、新たな関東管領に就任した。以後、反公方派は上杉顕定を中心に成氏と激戦を繰り広げていたが、ここで思いもよらぬことが起こった。

長尾景仲の孫景春《かげはる》が、関東管領山内家の家宰になれなかったことに恨みを抱き、文明《ぶんめい》八年（一四七六）に武蔵国鉢形《はちがた》城（埼玉県寄居町）で挙兵したのである。景春の動きは迅速で、翌年正月には顕定がいた五十子陣を急襲し、顕定たちは上野に没落することになった（長尾景春の乱）。

成氏と景春というふたつの敵と対峙することになった顕定は追い込まれ、文明十年になってついに成氏と和睦する。なお、この間、何度も改元があったにもか

太田道灌画像◆太田資清（道真）の子で、扇谷上杉氏の家宰。享徳の乱の最中に父から家督を譲られ、上杉政真・定正の二代にわたって扇谷上杉氏を補佐した。長尾景春の乱を終結させるなど活躍したが、勢力の伸張を恐れた定正により、文明18年（1486）7月26日に暗殺された。江戸城を築城したことでも知られている。その後、道灌の子資康は山内上杉氏に助けを求め、関東の戦乱は新たな局面を迎えた　神奈川県伊勢原市・大慈寺蔵

かわらず成氏は享徳年号を使用しつづけていたが、このときの和睦をきっかけに、享徳年号の使用をやめている。

景春はその後も関東各地で戦いつづけていたが、太田道灌《どうかん》の活躍もあり、文明十二年に最後の拠点・日野《ひの》城（埼玉県秩父市）を落とされ、没落した。長尾景春の乱の終結は、幕府と成氏との和睦への道も切り開き、文明十四年になってようやく両者の間で和睦が結ばれることになった（「都鄙《とひ》和睦」）。

また、これにともない伊豆は堀越公方の管轄であることが正式に認められ、東国には二人の公方が並立することになっていく。

なお、幕府と成氏の和睦によって三十年にもわたる享徳の乱は終息したが、これ以後、もはや関東に対する幕府の影響力はほとんどなくなった。関東は古河公方を中心に群雄割拠の状態となり、終わりのない内乱に突入していくことになる。

そのなかで台頭してきたのが、伊勢宗瑞《いせそうずい》から始まる北条《ほうじょう》氏であった。

視点

堀越《ほりごえ》公方《くぼう》

享徳の乱が勃発し、将軍義政と足利成氏との対立が深まると、義政としても対処に迫られた。そこで、成氏に対抗させるため、天龍寺香厳院に入っていた異母兄《いぼけい》の政知を還俗させ、長禄二年（一四五八）に鎌倉公方として関東に送り込んだ。しかし、鎌倉に入ることはできず、山内上杉氏の勢力下であった伊豆国堀越（静岡県伊豆の国市）に留まり、以後は堀越公方と呼ばれることになる。

公方と呼ばれているとはいえ、軍事指揮権は幕府が保持しているなど、実質的な権限はほとんど持っていなかったようだ。また、成氏と対立する山内上杉氏や扇谷上杉氏、京都から送り込まれた渋川義鏡《しぶかわよしかね》や上杉教朝《のりとも》は従っていたものの、大半の関東諸勢力の協力は得られず孤立を深め、確たる経済基盤もなかったため、幕府の後援により何とかもっている状態であった。

しかし、応仁《おうにん》・文明《ぶんめい》の乱《らん》が発生すると、幕府の後援も期待できなくなり、さらに影響力を低下させていった。また、文明十四年（一四八二）に幕府と成氏が和睦すると、公式的に伊豆の国主にすぎなくなっていく。

政知は巻き返しをはかり、子の義澄《よしずみ》を将軍職に就けようと奔走するが、志半ばの延徳《えんとく》三年（一四九一）に死去した。政知が死ぬと後継者争いが起こり、政知の子・茶々丸《ちゃちゃまる》が異《い》母弟《ぼてい》の潤童子《じゅんどうじ》を殺害して堀越公方となった。

しかし、その茶々丸も明応《めいおう》四年（一四九五）に伊勢宗瑞が伊豆に攻め込んでくると追放され、ここに堀越公方はわずか三十八年で滅亡したのである。

伝堀越御所跡◆鎌倉に入ることができなかった足利政知が拠点にした場所。発掘調査によって建物跡や池跡、遣水などが確認され、国の史跡に指定されている。しかし、あくまで伝承地であり、実際に御所がどこにあったかは確定していない。最後の堀越公方・足利茶々丸の墓は、近隣の願成就寺の境内にある　静岡県伊豆の国市

14 応仁《おうにん》・文明《ぶんめい》の乱《らん》――戦国へのターニングポイント

室町幕府史上、最も有名な戦乱であるが、同時に最も複雑で理解しづらい戦いでもある。「理由なき大乱」といわれることもあり、そもそも同時代人の興福寺大《だい》乗院《じょういん》の尋尊《じんそん》が、自身の日記に「乱が起きた理由がわからない」と記していることは、よく知られていよう。

足利将軍家の後継者争い、管領をはじめとする諸大名家の後継者争い、幕府政治をめぐる諸大名の主導権争い、幕府政治の矛盾などが複雑にからまりあって乱が起こったことはまちがいないが、すべての要因を説明するのは難しいので、ここでは乱の過程を追うことにしたい。

文正《ぶんしょう》元年（一四六六）七月、将軍義政は斯波家の家督を義廉《よしかど》から取り上げ義敏《よしとし》に与えた。これは、伊勢《いせ》貞親《さだちか》・季瓊真蘂《きけいしんずい》ら義政側近の進言によるものとされる。さらに側近たちは、義政の弟で将軍継嗣候補だった義《よし》視《み》の排除を図るが、山名宗全《そうぜん》ら諸大名が一揆《いっき》して義視の無実を義政に訴えたため、かえって貞親や真蘂らは失脚し、義廉は斯波氏家督に復帰した（文正の政変）。

幕政は平穏を取り戻したかにみえたが、早くも次の火種がくすぶっていた。これ以前から畠山氏の家督をめぐる義就《よしひろ》と政長《まさなが》の争いがつづいていたが、この年の十二月、山名宗全の後援をうけた義就が軍勢を率いて逼塞していた河内から上洛してきたのである。宗全とならぶ幕府の実力者・細川勝元《かつもと》はそれまで政長を支援していたため、宗全と勝元の関係はここから急速に悪化していく。

また、宗全らの圧力に屈した義政は翌年正月、恒例の政長邸への御成《おなり》を中止し、さらに義就へ屋敷を明け渡すように命じてしまう。さすがにこれには政長も激怒して管領を辞職し、軍勢を集めて上御霊社《かみごりょうしゃ》に陣取り、義就と合戦を始めた。だが、政長は勝元らの支援を得られず、戦いは宗全や義廉の支援をうけた義就勢の圧勝に終わり、政長は摂津方面に落ちて行く。長きにわたる応仁・文明の乱が、ここからスタートしたのだ。

上御霊合戦をきっかけに、勝元と宗全は完全に決裂。両者は勝元率いる東軍、宗全率いる西軍に分かれ、東軍には細川一族をはじめとして赤松政則・京極持清《もちきよ》・武田信賢《のぶかた》らが、西軍には山名一族のほか斯波義廉・畠山義就・一色義直《よしなお》・土岐成頼《しげより》・六角高頼《たかより》らが加わり、京都を舞台に激戦を展開していく。舞台となった京都

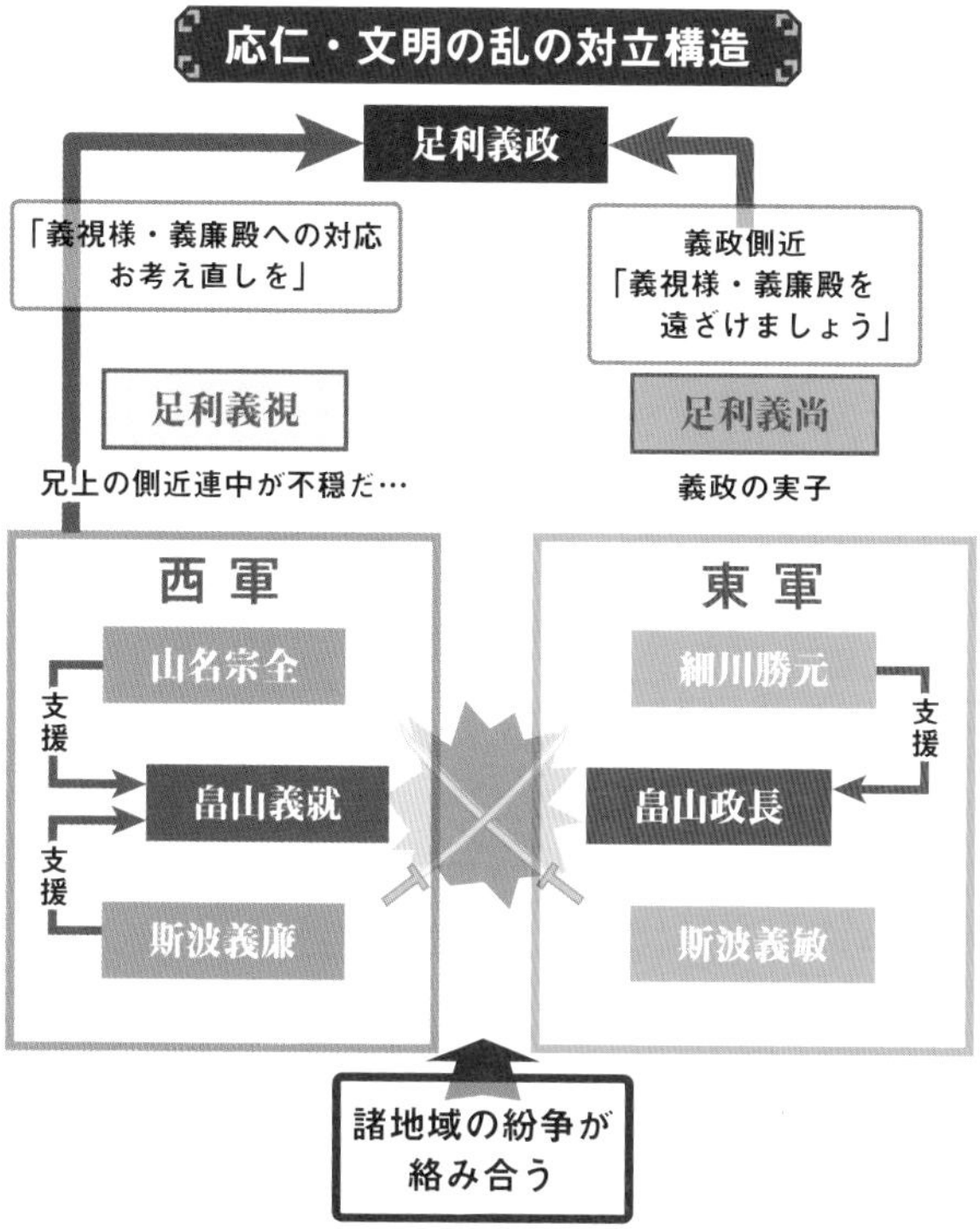

伝足利義政画像◆足利義教の子で、幼名は「三春」。兄義勝が早世したため、幼少の身で８代将軍に就任した。退廃的な政治をおこなったというイメージが強いが、特に若年の頃は意欲的に政治をおこなっていたことが明らかにされている　東京大学史料編纂所蔵模写

市街は寺社仏閣を中心に灰燼《かいじん》に帰し、甚大な被害を蒙ることになった。

東軍は義政・義視・義尚《よしひさ》を確保し、御所を占拠していたこともあって戦況を優位に進めたが、西国の雄・大内政弘《まさひろ》が応仁二年（一四六八）八月に中国・四国・九州の大軍を率いて上洛し、西軍に加わったことから状況が一変する。義視が西軍への合流をめざして伊勢に逃亡、西軍も攻勢に転じた。

こののち、義政の熱心な働きかけによって九月に義視が東軍に帰陣するも、義政は義視と因縁のある伊勢貞親を日野勝光《かつみつ》の取りなしで復帰させるなどしたため、ふたたび出奔。比叡山を経由して西軍に合流した。西軍方は義視を「新将軍」として擁立し、以後は「西幕府」とも呼ばれるようになる。

大内政弘の上京、義視の合流などにより勢いを増した西軍は、文明二年（一四七〇）には京都をほぼ制圧したが、補給路の遮断や翌年六月に朝倉孝景《あさくらたかかげ》が寝返ったこともあり、以降、両軍の交戦は膠着《こうちゃく》状態を迎え、厭戦《えんせん》気分が漂っていく。

このような状況を背景として、同四年には勝元と宗全の間で和睦の可能性が探られ始めた。両雄が譲歩の姿勢を示したため、和睦の実現が期待されたが、文明五年三月十八日に宗全が、五月十一日には勝元が相次いで死去してしまう。また、畠山義就・政長の猛反発もあり、和睦交渉は頓挫した。

事態がふたたび動いたのは翌年四月のことで、勝元・宗全の跡を継いだ細川政元《まさもと》・山名政豊《まさとよ》の間で和議が結ばれたのである。このときは両家の間での和睦にとどまり、西軍は大内政弘や土岐氏被官《ひかん》の斎藤《さいとう》（持是院《じぜいん》）妙椿《みょうちん》を中心に抵抗を続けたが、醸成された厭戦気分はもはや払拭《ふっしょく》できない。

文明九年九月には畠山義就が河内《かわち》に下り、十一月に大内政弘・土岐成頼らが京都を撤収すると、西軍は事実上解体された。これをみた義視は妙椿らと美濃に退去し、その他の諸将も京都から引き上げていく。

十一月二十日には、幕府によって戦乱の終息を祝う宴会が催され、ついに十年間にわたる応仁・文明の乱は幕を閉じたのである。

『本朝百将伝』に描かれた山名宗全◆山名時熙の子で、実名は持豊。母は明徳の乱で滅ぼされた山名氏清の娘。応仁・文明の乱の西軍の総大将をつとめるが、乱最中の文明５年（1473）３月18日に死去した　当社蔵

上御霊神社◆貞観５年（863）に平安京の神泉苑でおこなわれた御霊会が、創建の起源となったといわれる。応仁・文明の乱の緒戦となった御霊合戦の舞台として知られ、境内には「応仁の乱勃発地」の碑が建てられている　京都市上京区

細川勝元木像◆細川は持之の子で、正室として山名宗全の養女を迎えている。当初は宗全と対立していたわけではないが、政局の展開により対立が顕在化し、応仁・文明の乱では東軍の総大将になった　京都市・龍安寺蔵

山名宗全の屋敷跡◆屋敷が所在する地は「西陣」と呼ばれるが、これは応仁・文明の乱時に、西軍が陣を構えたことに由来する。近隣には「西陣」の碑も所在する　京都市中京区

15 六角氏征伐《ろっかくしせいばつ》——軍事的デモンストレーションだった親征

　応仁・文明の乱のさなか、文明五年（一四七三）に足利義尚が第九代将軍に就いたものの、まだ幼少だったこともあり、引き続き前将軍義政が政務を執っていた。同十一年に御判始《ごはんはじめ》等の儀礼を終えて義尚による政務が開始されたが、義政は政務を手放さず、義政・義尚父子の確執が生じてしまう。

　同十四年になってようやく義政は自らが造営した東山山荘《ひがしやまさんそう》への移住を決断し、政務から離れる意思を示したものの、その後も長く二重権力の状態が続き、義尚のフラストレーションは溜まる一方だった。さらに、父子の確執は将軍直臣同士の争いという事態にまで発展してしまう。

　一方、長きにわたる応仁・文明の乱の結果、全国各地で寺社や貴族の所領（「寺社本所領《じしゃほんじょりょう》」）、はたまた奉公衆らの所領までが押領《おうりょう》という事態にさらされることが顕著となった。長享元年（一四八七）七月には奉公衆の一《いっ》色政具《しきまさとも》が近江守護六角高頼《ろっかくたかより》によって所領を押領されているとして幕府に訴訟を持ち込み、これをきっかけとして奉公衆らによる高頼による押領問題の訴えが相次いだ。

　義尚はこれを千載一遇のチャンスと捉えた。同年九月十二日、義尚は寺社本所領・将軍直臣領の保護を名目として、六角高頼征伐に乗り出したのである。このとき義尚は管領細川政元をはじめ斯波・畠山・山名・赤松・京極ら幕府を支える諸大名のほか、奉公衆ら将軍直臣など大軍を率いて坂本《さかもと》（大津市）に出陣した。なお、表向きの名目とともに、一方では近江への出陣によって目の上のたんこぶとも言うべき父義政から離れ、独立した将軍としての「武威《ぶい》」を示すことを目的としていたとも指摘されている。

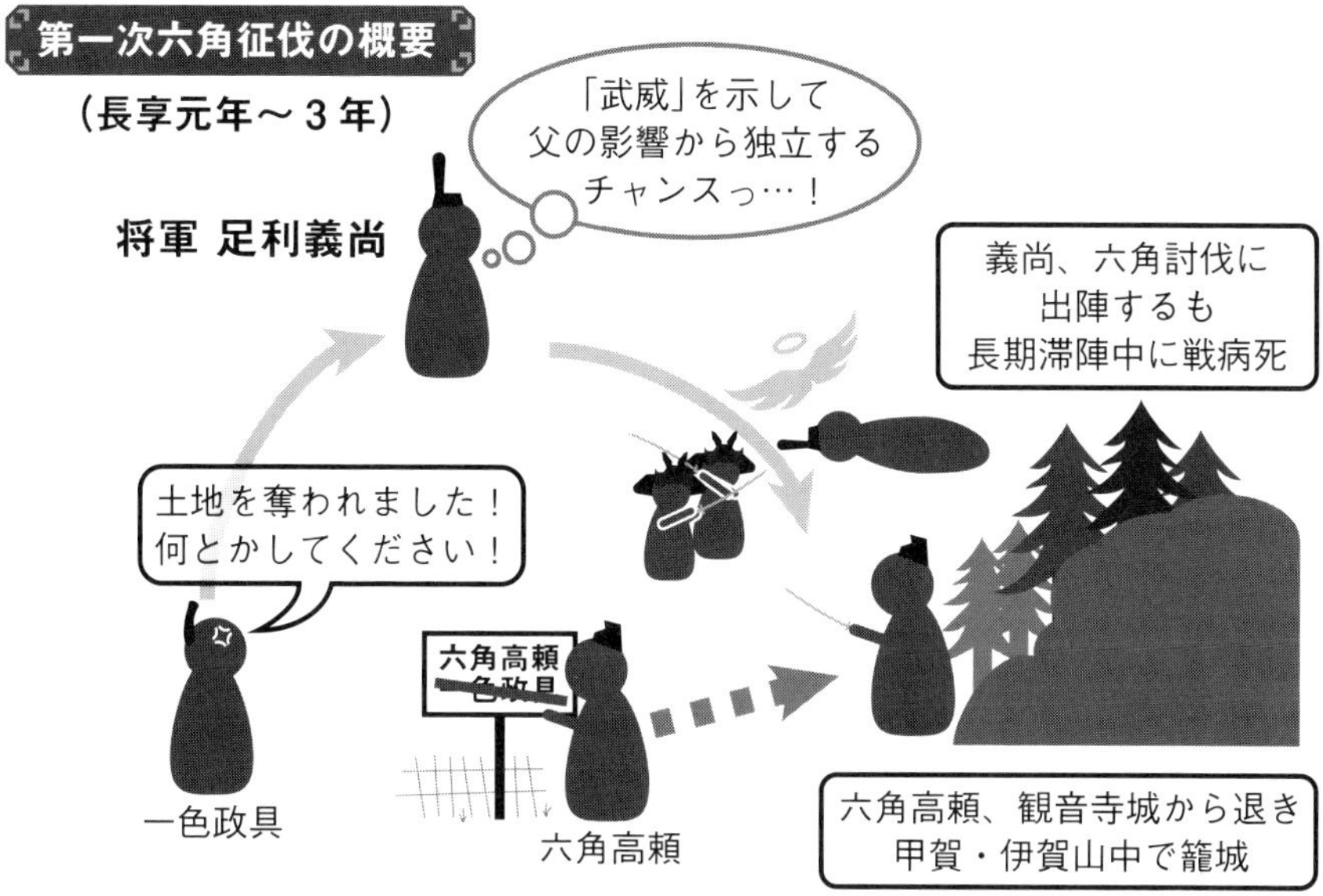
第一次六角征伐の概要
（長享元年〜３年）
将軍 足利義尚
「武威」を示して
父の影響から独立する
チャンスっ…！
義尚、六角討伐に
出陣するも
長期滞陣中に戦病死
土地を奪われました！
何とかしてください！
六角高頼
一色政具
一色政具
六角高頼
六角高頼、観音寺城から退き
甲賀・伊賀山中で籠城

さて、義尚率いる幕府の大軍を前に六角高頼は居城・観音寺《かんのんじ》城（滋賀県近江八幡市・東近江市）や金剛寺《こんごうじ》城（近江八幡市）を捨て、甲賀《こうか》（同甲賀市）・伊賀《いが》方面の山中に逃げ込んだ。高頼はここで籠城戦を展開することになる。一方、義尚は坂本から軍を進め、近江国鈎《まがり》（滋賀県栗東市）に陣を構えた。京都から奉行衆や女房衆も呼び寄せられ、ここで幕府・将軍としての政務がおこなわれることになった。鈎には多数の公家や武家が

足利義尚画像◆足利義政と日野富子の間の子。近江の陣中で若くして没した。文明17年（1485）には義政との確執に端を発するかたちで奉行人と奉公衆の間でもめ事が起こり、奉行人の布施英基殺害事件などが起きている　京都市・天龍寺蔵

訪問している。

六角高頼の反攻も長期に及ぶ。事態が硬直化し、従軍した諸将の間に厭戦気分も漂い始めるなか、不幸が襲う。鈎への滞陣中に病をこじらせ、義尚が長享三年三月二十六日に陣中で没してしまったのだ。

義尚の死後、政務は再び義政が執ることになるが、義政も闘病の末に翌延徳二年（一四九〇）正月七日に死去してしまう。ここで幕府の窮地を救ったのが義政の妻で義尚の母・日野富子だった。富子は後家《ごけ》として将軍家の家督代行をつとめ、細川政元らと協力して幕政を主導した。

だが、どうしても後継となる将軍が必要となる。義尚には男子がなかったため、義政の諸兄政知の子清晃《せいこう》（のちの義澄）と義政の弟義視の子義材《よしき》（のちの義稙《よしたね》。以下義稙）が候補であったが、富子は政元らと協議のうえ、義稙が第十代将軍となった。義稙は父義視の後見のもと政務を執ったが、義視が延徳三年正月に死去すると、経験の乏しい義稙では将軍権力が不安定なものになってしまう恐れが生じた。

そこで義稙は自らの「武威」を示すため、義尚にならって六角高頼征伐を決定し、同年八月に出陣した。このとき率いた軍勢は義尚のとき以上の人数だったとされる。従来、この時期の将軍権力は衰退を始めていたといわれてきたが、これほど多くの人々を動員できた点に近年、注目が集まっている。

園城寺《おんじょうじ》（大津市）を本陣とした義稙の軍勢は六角軍を追い詰め、高頼は再び甲賀の山中に逃げ込んで抵抗したが、義稙の大軍の前に為す術なく、伊勢に落ち延びたという。世間に「武威」を示した義稙は満足して兵を引き上げ、明応元年（一四九二）十二月、京都に凱旋を果たした。

義尚と義稙の六角氏征伐は、いずれも主たる目的は寺社本所領保護ではなく、本質はあくまで義満以来の代替わりの軍事的デモンストレーションだったと評価されている。だが、義持から義政と異なるのは、実際に自ら出陣したことだ。とはいえ義尚の試みは失敗し、逆に自信を深めた義稙はさらなる親征を企図し、この後窮地に陥ることになる。

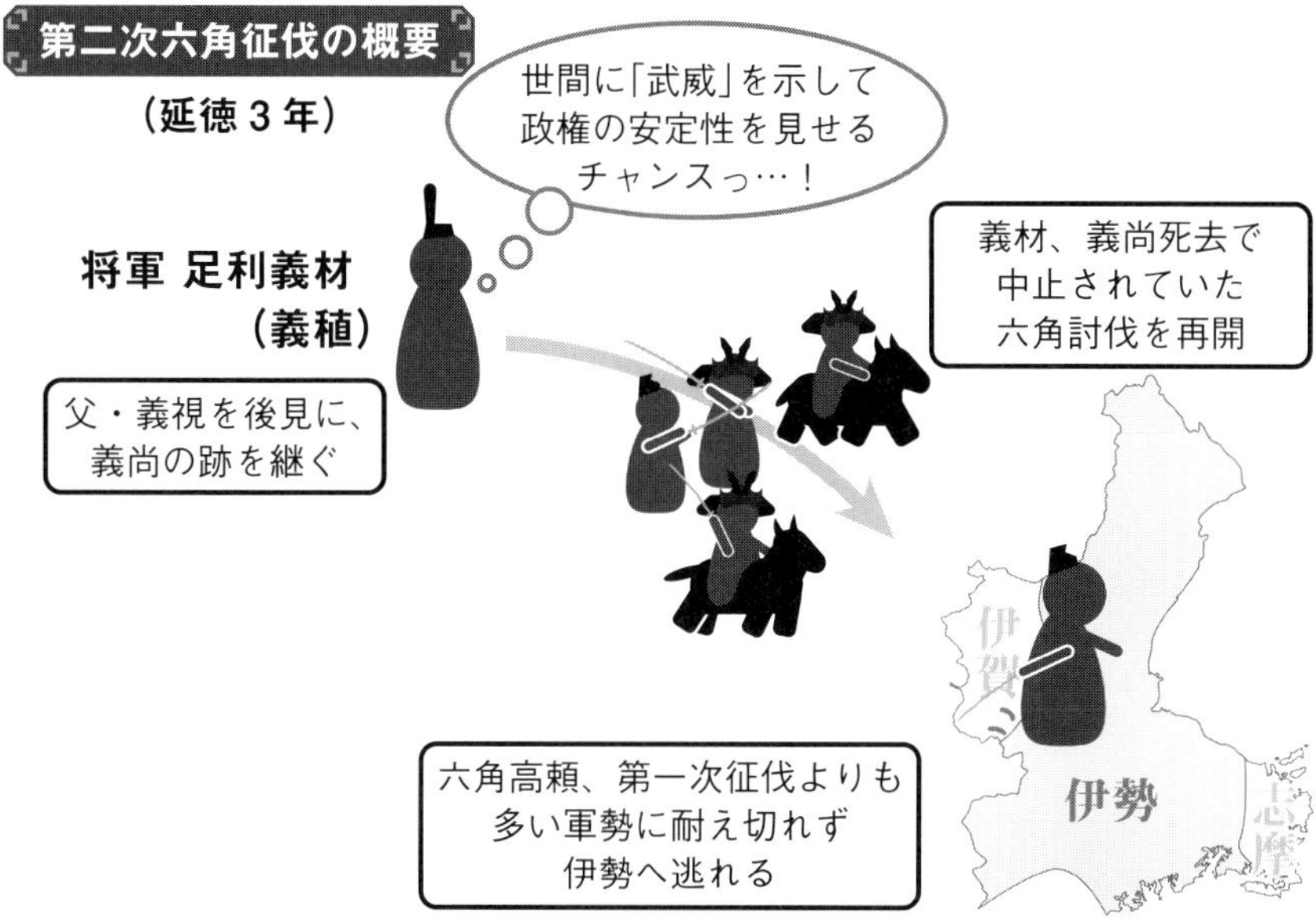
第二次六角征伐の概要
（延徳３年）
世間に「武威」を示して
政権の安定性を見せる
チャンスっ…！
将軍 足利義材
（義稙）
父・義視を後見に、
義尚の跡を継ぐ
義材、義尚死去で
中止されていた
六角討伐を再開
伊賀
伊勢
志摩
六角高頼、第一次征伐よりも
多い軍勢に耐え切れず
伊勢へ逃れる

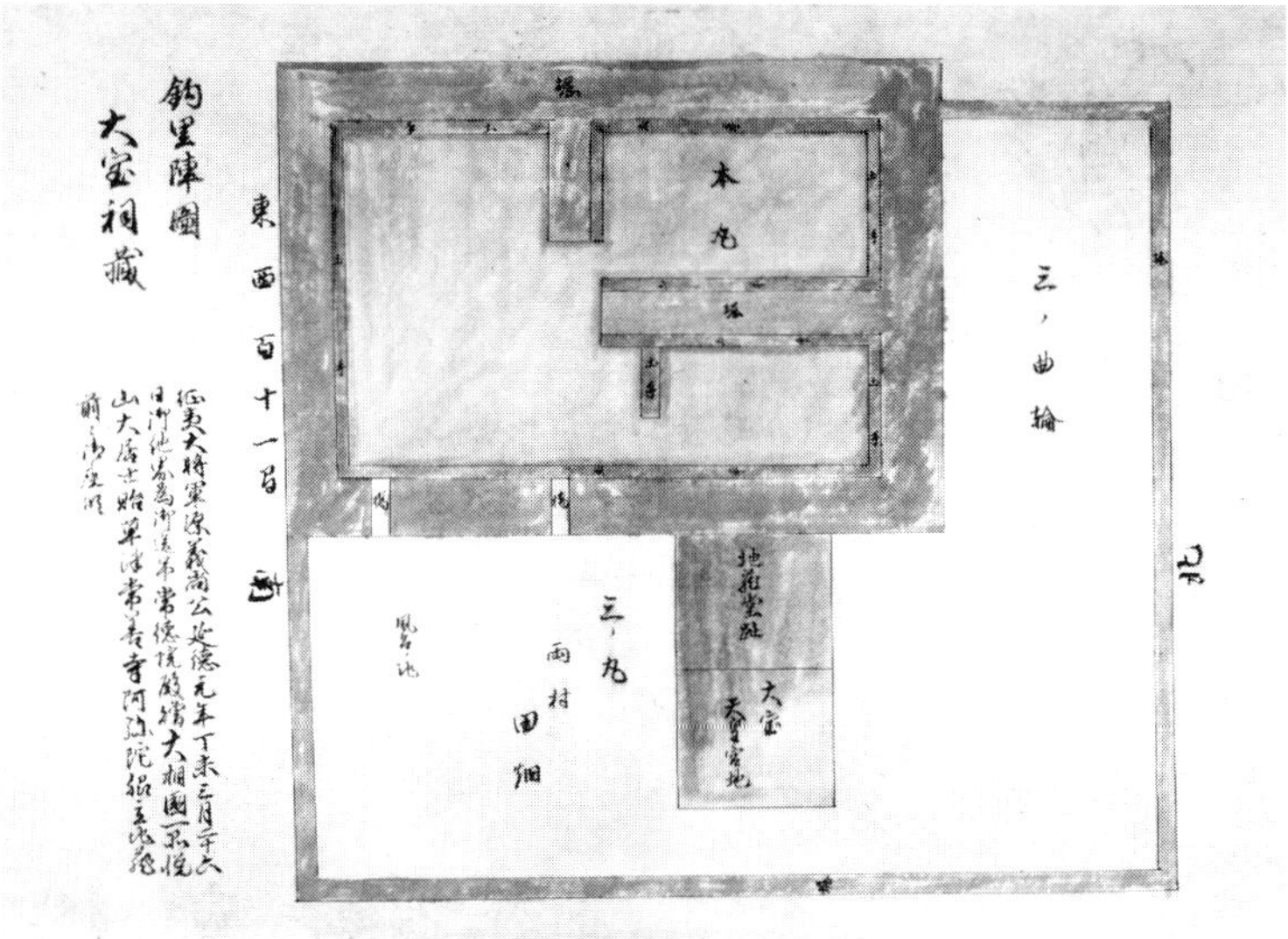
鈎里陣図
本丸
東西百十一間

鈎里陣図◆義尚ははじめ鈎の安養寺に陣を構えたが、のちに真宝の館に移った。本図は真宝の館を描いたものとされる　栗東歴史民俗博物館蔵

16 明応《めいおう》の政変《せいへん》――将軍家の分裂を招いたクーデター

明応二年（一四九三）二月、足利義稙は畠山基家《もといえ》討伐のために河内に出陣した。二十四日には正覚寺《しょうがくじ》（大阪市平野区）に入って本陣とし、基家が籠もる高屋《たかや》城（大阪府羽曳野市）を包囲する。

幕府軍の猛攻により、落城も間近と思われた四月二十二日、京都では恐ろしい事件が進行していた。幕府の重鎮細川政元が挙兵したのである。翌日には政元が派遣した軍勢により、義稙の弟・慈照院周嘉《じしょういんしゅうか》が殺害されるなど、京都が制圧された。政元は足利政知の子・清晃を擁立し、義稙を廃して新将軍に立てることを宣言。二十八日には清晃を還俗させて義遐《よしとお》（のちの義澄）と名乗らせ、十一代将軍に就任させた。

それでは、政元はなぜクーデターを起こしたのか。政元が朝廷に報告した発言などによると、義稙は政元に政務を任せると約束したにもかかわらず、政元の反対を押し切って六角氏征伐や畠山基家征伐を断行したことを恨みに思ったとのことだ。また、将軍位をめぐる争いがあり、背後では足利義政の御台所《みだいどころ》・日野富《とみ》子《こ》も動いていたとされる。

さて、政元謀反の報が届いた河内の陣中では、義稙のみならず、諸将はおしなべて動揺し、四月二十七日には諸将のほとんどが陣から離脱し、京都に引き上げて義遐のもとに参集した。クーデターについては、河内出陣以前にすでに諸大名の間で合意がなされていたともされるが、真相はわからない。

一方の義稙は、基家と対立する畠山政長以外の味方をほとんど失ってしまった。これを好機とみた政元は、閏四月七日に義稙・政長討伐の軍勢を派遣し、数度の戦闘のすえ、二十四日に総攻撃をかけて政長は自害。観念した義稙も投降し、身柄はやがて京都に送られる。

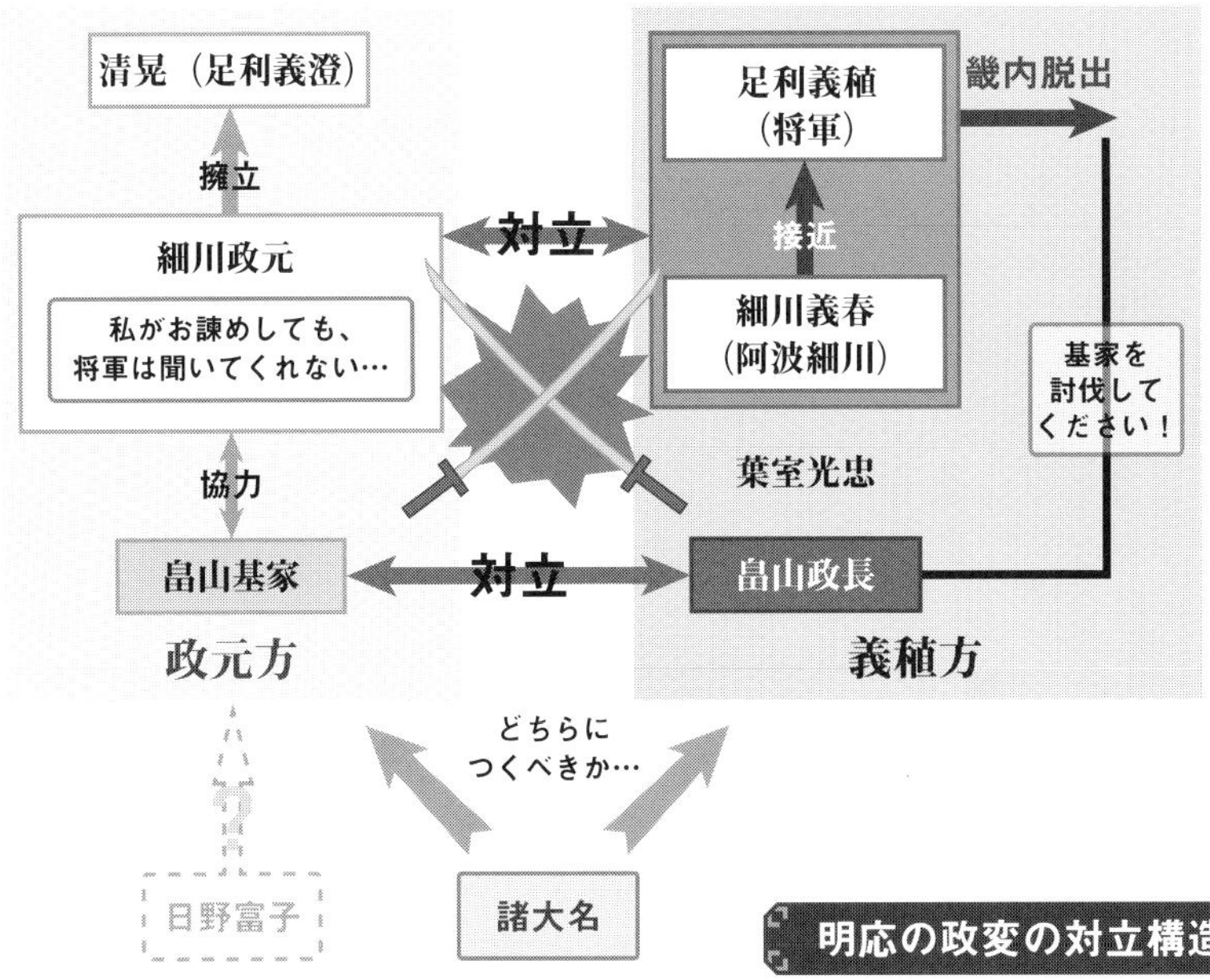

明応の政変の対立構造

政元は義稙を殺害できず、しばらく自身の被官・上《うえ》原元秀《はらもとひで》の屋敷に幽閉していたが、六月二十九日の夜、義稙は側近たちの手引きによって脱出する。

義稙はこののち、将軍職復帰の野心を捨てず、全国を流浪して機会をうかがう。以後、将軍家は義稙系統と義澄系統の二流に分裂し、各地で抗争が展開されることになる。

細川政元画像◆父勝元の死後、幼少で家督を継いだため、細川典厩家の政国の後見を受けた。長じると、明応の政変で将軍職をすげ替えるなど強権をふるった。最後は家臣の香西元長らに暗殺され、永正４年（1507）６月23日に死去した。修験道に傾倒し、妻帯しなかったため澄之・澄元・高国の３人の養子を迎え、死後に家督騒動を招いている　京都市・龍安寺蔵

17 船岡山《ふなおかやま》の戦《たたか》い──激突した「二つの将軍家」

明応二年（一四九三）、明応の政変で将軍の座から逐われた義稙は、幽閉先の上原元秀（細川政元の被官）の屋敷から脱出し、越中に落ち延びた。越中では、自害した畠山政長の重臣・神保長誠《じんぼながのぶ》の庇護の下、放生津《ほうじょうづ》城（富山県射水市）を居所とし、ここで京都（将軍）復帰に向け、諸大名・守護に対して積極的に働きかけをおこなっている。

新たに擁立された足利義澄と細川政元の仲も決して良好だったわけではなく、明応六年には義稙と政元の間で和睦に向けての動きがみられる。だが、このときは両者の思惑が一致せず、和睦は破談となった。

そこで、あらためて義稙は軍事力による上洛をめざし、翌七年九月には越前の朝倉貞景《あさくらさだかげ》のもとに移った。だが、貞景は上洛には乗り気ではなく、翌八年七月に義稙は上洛の兵を挙げたものの、少兵であったという。

義稙勢は近江まで進軍したものの、細川・六角ら幕府軍に大敗を喫し、比叡山→甲賀→河内を経て、周防の大内義興《おおうちよしおき》を頼って逃げ延びた。義稙は大内の本拠・山口《やまぐち》（山口市）から中国・九州の守護らに支援を要請するなど、再び上洛に向けて積極的な動きを見せるようになる。

一方、京都では義澄と政元の確執が浮き彫りなったが、両者の関係は破綻にまではいたらず、引き続き義澄は細川京兆家に支えられるかたちで政務をおこなった。だが、京兆家の家督騒動をきっかけに事態が大きく動いた。

政元には子がなかったため、澄之《すみゆき》・澄元《すみもと》・高国《たかくに》の三人を養子としていた。政元は摂関家《せっかんけ》の九条家《くじょうけ》から迎えた澄之を後継者として据えていたが、やがて阿波細川家出身の澄元を家督に据えたこともあり、澄之派 vs 澄元派で家中の分裂を招いてしまう。そのような状況の中で永正四年（一五〇七）六月二十三日、澄之派の香西元長《こうざいもとなが》の被官・竹田《たけだ》孫七《まごしち》によって政元は暗殺されてしまった。義澄は従兄弟である澄之を京兆家の家督と認めたが、細川一門は一族出身の澄元を支持した。細川高国・尚春《ひさはる》らが八月一日に澄之を襲撃し、自害に追い込んでいる。結局、義澄は澄元に家督を安堵するほかなかった。政元の死をきっかけに、畿内は政情不安に陥った。

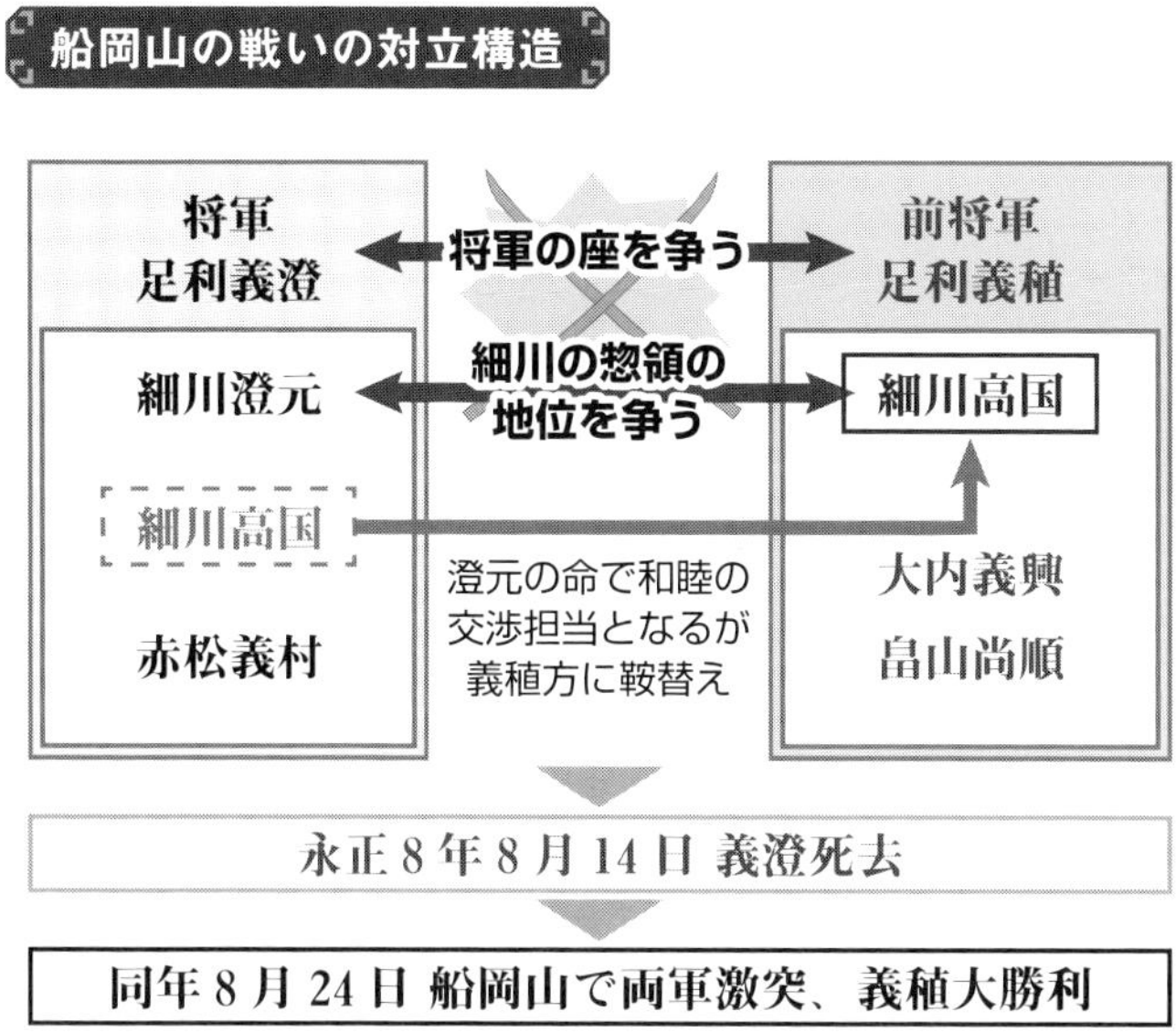

足利義澄木像◆堀越公方・足利政知の子。文明19年（1487）6月に伊豆から上洛して天龍寺香厳院を継承した。初名は義遐、のちに義高→義澄と改めている。石清水八幡宮に義稙らの死を願う願文を奉納したことでも知られている　京都市北区・等持院蔵

澄元の実家・阿波細川家はもともと義稙と関係が近く（義稙の正妻・清雲院《せいうんいん》の父が阿波細川氏の成之《しげゆき》）、澄元は義澄に義稙との和睦を進言している。また、義稙派だった畠山尚順《ひさのぶ》が両畠山氏の和睦決裂を機に義澄派に加わったものの、永正五年正月には再び義稙派に戻ってしまった。

これを好機とみた義稙は同年四月、大内義興らの支援を受けて上洛に向けて進軍を開始した。細川高国は澄元の命で義稙方との和睦交渉にあたったが、高国は義稙方に鞍替えし、これをうけて最初に澄元が、つづけて義澄が坂本に逃れた。

総勢二万騎ほどの義稙勢は瀬戸内沿岸を進んで同年四月二十四日に兵庫津（神戸市兵庫区）、同二十七日には堺（堺市堺区）に到着した。義稙陣営には細川高国と畠山尚順も加わり、高国が京兆家の家督として認められた。義稙は六月八日に上洛し、七月一日に将軍に復帰した。史上、後にも先にもない、二度目の将軍就任である。

だが、義澄方も黙ってはいない。十月十六日には義澄の刺客が義稙を襲撃している。これに対し、翌四年正月・二月と近江にいた義澄方へ攻勢をかけたが、細川高国の戦下手もあり大敗してしまう。

義澄・澄元らは永正八年に大規模な反攻をみせる。播磨の赤松氏と連携して和泉の高国勢を破ると、劣勢となった義稙は八月、高国の領国である丹波に避難した。京都には細川政賢《まさかた》ら澄元派の軍勢が入ったが、義澄と澄元は入京していない。八月十四日に義澄が死去したためである。

丹波に落ち延びた義稙方であったが、態勢を立て直して上洛に向け出陣し、高雄《たかお》（京都市右京区）に布陣。一方の義澄・澄元方は船岡山《ふなおかやま》（同北区）に布陣した。両軍は八月二十四日に激突、義澄・澄元方が大敗・潰走し、義稙は京都に凱旋を果たした。

一連の戦いを通して、将軍家が二つに分かれたこともあり、各陣営の優勢・劣勢はそれぞれを支える大名・守護の軍事力に左右されることが浮き彫りになった。以後、将軍は誰に支えてもらうかがより重要な問題となっていく。

足利義稙木像◆義視の子で初名は義材、のちに義尹→義稙と改めている。史上唯一、２度将軍に就任したことで知られる。追放、諸国流浪、暗殺未遂と波瀾万丈な生涯を送り、阿波国で没した。墓は西光寺（徳島県阿南市）にある　京都市・等持院蔵

細川氏略系図

※『戦国武将列伝８畿内編』掲載図をもとに作成

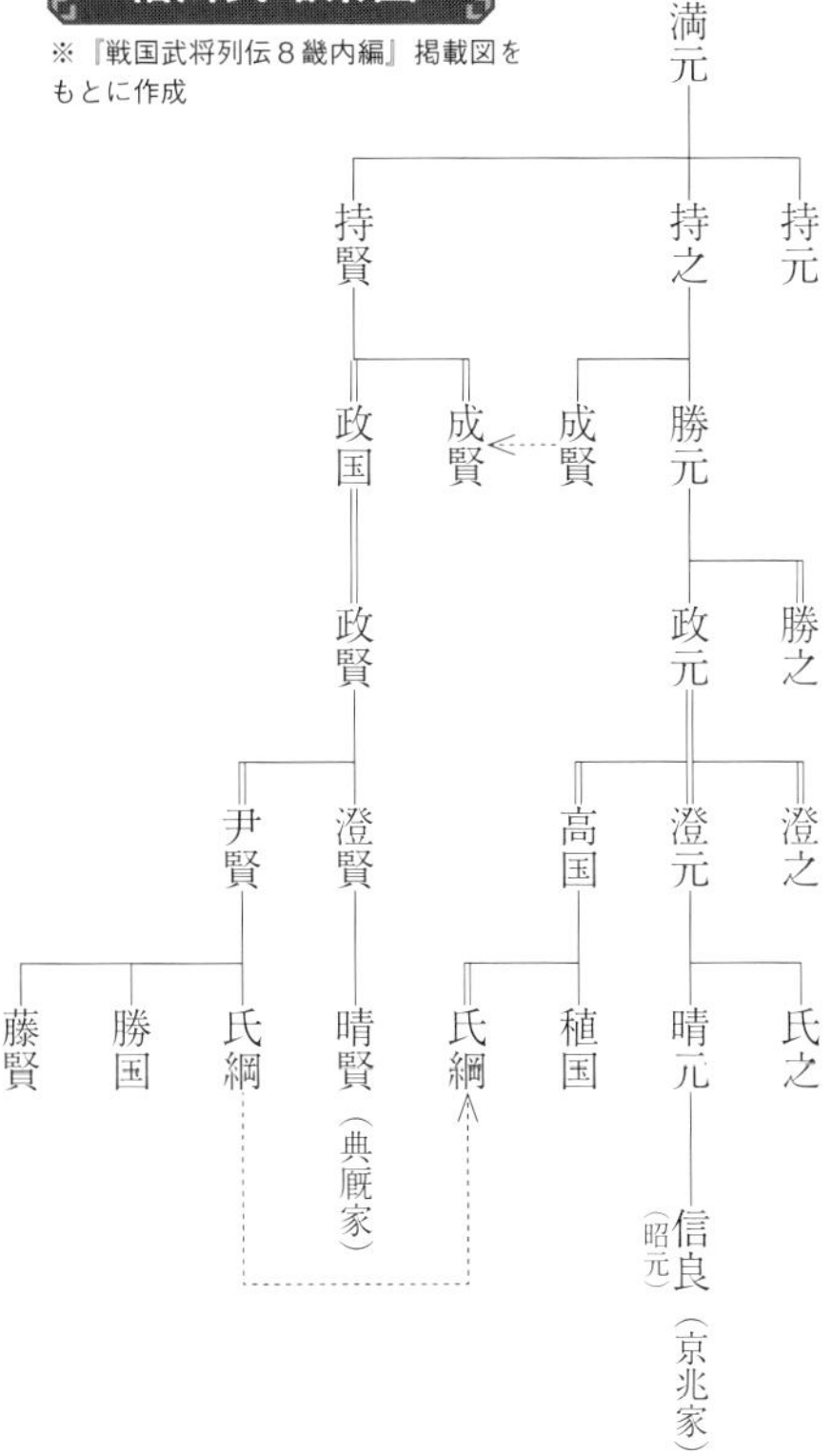

大内義興画像◆大内政弘の子。「義」の字は足利義尚から与えられた。義稙を支えて上洛すると、「管領代」に任じられるなど義稙政権で重きをなした。同じく義稙を支える細川高国とは、遣明船の派遣等をめぐって対立している　山口県立山口博物館蔵

18 桂川《かつらがわ》の戦《たたか》い——義晴が惨敗し「堺公方」が誕生

将軍復帰後の足利義稙を支えたのは、大内義興・細川高国・畠山尚順・同義元《よしもと》らであった。しかし、義元が永正十年（一五一三）に能登に帰国後死去、義興も同十五年八月に山口に帰国したことにより、政治的バランスが崩れてしまう。また、尚順も同族の畠山義英《よしひで》との戦いに明け暮れており、実質的に頼りになるのは高国のみという状況になった。

すると、細川澄元が永正十六年十一月に阿波で兵を揚げ、摂津国兵庫へ進出。高国が義稙の命で迎撃するも敗北を喫する。ここで義稙は高国を見限り、澄元との連携を選択した。高国は坂本に逃れ、代わって澄元が翌十七年五月に京兆家の家督として認められた。だが、高国もこの月反撃を開始し京都に進軍。澄元勢を蹴散らすと、澄元が六月十日に没する事態となった。これをうけて義稙は高国と和睦するも、永正十八年三月七日に突如出奔。堺を経て淡路、そして阿波へと移り再起を図るも、二度と京都に戻ることはなかった。

義稙との和睦・連携を諦めた高国が新たな将軍家家督として擁立したのが、義澄の子で播磨の赤松義村《よしむら》のもとで養育されていた義晴《よしはる》である。義晴は永正十八年十二月に将軍に就任し、政権は暫時の安定期を迎えた。

ところが大永六年（一五二六）七月、京兆家の内紛をきっかけに事態は急変する。高国は細川尹賢《ただかた》の讒言《ざんげん》を信じて重臣の香西元盛《もともり》を自害に追い込んだところ、元盛の兄弟・波多野《はたの》元清《もときよ》と柳本賢治《やなぎもとかたはる》がこれに激怒し、丹波で反乱を起こした。元清らは細川澄元の子晴元《はるもと》を擁する三好元長《みよしもとなが》と結び、義澄の子で元長らのもとにいた義維《よしつな》を将軍家の家督、晴元を京兆家の家督とした。

にわかに畿内情勢が不穏となるなか、両軍は大永七年二月十三日、京都南西部の桂川《かつらがわ》周辺で激突した。

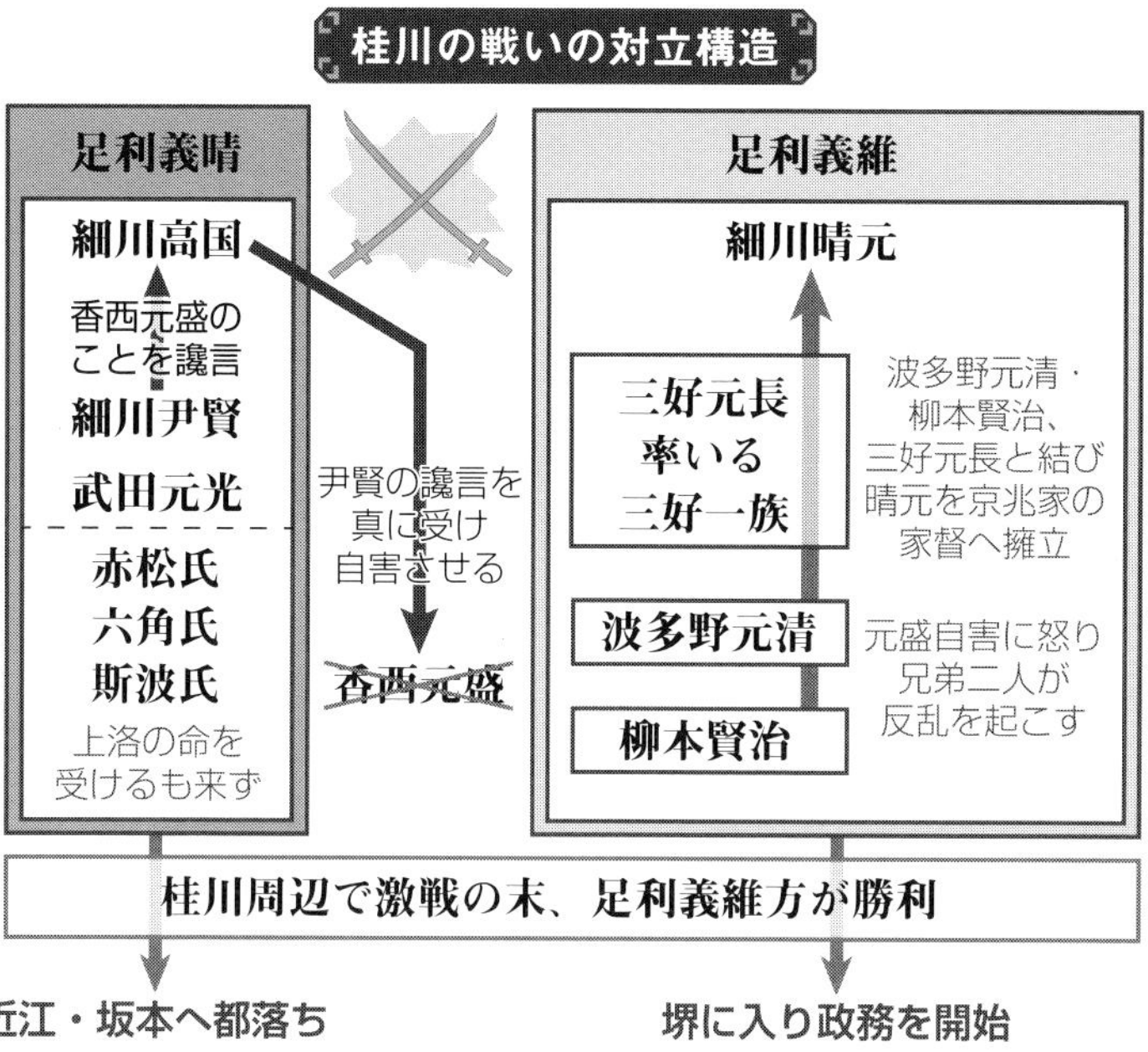
桂川の戦いの対立構造
足利義晴
細川高国
香西元盛のことを讒言
細川尹賢
武田元光
赤松氏
六角氏
斯波氏
上洛の命を受けるも来ず
尹賢の讒言を真に受け自害させる
香西元盛
足利義維
細川晴元
三好元長率いる三好一族
波多野元清
柳本賢治
波多野元清・柳本賢治、三好元長と結び晴元を京兆家の家督へ擁立
元盛自害に怒り兄弟二人が反乱を起こす
桂川周辺で激戦の末、足利義維方が勝利
近江・坂本へ都落ち
堺に入り政務を開始

幕府軍の主力は細川高国と武田元光《たけだもとみつ》、奉公衆らであり、六角・赤松・斯波氏らにも上洛するよう命じたものの、彼らは結局上洛しなかった。

激戦のすえ、幕府軍は大敗を喫した。義晴も直々に出馬し初陣であったが、三好長家《ながいえ》に本陣まで攻め込まれている。また、武田元光勢は多数の死傷者を出し、高国の従兄弟で昵近公家衆の日野内光《うちみつ》も討ち死にしている。惨敗といってもよいだろう。

桂川の敗戦で義晴は京都にとどまることができず、近江に落ち延びた。一方、足利義維と細川晴元は堺に入り、ここで政務を開始し、義維は「堺公方」などと呼ばれている。「二つの将軍家」の争いは以後、義晴の子義輝《よしてる》の時代にも持ち越された。将軍の存在に重きをおかない三好長慶《ながよし》の台頭とも相まって、各地では泥沼の争いが繰り広げられ、義晴・義輝は京都から逐われ近江国朽木（滋賀県高島市）に没落する事態も起きている。将軍といえどもはや安定的に京都に居られる時代ではなくなっていた。

19 永禄《えいろく》の変《へん》――将軍義輝殺害は必然か、偶然か

永禄八年（一五六五）五月十九日、将軍義輝の御所を三好義継《よしつぐ》や三好三人衆（三好長逸《ながやす》・三好宗渭《そうい》・石成友通《いわなりともみち》）、松永久通《まつながひさみち》らの軍勢が包囲した。

義継らは側近の排除など義輝へ訴えたいことがあり、御所を囲んだのだが（「御所巻き」）、やがて戦闘に発展しまう。義輝方も激しく応戦したが、御所内に詰めていた奉公衆らのほとんどが討ち取られてしまい、義輝も自ら剣を振るって防戦したともいわれるが、衆寡敵せず、討ち死にした。義輝の母・慶寿院《けいじゅいん》もこのとき自害しているが、御台所の近衛氏のみは助命されている。これには公家筆頭の近衛家や朝廷からの反発が考慮されたともされる。

さて、義輝の殺害は初めから予定されていたのか。それとも偶然の産物であったのか。諸説あるが、真相は不明である。古くから松永久秀《ひさひで》が首謀者だったといわれてきたが、このとき久秀は大和国にいて不在であったことから現在では否定されている。なお、三好・松永側には、義稙系と義澄系に分かれてしまった足利将軍家の分裂を解消する意図があったともされている。

いずれにしても、細川氏の被官から急速に台頭し畿内の実権を握った三好氏と将軍家との間で、さまざまな矛盾や軋轢《あつれき》が生じていたことはまちがいない。これ以前にも、天文末年から将軍家と三好氏の間ではたびたび衝突が生じ、一触即発の状態となっていた。永禄元年には両者の間で和睦が成立し、しばらくは協調関係がつづいたが、三好長慶《ながよし》や義興《よしおき》、細川晴元《はるもと》といったキーパーソンが相次いで死去してしまう。また、将軍側近の代替わりも進んだ。代替わりにより両者のバランスが崩れてしまったことが、事件の大きな要因だったのだろう。

事件後、義輝の弟・鹿苑院周暠《ろくおんいんしゅうこう》が殺害された。また、興福寺一乗院《いちじょういん》に入っていた覚慶《かくけい》（のちの足利義昭《よしあき》）も幽閉されてしまうが、一色藤長《ふじなが》や細川藤孝《ふじたか》らの手引きで脱出し、近江国甲賀や矢島《やじま》（滋賀県守山市）を経て越前国の朝倉《あさくら》氏のもとに落ちて行った。

一方の三好方は、足利義稙の流れをひく義維の子・義栄《よしひで》を擁立し、永禄十一年に将軍に就任させている。ここにいたっても、明応の政変で生じた将軍家の分裂状況は解消されなかったのである。

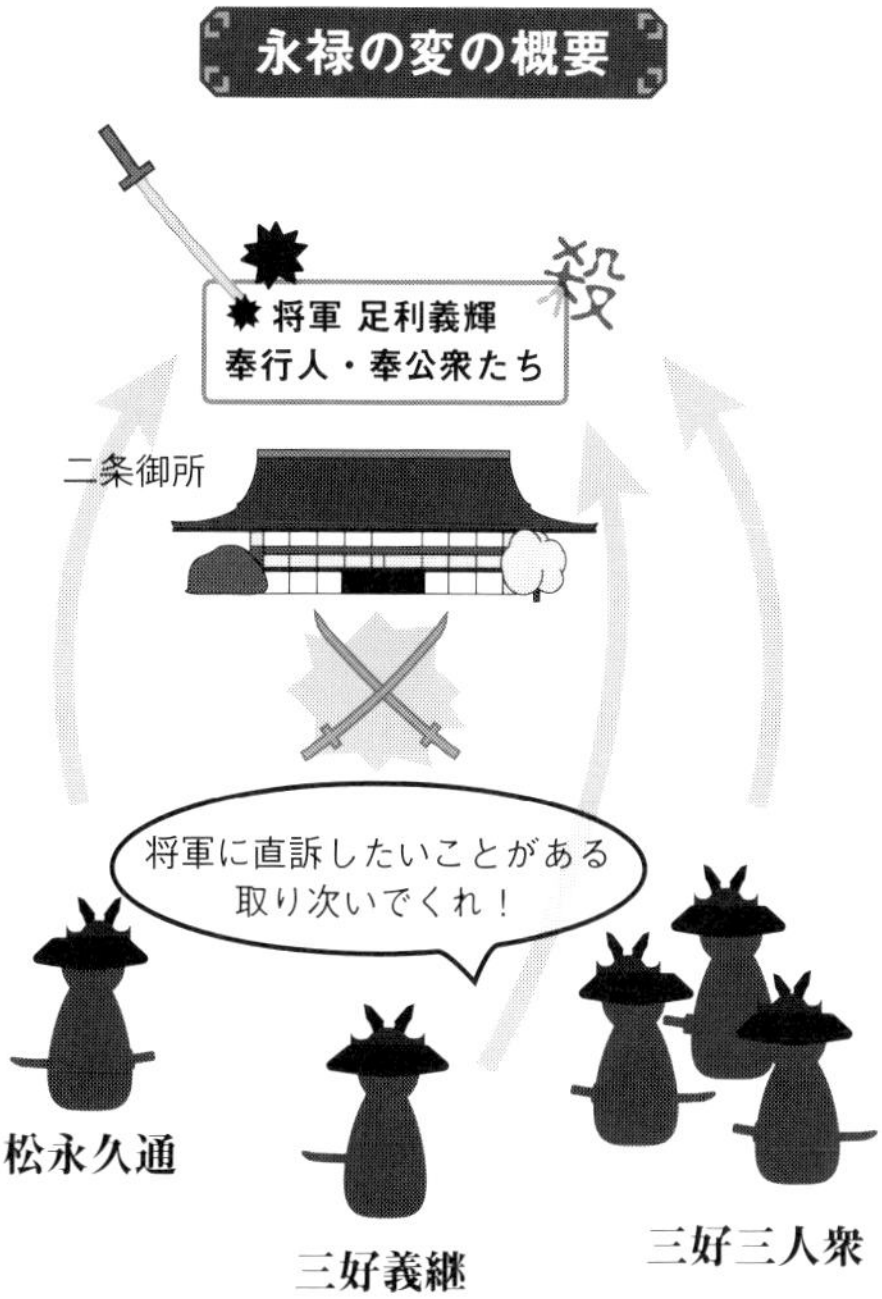

三好義継画像◆三好一族の十河一存の子で、三好長慶の子義興が早世すると、跡継ぎとして迎えられた。長慶の死後、三好三人衆の後見の下、三好家の家督を継いだ。義輝の肖像画と同じく土佐光吉の筆　京都市立芸術大学芸術資料館蔵

足利義輝画像◆足利義晴の子で、13代将軍。初名は義藤。宣教師ルイス・フロイスは「武勇にすぐれ、勇気のある人」と評している。本画は土佐光吉の筆である　京都市立芸術大学芸術資料館蔵

20

本国寺《ほんこくじ》の変《へん》——義昭危機一髪

永禄の変で難を逃れた足利義昭は、対立する三好三人衆らの妨害もあってしばらく京都に入れなかった。だが数年間の流浪のすえ、織田信長《おだのぶなが》に奉じられて永禄十一年（一五六八）秋に進軍。三好三人衆らを蹴散らして摂津国芥川《あくたがわ》城（大阪府高槻市）に入ったあと、同年十月十四日に京都に入り、本国寺を御座所とした。本国寺はそれまでも将軍の陣所として使用された縁の寺院である。

義昭は、十月十八日に第十五代将軍に就任する。義昭の将軍就任を見届けた信長は、畿内に平穏が訪れたと判断し、二十六日に本拠の岐阜へ帰国した。十二月末には三好三人衆と対立する松永久秀も岐阜の信長のもとへ向かった。

対する三好三人衆もこの隙を見逃さない。義昭を守る軍事力が手薄になったことを知ると、翌年早々京都に進軍し、東福寺《とうふくじ》あたりに布陣。義昭方の勝軍《しょうぐん》城等を放火したうえで、正月五日に義昭がいる本国寺を五千とも一万ともされる大軍をもって急襲した。

守る義昭勢は奉公衆ら将軍直属軍（明智光秀《あけちみつひで》・細川藤《ふじ》孝《たか》ら）と在京していた織田勢が中心で二千ほどとされており、数の不利は否めない。だが、義昭勢は奮戦し、三好三人衆勢を追い返した。このとき、義昭みずからも防戦に立ち回ったとされ、一歩間違えば義昭はここで討ち死にもしくは自害していた可能性すらあったのだ。

「御所巻き」（訴訟）ともされる永禄の変とは異なり、このときは明確に義昭殺害の意思をもって襲撃がなされたと考えられている。義昭方としては、この時点で将軍として擁立できる人物は義昭のみしかおらず、義昭の生命を死守することは最重要課題であった。

永禄の変では義輝が戦闘のうえ死去している。義輝

本国寺の変の概要

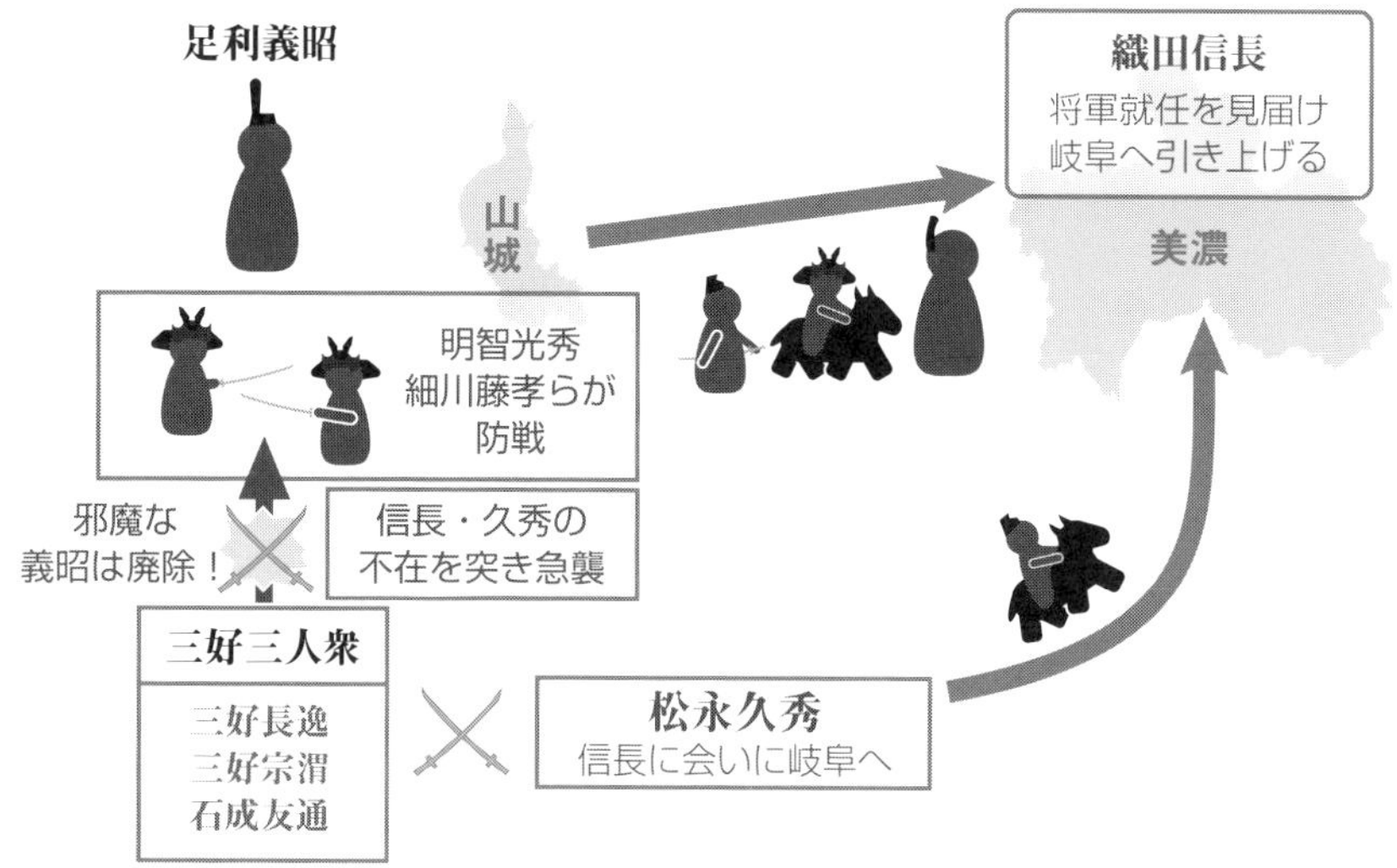

足利義昭画像◆足利義晴の子で、15代将軍。一乗院門跡に入り、覚慶と名乗っていたが、兄義輝が殺害されると奈良から脱出し、還俗した。織田信長の援助もあり幕府を再興したが、やがて信長と対立するようになり、元亀4年（1573）に京都から追放されて幕府は滅亡した　東京国立博物館蔵　Image：TNM Archives

はそれ以前にもたびたび籠城し三好氏等と交戦するなど、将軍といえども日常的に戦乱に晒され、いつ死んでもおかしくないという状況が現出していた（巻末の年表を参照）。敵対勢力による義昭襲撃を憂慮した信長は、防御力に長けた将軍御所の必要性を痛感し、このあと急ピッチで二条御所の造営を開始する。

21 元亀争乱《げんきそうらん》――室町幕府滅亡へのみち

織田信長に擁立され、京都に入って幕府を再興した足利義昭は、当初こそ信長と蜜月関係を築いていたが、やがて政治路線をめぐる対立から、両者の関係は徐々に悪化していく。

両者の対立が決定的となったのは、元亀三年（一五七二）九月に信長が義昭に対して、政務を否定するかのような十七ヶ条に及ぶ意見書を提出したことをきっかけとする。

またこの年十月、武田信玄《しんげん》が徳川家康《とくがわいえやす》を標的に出陣し、それまで武田氏と同盟関係にあった信長は、信玄と断交し家康を救うため援軍を派遣した。十二月には遠江国三方原《みかたがはら》（浜松市北区周辺）で家康を撃破した信玄は破竹の勢いで東上し、信長は信玄対策に追われることになる。

この事態に、義昭は信玄をはじめ朝倉義景《よしかげ》・浅井《あざい》長政《ながまさ》らに御内書を送り、元亀四年二月ついに挙兵した。反信長派が活気づくなか、義昭は特に朝倉氏に期待していたようで、たびたび出兵・上洛を促すも、朝倉氏は大雪を理由に動こうとしなかった。

計算が狂った義昭だが、三月六日には三好義継や松永久秀を赦免し同盟を結ぶ。勝機ありとして翌七日に信長と断交し、数千の兵とともに二条御所に立て籠もり、徹底抗戦のかまえをみせる。ここで、信長が義昭に和議《わぎ》を持ちかけたが、義昭は拒否。そこで信長は、上京《かみぎょう》を焼き討ちするなどさらに圧力をかけ、四月五日に正親町《おおぎまち》天皇からの斡旋もうけて和睦が実現した。

四月十二日には武田信玄も病没し、事態はようやく落ち着いたかとみえたが、七月二日に義昭は和睦を破棄して京都を出奔。槇島城《まきしま》（京都府宇治市）に入って挙兵する。信長もさすがに呆れただろうが、大軍で槇島

元亀争乱の対立構造

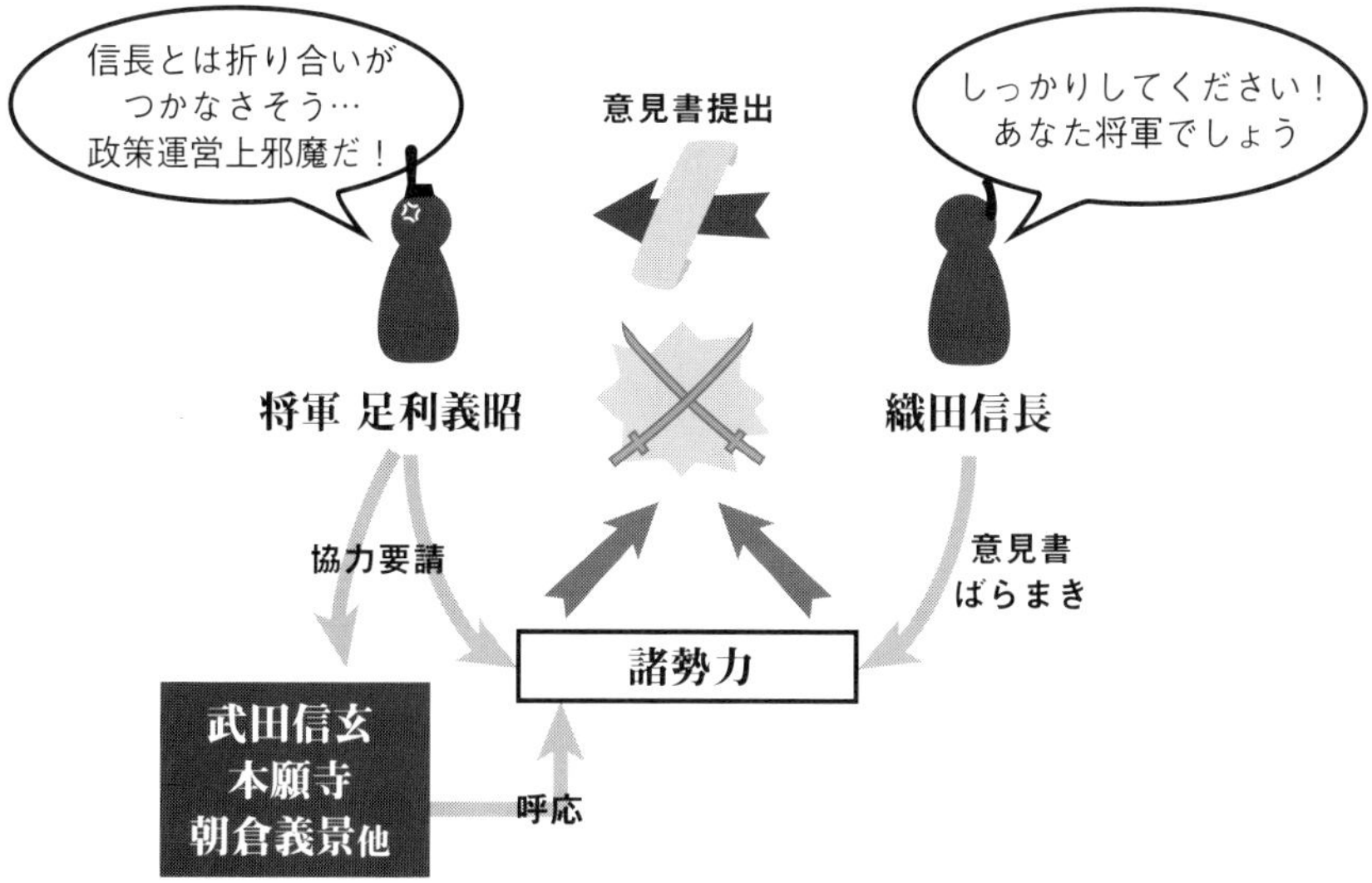

城を囲み、七月十八日に降伏させた。

ここで、信長は完全に義昭を見限る。義昭の子・義《ぎ》尋《じん》をいずれ将軍家の後継者にすることを約束して、義昭を京都から追放したのである。こののちも義昭は将軍職を手放さず、豊臣秀吉《とよとみのひでよし》に臣従する天正《てんしょう》十六年（一五八八）に辞任するまで、名目上は将軍でありつづけたが、義昭が京都から追放された元亀四年七月に、室町幕府は実質的に滅亡を迎えたのである。

織田信長画像◆足利義昭を将軍に就け、義昭より「天下」の政務を委任されるも、義昭と対立し京都から追放した。政策等の革新性が強調されてきたが、近年、その評価の見直しが進められている　愛知県豊田市・長興寺蔵　画像提供：豊田市郷土資料館

コラム

〝地方幕府〟――「幕府」とはなにか

南北朝合一後、幕府の支配が比較的安定した結果、第四代義持以降、しばらくは将軍が直接戦陣に赴くことはなかった。

しかし、応仁・文明の乱以降、衰退傾向にあった将軍の「武威」をアピールするため義尚や義稙が代替わりにともなう出兵をおこなったり、「二つの将軍家」の並立により両者が争うようになると、否が応にも戦乱に巻き込まれるようになった。

その際、出兵や政争の過程で将軍（含む将軍経験者・将軍就任候補者。以下、便宜的に「将軍」と表記）が京都から離れ、地方に長期滞在するケースが増えてくる。本編でみたように、鈎（足利義尚。滋賀県栗東市）・放生津（足利義稙。富山県射水市）・朽木（足利義晴・義輝。滋賀県高島市）・堺（足利義維。堺市堺区）・鞆の浦（足利義昭。広島県福山市）などが代表的な地といえるだろう。

そこではもちろん「将軍」がひとりで滞在しているわけではなく、奉行人や奉公衆、女房衆・同朋衆《どうぼうしゅう》等も多数伴っていた。また、滞在地において各所から持ち込まれた訴訟の裁許や、文書の発給をおこなっている。そのため、人的基盤としても政務の実態としても、地方に滞在した「将軍」を中心とする政治権力を「幕府」と捉え、それぞれの地名をとって「鈎幕府」「放生津幕府」「堺幕府」「鞆幕府」などと称されることがある。現職の将軍とそれ以外の人物で意味は変わってくるが、これを本書では便宜的に〝地方幕府〟と表記する。

では、結局のところ「幕府」とはどのようなものなのだろうか。本来の意味は「近衛大将の居館」といったところだが、ここで問題となる「幕府」とは歴史学上の概念用語である。そのため、研究者によってさまざまな定義付けがなされており、定説をみていない。

室町幕府の場合、将軍が京都にいて京都や天皇・朝廷の治安維持を担うことが重要視されている。だが〝地方幕府〟はその名のとおり地方に拠点を構えている。また、現職の将軍であるかにかかわらず、神保氏や朽木氏、毛利氏など地方の武家の庇護を受けている。つまりはほとんどが〝亡命政権〟なのである。〝地方幕府〟の問題は、それが「幕府」と呼べるのかということに加えて、そもそも「幕府」とは何かを考えるうえで避けては通れないものである。

そういう意味では、先に触れたように「室町幕府」自体が概念用語であり、中世後期に「室町幕府」という名の組織・権力体が存在していたわけではないことには、注意が必要である。

「室町幕府」の名称は、足利義満の邸宅花の御所が

足利義材（義稙）銅像◆放生津城跡のすぐ近く、放生津川にかかる放生津橋の欄干に建てられている　富山県射水市

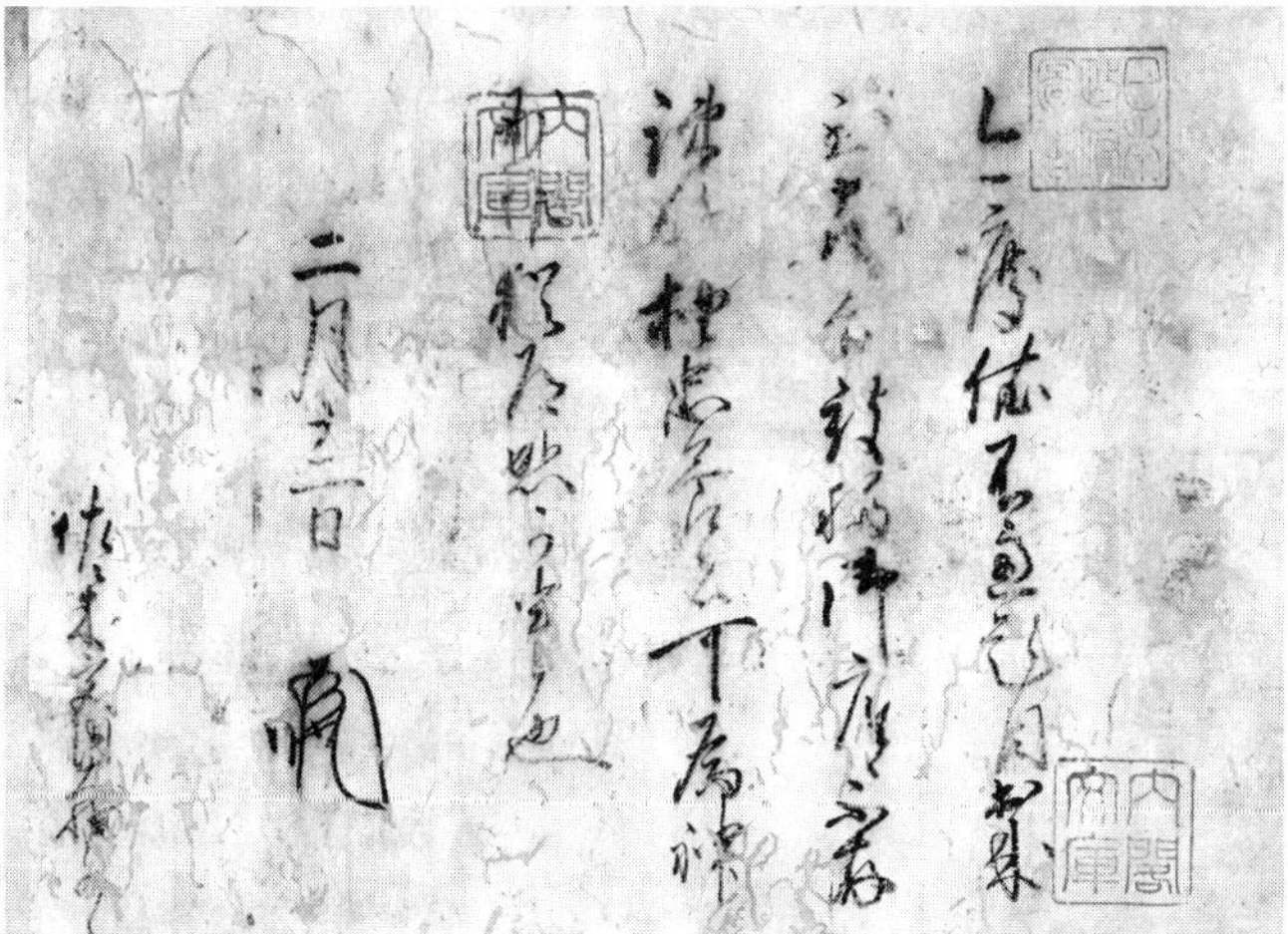

足利義藤（義輝）御内書◆朽木晴綱に対し、朽木谷に移ることを伝えるとともに、自身への忠節に励むよう命じている。晴綱は義輝の父義晴も朽木の地に匿っている。京都を逐われた「将軍」にとって、自身を庇護してくる勢力は必須であった　「朽木家古文書」　国立公文書館蔵

旧秀隣寺庭園◆享禄元年（1528）９月に足利義晴は朽木稙綱を頼って朽木の地に移り、岩神館を御所とした。本庭園は館内に作られたもので、細川高国による作庭ともされる。この時期の武家の庭園事例としても貴重　滋賀県高島市・興聖寺

京都の室町にあったことに由来する（「室町殿」の名称も）。将軍・室町殿の御所はその時々の状況により頻繁に移ることに加え、尊氏・義詮時代にはそもそも室町に御所はなかった。そのため「室町幕府」ではなく「足利幕府」とされることもある。

同様に「室町時代」という時代呼称も（「室町幕府」が存在した「南北朝時代」や「戦国時代」も）当然、

概念用語である。よって、足利将軍中心の秩序が列島の中で共有される時代を「足利時代」と呼ぶことも検討すべきとして提唱されてもいる。やはり「室町幕府」は自明のものでないのだ。

本書は「室町幕府」の実態・歴史を解説したものだが、「室町幕府」の概念規定はしていない。本書で解説したさまざまな項目をとおして、「室町幕府」とは何か、「幕府」とは何かを（鎌倉幕府・江戸幕府との対比も含めて）考えるきっかけ・素材としていただけたらと考えている。

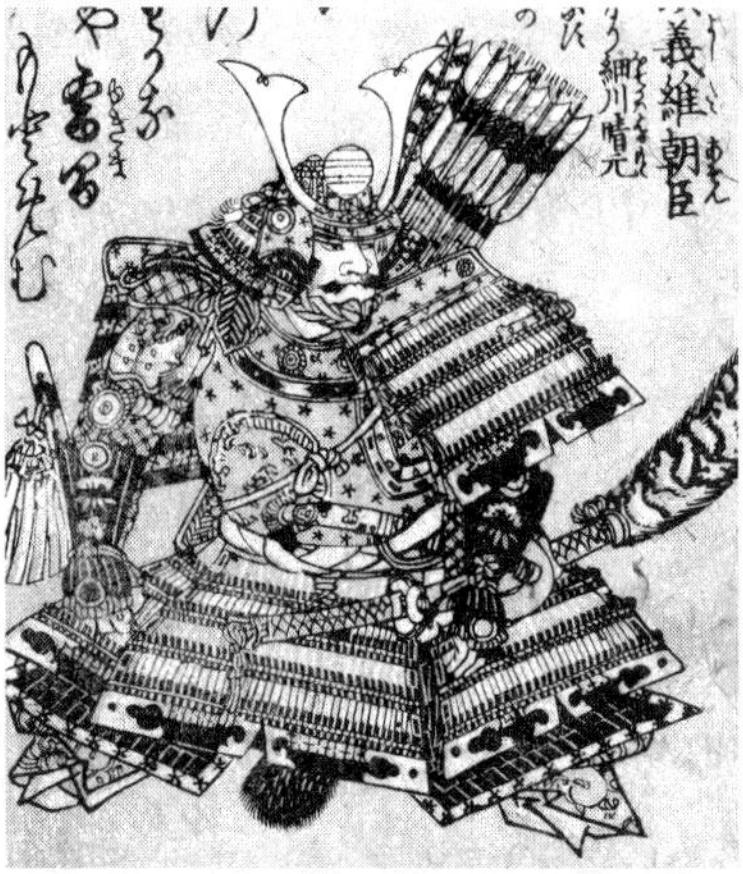

足利義維画像◆足利義澄の子。12代将軍義晴とは異母兄弟で、どちらが嫡男だったかは不明である。義稙の後継者として擁立され、義晴らと抗争。自身は将軍になれなかったが、子の義栄が14代将軍となった　「英雄三十六歌仙」　当社蔵

室町幕府略年表

編集部 編

西暦	年号（北朝／南朝）	将軍	事項
一三三三	元弘三		五月、足利尊氏の活躍もあり、鎌倉幕府が滅亡する。
一三三五	建武二		七月、中先代の乱が起こり、足利直義らが苦戦する（→第３部「幕府開創戦」）。 この後、尊氏が後醍醐天皇の許可なく救援に向かう。 十一月、後醍醐天皇が尊氏・直義討伐令を下し、新田義貞らによる軍勢を派遣する。 十二月十一日、尊氏が箱根・竹ノ下で後醍醐方の新田義貞軍を破り、建武政権から離脱する。
一三三六	建武三／延元元		五月、尊氏軍が摂津で南朝方の楠木正成・新田義貞軍を破る（湊川の戦い）。 六月、尊氏、光厳上皇を奉じて入京する。 後醍醐天皇、比叡山に移る。 八月十五日、光厳上皇の弟・豊仁親王が践祚する（光明天皇）。 十一月七日、建武式目が示される（→第２部「建武式目」）。 十二月、後醍醐天皇が京都花山院を脱出し、その後吉野で南朝を樹立する（＝南北朝の争乱へ）。
一三三八	建武五（暦応元）／延元三	尊氏	八月、尊氏、光明天皇から征夷大将軍に任じられる（幕府開創）。 この頃、後醍醐天皇が懐良親王（後醍醐天皇皇子）を征西大将軍とし、九州へ赴任させる（瀬戸内に滞在し、数年後に九州入り）。
一三四一	暦応四／興国二		この年、天龍寺船が元に派遣される（尊氏による後醍醐天皇追悼事業・天龍寺造営費用の捻出のため）。 この年の冬、尊氏の命を受けた高師冬らが関東を平定する。
一三四九	貞和五／正平四		閏六月、尊氏、直義の訴えにより高師直の執事職を解任。 八月二十四日、高師直が直義を襲撃し、直義が逃げた先の尊氏屋敷も包囲する。 直義が失脚し、鎌倉にいた義詮が中央政務に参加する。 九月、備後で反幕行動を展開していた直冬（直義養子）、尊氏方に敗北し九州に逃れる。 この年、尊氏が子の基氏（義詮の弟）を鎌倉へ下向させる（＝鎌倉公方初代）。
一三五〇	貞和六（観応元）／正平五		六月、尊氏が直冬討伐のため九州に向けて出発する。 尊氏軍の高師泰勢、石見で直冬勢に敗北する。 十月、直義派が直冬の動きに呼応し、畿内・関東の師直派を攻撃する。 尊氏の子義詮が京都から逃れる（→第３部「観応の擾乱」）。

一三五一	観応二／正平六		二月、尊氏・直義が和睦、師直・師泰兄弟が直義派に殺害される。七月から八月にかけて、尊氏・直義間の対立が再燃する。直義、京都を離れて鎌倉へ向かう。十一月、尊氏が南朝と和睦する（正平の一統）。尊氏、鎌倉方面へ出陣し、直義勢との戦いを優位に進める。
一三五二	観応三（文和元）／正平七		二月二十六日、直義死去。閏二月、尊氏が南朝の後村上天皇から征夷大将軍職を解任され、南朝勢が京都の義詮を追い落とす。三月四日、北朝の光厳・光明上皇、崇光天皇が南朝方に拉致される。八月、義詮、治天の君が不在のまま後光厳天皇の践祚を実現させる。この年、幕府が諸国に半済令を出し、戦時態勢を強化する。
一三五三	文和二／正平八		九月、義詮、京都に攻め込んできた直冬・南朝連合軍を退ける。以降も西国で幕府方と直冬・南朝方の対立が展開する。
一三五七	延文二／正平十二		二月十九日、光厳・崇光上皇が京都に帰還する（光明上皇は二年前に京都に帰還済み）。その後、北朝天皇家が皇位継承をめぐって後光厳流と崇光流が分立し、幕府も対応に追われるようになる。
一三五八	延文三／正平十三	義詮	四月三十日、尊氏死去。十二月八日、義詮、第二代将軍となる。
一三六一	延文六（康安元）／正平十六		六月、西日本太平洋沖で巨大地震が発生する（正平地震）。余震などの影響もあり、京都や大和で建物の倒壊が相次ぐ。九月二十一日、執事細川清氏が幕府から離反して南朝方につく。
一三六三	貞治二／正平十八		二月、直冬方の山陽方面の主力大内弘世が降伏。九月、直冬方の山陰方面の主力山名時氏が降伏。
一三六六	貞治五／正平二十一		八月九日、義詮、執事斯波義将とその父高経を失脚させる（貞治の変）。義詮、斯波氏管轄領の守護職を没収し、同領内の問題を取りしきるようになる。
一三六七	貞治六／正平二十二		十二月七日、義詮死去。義詮の子・義満が家督を継ぐ。
一三六八	貞治七（応安元）／正平二十三	義満	六月、幕府の所領政策・戦乱時の対策を記した「応安大法」が出される。二月から六月にかけて、武蔵で国人河越氏らが蜂起し、上杉氏に鎮圧される（平一揆の乱）。以後、鎌倉府内部での上杉氏の力が拡大する。十二月三十日、義満が第三代将軍となる。

一三七〇	応安三（建徳元）／正平二十五		この年、南朝・直冬勢力への対抗策として、幕府が九州に今川了俊を派遣する（第1部「九州探題」）。 この頃、南北朝の争乱を記した『太平記』が成立する。 この頃から倭寇の活動が活発化し、朝鮮半島北部などを襲撃するようになる。
一三七五	応安八（永和元）／文中四（天授元）		この年、九州探題今川了俊、南朝方の肥後菊池氏を討つべく肥後に出征する。了俊、豊後大友親世・筑前少弐冬資・大隅島津氏久に出陣要請を行い、親世・氏久が参陣する（冬資は拒否）。 八月二十六日、冬資、氏久の説得により了俊の陣中に赴くも、謀殺される（水島の変）。 その後、少弐氏と島津氏が了俊に敵対し、菊池氏討伐が失敗に終わる。
一三七七	永和三／天授三		九月、九州探題今川了俊、大隅島津氏久を降伏させる。 この年、越中・越前国内の騒動をめぐり、斯波義将・細川頼之の関係が冷却化する。
一三七八	永和四／天授四		この年、義満、権大納言・右近衛大将となる（＝公家社会で摂関家に準じるランクへ）。九州探題今川了俊と大隅島津氏久の対立が再燃し、氏久が南朝方へ転じる。
一三七九	永和五（康暦元）／天授五		三月、九州探題勢、島津氏久勢と戦い敗北する（蓑原の戦い）。 以後も今川了俊・島津氏久間の対立は続き、南九州情勢が混迷化する。 閏四月、義満、斯波義将らの要求により管領細川頼之を罷免する（→第3部「康暦の政変」）。
一三八一	康暦三（永徳元）／天授七		この年、将軍御所室町殿（花の御所）が完成する。 北朝後円融天皇が室町殿に行幸し、公卿も多く出席する。 義満が行幸の先導役をつとめ、室町殿が将軍と公家の交流の場となる（将軍家トップ＝「室町殿」へ）。
一三九〇	康応二（明徳元）／元中七		閏三月、義満、有力守護土岐氏の内紛に介入して幕府軍（土岐頼忠など）を派遣し、美濃の土岐康行勢を破る（→第3部「土岐康行の乱」）。 義満、以後も有力守護家内の紛争に介入して、有力守護の権限抑制を図る。
一三九一	明徳二／元中八		十二月、義満の命を受けた幕府軍が、京都に進攻した有力守護の山名氏清・満幸勢を撃破する（→第3部「明徳の乱」）。
一三九二	明徳三／元中九		閏十月、北朝後小松天皇・南朝後亀山天皇の間で南北朝合一がなる。 以後も各地の南朝勢力は残存し、たびたび北朝・幕府方に対抗する。
一三九四	明徳五（応永元）	義持	十二月十七日、義満の子・義持が第四代将軍となる。 二十五日、義満、太政大臣に任じられる。

一三九七	応永四		この年、義満、北山殿へ移る（「北山殿」誕生）。
一三九九	応永六		十二月、幕府軍が、義満に反目して堺に籠城した有力守護・大内義弘を敗死させる（→第3部「応永の乱」）。
一四〇一	応永八		この年、義満、明に使節を派遣し、「日本国王」として明との貿易の許可を得る（日明貿易→第2部「対外関係」）。
一四〇八	応永十五		五月六日、義満死去。
一四一〇	応永十七		十一月、後亀山法皇（南朝）が吉野へ出奔する。
一四一一	応永十八		この年、幕府が日明貿易停止を決定する。
一四一七	応永二十四		十月、元関東管領上杉氏憲（禅秀）、鎌倉公方足利持氏を破り、鎌倉から放逐する（→第3部「上杉禅秀の乱」）。
一四一八	応永二十五		正月十日、上杉禅秀、幕府軍（持氏救援）の追討を受けて敗死する。 正月二十四日、将軍義持、上杉禅秀の乱に荷担した容疑で、相国寺林光院に蟄居中の弟義嗣を近習に殺害させる。
一四一九	応永二十六		六月末、朝鮮軍が倭寇への報復として対馬に侵攻する（→第3部「応永の外寇」）。
一四二二	応永二十九		この年、鎌倉公方持氏、親幕府派の常陸小栗氏（京都扶持衆）らを攻撃する。
一四二三	応永三十	義量	三月十八日、義持の子・義量が第五代将軍となる。 七月、義持と幕府重臣、持氏対策を講じる（→第2部「重臣会議」）。
一四二四	応永三十一		二月、持氏側が幕府へ和睦を申し出る。
一四二五	応永三十二		二月二十七日、義量死去。 以後、将軍不在のまま義持が「室町殿」として政務を執行する。
一四二八	応永三十五 （正長元）		正月十八日、義持死去。 石清水八幡宮での籤引きの結果、義持の弟青蓮院義円が後継に選出される。 三月、義円が還俗し、義宣と名乗る。 九月、畿内で民衆が土倉らに債権放棄を求めるべく一揆を結成する（正長の徳政一揆）。 十二月、幕府軍、伊勢で小倉宮（南朝後亀山法皇の子）を擁して敵対した北畠満雅を討伐する。

一四二九	正長二	義教	三月、義宣、第六代将軍となり、義教と改名する。 七月、国人豊田氏・井戸氏間の対立をきっかけに、大和国内が紛争状態になる（大和永享の乱）。
一四三二	永享四		この年、幕府が二十一年ぶりに日明貿易再開を決定する。
一四三三	永享五		この年、義教、天台勢力の内紛に介入し、園城寺を攻撃した延暦寺山徒を攻撃する。
一四三四	永享六		七月から十二月にかけて延暦寺とのトラブルが再燃する。 義教、延暦寺側を攻撃した後、和睦する。
一四三五	永享七		二月、義教、延暦寺側の使者を京都で誘殺。 延暦寺山徒が抗議・焼身自殺する。
一四三八	永享十		九月から十二月にかけて、関東管領上杉憲実・幕府連合軍が、鎌倉府軍（持氏）を破る（→第3部「永享の乱」）。
一四三九	永享十一		二月、持氏・稲村公方足利満貞が、義教の命を受けた憲実勢に攻められ自害する。 以後、約十一年間鎌倉公方が不在となる。
一四四〇	永享十二		三月、下総の結城氏朝が持氏遺児を擁して挙兵する（→第3部「結城合戦」）。 五月、義教、一色義貫（丹後一色氏）・土岐持頼（伊勢守護家）を追討する。 六月、氏朝に呼応した南奥羽の諸氏が篠川公方足利満直を攻め殺す。 七月、氏朝が幕府軍の追討を受けて滅亡する。
一四四一	永享十三（嘉吉元）		六月二十四日、義教、京都の赤松教康邸で赤松満祐・教康父子により謀殺される（→第3部「嘉吉の乱」）。 九月、満祐・教康父子が幕府軍の追討を受けて滅亡する。
一四四二	嘉吉二	義勝	十一月、義教の子・義勝が第七代将軍となる。
一四四三	嘉吉三		七月、義勝死去。 九月、後南朝勢力の内裏襲撃により、三種の神器が散逸する。 その後、幕府軍が主犯者を追討する（→第3部「禁闕の変」）。
一四四七	文安四		八月、足利持氏遺児（のちの成氏）が養育先の信濃から鎌倉入りする。 この年、上杉憲忠（前関東管領・憲実の子）が関東管領になる。
一四四九	文安六（宝徳元）	義政	四月、義勝の弟義成（義政）が元服、第八代将軍となる。 この年、持氏遺児が元服し、成氏と名乗る（鎌倉公方復活）。

一四五〇	宝徳二	この年、義政、尾張守護代職継承問題に介入する。
一四五四	享徳三	十二月、鎌倉公方足利成氏が関東管領上杉憲忠を謀殺する。 以後、関東で鎌倉公方派・上杉派の対立が激化する（**→第3部「享徳の乱」**）。
一四五五	享徳四（康正元）	正月、鎌倉公方勢が武蔵分倍河原で上杉勢を破り、扇谷上杉顕房らが戦死する（分倍河原の戦い）。 三月、幕府、鎌倉公方足利成氏追討令を出す。 六月、成氏が上杉勢の攻勢により鎌倉を離れ、下総古河へ移座する（古河公方の誕生）。
一四五七	康正三（長禄元）	十二月、赤松氏遺臣が神璽（三種の神器）を吉野から京都へ持ち去る（長禄の変）。 その後、神璽が朝廷に返還される。
一四五八	長禄二	六月、義政が諸大名らに関東出兵令を出す。 十二月、義政が室町殿再建事業を開始（翌年十一月より移住）。 この年、義政が兄政知を関東に派遣するも失敗、伊豆堀越にとどまる（堀越公方誕生）。 この年から翌年にかけて、越前国内で有力守護斯波氏の内紛が起こる。 越前守護代の甲斐氏が幕府の支持を受け、守護斯波義敏を追い出す（長禄合戦）。
一四六〇	長禄四（寛正元）	九月、義政、畠山氏の家督を義就から政長に交代させる。 閏十月、畠山義就追討令が出される。 以後、畠山政長・幕府軍が義就拠点を攻撃する。
一四六一	寛正二	義政、この年から斯波義敏を保護する周防大内教弘の討伐に乗り出す。
一四六四	寛正五	十二月二日、義政の弟義視が還俗し、義政の後継候補となる。
一四六五	寛正六	十一月、義政・日野富子の間に義尚が生まれる。 この年、伊予河野氏の内紛をめぐって管領細川勝元と周防大内教弘・政弘父子の間で紛争があり、幕府と大内氏が対立するようになる（寛正伊予の乱）。 斯波氏の内紛（斯波義敏・義廉間）が山名宗全ら諸大名を巻きこんで激化する（武衛騒動）。
一四六六	寛正七（文正元）	九月、義政側近の伊勢貞親と季瓊真蘂が義視追放を企図するも失敗する。 その後、貞親・真蘂および斯波義敏・赤松政則が細川勝元・山名宗全ら諸大名の要請により追放される（文正の政変）。
一四六七	文正二（応仁元）	正月十八日、畠山義就勢と畠山政長勢が京都・上御霊社で戦う（御霊合戦）。 五月、播磨赤松政則への対応をめぐり細川勝元勢・山名宗全勢が戦う。 この頃までに東軍（細川方）と西軍（山名方）が形成され、以後、十年にわたり畿内が混乱する（**→第3部「応仁・文明の乱」**）。

一四六八	応仁二		八月、大内政弘が周防から上洛して西軍に合流する。義視が将軍御所を出て伊勢に下向する。 九月、義視が伊勢から京都に戻り、義政と接触する。 閏十月、義政が伊勢貞親を幕政に復帰させたため、義視との関係が冷却化する。 十一月、義視が義政のもとから出奔し、西軍に合流する。
一四七二	文明四		正月、東軍の細川勝元と西軍の山名宗全が和睦に向けて交渉する（翌月に決裂）。
一四七三	文明五	義尚	十二月、義政の子義尚が第九代将軍となる。 この年、伊勢貞親・山名宗全・細川勝元が相次いで死亡する。
一四七四	文明六		細川（東軍）・山名（西軍）両氏が和睦する。
一四七六	文明八		この年、義政が終戦工作を行い、義視と和解する。
一四七七	文明九		十一月、西軍側が解体される（応仁・文明の乱が終息）。
一四八二	文明十四		十一月、幕府・古河公方の和睦が成立する。 この年から東山山荘（銀閣ほか）造営が開始される。
一四八五	文明十七		五月、義尚側の奉公衆と義政側の奉行人が対立する。 十二月、山城の国人らが両畠山（畠山義就・政長）に対抗し、山城国一揆がなる（山城の一部自治化）。
一四八七	文明十八（長享元）		九月、義尚が近江六角高頼征伐のため出陣（↓第3部「六角氏征伐」）。
一四八九	長享三（延徳元）		三月二十六日、義尚、近江六角氏征伐の陣中で死去。 四月、義視と子の義材（義尹・義稙、以下義稙）が上洛する。 この年、銀閣が上棟される。
一四九〇	延徳二	義稙	正月、義政死去。 七月、義稙が第十代将軍になる。
一四九一	延徳三		四月、義稙が近江六角高頼征伐を宣言し、翌年にかけて近江に出兵する（↓第3部「六角氏征伐」）。
一四九三	明応二		三月、義稙が細川政元に将軍の座を追われ、細川氏の監視下に置かれる（↓第3部「明応の政変」）。 政元、堀越公方政知の子・清晃（義遐・義高・義澄、以下義澄）を擁立。 六月、義稙が京都を脱出して越中に入る。
一四九四	明応三	義澄	十二月二十七日、義澄が第十一代将軍となる。

一四九九	明応八		この年、義稙が京都進出を試みるも失敗し、周防大内義興のもとへ向かう。京都周辺で義稙派・義澄派の抗争が展開する。
一五〇二	文亀二		四月、義澄と管領細川政元の関係が冷却化し、政元の隠居騒動が発生する。政元が丹波に出奔し、義澄が慰留する。 この年、義澄・政元間の対立が頻発する。
一五〇七	永正四		六月、細川政元、被官の薬師寺長忠らにより暗殺される。細川氏内部・畿内が混乱する（永正の錯乱）。
一五〇八	永正五	義稙	正月、義稙が大内義興の協力のもと京都奪還を企図する。 四月、義澄が京都を去って近江に移る。 六月、義稙が大内義興・細川高国の支持を受けて京都に帰還し、七月に征夷大将軍となる。
一五〇九	永正六		六月、細川高国と対立する細川澄元（義澄派）の軍勢が京都に侵攻し、高国ら義稙派の軍勢が撃退する（如意ヶ嶽の戦い）。
一五一〇	永正七		四月、朝鮮半島で朝鮮軍と日本人居住者が戦闘する（三浦の乱）。 以後、対朝鮮交易が制限される。
一五一一	永正八		八月十四日、義澄死去。 二十四日、義稙方と義澄方の軍勢が京都船岡山で戦い、義稙方が大勝する（→第3部「船岡山の戦い」）。
一五一三	永正十		二月、義稙、義澄遺児の義晴と和睦する。 三月、義稙、大内義興・細川高国らと対立し、一時京都を出奔する。
一五一六	永正十三		この年、義稙が大内義興に遣明船派遣の管轄権を認める。
一五一八	永正十五		八月、大内義興が周防に帰国する。
一五二一	永正十八（大永元）	義晴	三月、義稙が細川高国と対立して京都を出奔する。 七月、細川高国、播磨にいた義晴を京都に招いて擁立する。 十二月、義晴が第十二代将軍となる。
一五二三	大永三		四月、義稙死去。 この年、明の寧波で交易をめぐって細川方・大内方が争う（寧波の乱）。
一五二六	大永七		二月、前年からの細川氏（高国派・晴元派）の内紛により、両軍が京都西南の桂川周辺で激突。敗れた義晴・細川高国が近江坂本へ移る（→第3部「桂川の戦い」）。晴元方は義稙養子の義維を立てる。

一五二八	大永八（享禄元）		九月、義晴が奉行人らを従えて近江朽木に移る（幕政運営機能の維持）。 細川高国は各地を転々とする。
一五三一	享禄四		二月、晴元方の近江浅井亮政が朽木近隣に侵攻し、義晴が坂本へ移る。 六月、細川高国、摂津で義維・晴元方の軍勢により敗死する。 以後、義晴は近江六角定頼との連携を強化する。
一五三四	天文三		九月、義晴、細川晴元と和解して京都に帰還する。 以後、義晴・定頼・晴元間の結びつきが強化される。
一五三六	天文五		七月、京都市中で法華宗徒・延暦寺山徒による紛争が起こる（天文法華の乱）。
一五三七	天文六		八月二十七日、義晴が家督を子の菊童丸（当時二歳、のちの義藤・義輝、以下義輝）に譲り、内談衆（政務処理機構）を設置して政務を代行させる。
一五四六	天文十五	義輝	八月から九月にかけて、細川晴元と対立する細川氏綱（高国養子）方の軍勢が京都を制圧する。 細川晴元が丹波へ逃亡する。 十二月二十日、義輝が第十三代将軍になる。
一五四七	天文十六		三月、義晴・義輝、晴元方から氏綱方に転換する。 四月、定頼が晴元支持に回る。 七月十九日、義晴・義輝が坂本へ逃げ、晴元方が京都を制圧する。 二十一日、摂津で晴元方の三好長慶と細川氏綱・遊佐長教の軍が激突し、長慶が勝利（舎利寺の戦い）。 二十九日、義晴が六角定頼・晴元と和睦する。
一五四八	天文十七		正月、義晴・義輝が京都に帰還する。
一五四九	天文十八		六月、摂津で細川晴元・三好政長方と三好長慶方の争いが発生し、長慶方が勝利する（江口の戦い）。 細川晴元、義晴・義輝とともに坂本へ退く。
一五五〇	天文十九		五月四日、義晴死去。
一五五二	天文二十一		正月二十八日、義輝、細川晴元と断交して三好長慶と和解し、京都に帰還する。
一五五三	天文二十二		八月、義輝、三好長慶と敵対して細川晴元と連合するも、敗れて近江へ退く。
一五五八	弘治四（永禄元）		六月、義輝、細川晴元・近江六角義賢と協力して京都奪還を目指し三好長慶勢と戦う（北白川の戦い）。 以後、義輝勢・三好勢のにらみ合いが続く。 十一月、義輝が三好長慶と和解し、京都に帰還する。

西暦	和暦	将軍	事項
一五五九	永禄二		義輝、この頃から各大名への連絡・停戦斡旋を行い始め、越後の長尾景虎（上杉輝虎・政虎・謙信）・尾張の織田信長らが上洛する。
一五六一	永禄四		五月六日、義輝、三好長慶・細川晴元を和睦させる（晴元は永禄六年、長慶は永禄七年にそれぞれ死去）。
一五六二	永禄五		五月二十日、河内で三好長慶方と畠山高政方が激突、長慶方が大勝（教興寺の戦い）。
一五六五	永禄八		五月十九日、義輝が二条御所で三好義継・松永久通らの軍勢と戦い戦死する（→第3部「永禄の変」）。 義輝の弟・周暠が殺害され、覚慶（義秋・義昭、以下義昭）が京都を脱出し、七月に近江甲賀に入る。 三好三人衆、阿波にいた義維の子・義栄を義輝後継に擁立する。 十一月、三好氏内部で抗争が発生する。
一五六六	永禄九		四月二十一日、義昭、従五位下左馬頭に任じられる（次期将軍就任の足がかり）。 九月二十一日、阿波から渡海してきた義栄と父義維が摂津越水城に入る。 二十三日、義昭、北陸へ移る。
一五六七	永禄十		この頃、義昭、越後上杉氏や安芸毛利氏らと連絡をとる。
一五六八	永禄十一	義栄	二月八日、義栄が第十四代将軍になる。 七月、義昭が織田信長を頼って美濃に入る。 九月、織田信長勢、美濃を出陣し、畿内の三好三人衆方の拠点を攻略する。三十日、義栄死去。 十月十四日、義昭・織田信長が京都に入る。 十八日、義昭が第十五代将軍になる。
一五六九	永禄十二	義昭	正月、三好三人衆が京都に侵入し、義昭居所の本国寺を包囲する（→第3部「本国寺の変」）。 その後、義昭、安芸毛利・豊後大友氏、越後上杉・甲斐武田氏間の紛争調停に乗り出す。 十月、義昭・織田信長が対立する。
一五七〇	永禄十三（元亀元）		正月、義昭、織田信長と和解し、五ヶ条の条書を取り交わす。 この年、朝倉・六角氏・本願寺らが義昭・信長に敵対する。 十二月、義昭、織田信長・朝倉義景間の和睦を勧告する。
一五七三	元亀四（天正元）		この年、織田信長が義昭を諫める異見十七ヶ条を作成する。 三月、義昭、織田信長に対して敵対を表明する。 四月、織田勢が上京を焼き払う。 義昭、信長と和睦する（勅命講和）。 七月、義昭、再度織田信長に敵対し、京都を追放される（→第3部「元亀争乱」）。 義昭、以後も各地の勢力と連携をとり、信長に敵対する。

【主要参考文献】※副題は省略させていただいた

天野忠幸『三好一族と織田信長』（中世武士選書第三一巻、戎光祥出版、二〇一六年）
家永遵嗣『室町幕府将軍権力の研究』（東京大学日本史学研究室、一九九五年）
家永遵嗣「室町幕府の成立」（『学習院大学文学部研究年報』五四、二〇〇七年）
石原比伊呂『室町時代の将軍家と天皇家』（勉誠出版、二〇一五年）
石原比伊呂『足利将軍と室町幕府』（戎光祥選書ソレイユ001、戎光祥出版、二〇一七年）
石原比伊呂・久水俊和編『室町戦国天皇列伝』（戎光祥出版、二〇二〇年）
市川裕士『室町幕府の地方支配と地域権力』（戎光祥研究叢書第一二巻、戎光祥出版、二〇一七年）
伊藤俊一『室町期荘園制の研究』（塙書房、二〇一〇年）
今谷　明『室町幕府解体過程の研究』（岩波書店、一九八五年）
植田真平『鎌倉府の支配と権力』（校倉書房、二〇一八年）
植田真平『鎌倉公方と関東管領』（対決の東国史4、吉川弘文館、二〇二二年）
漆原　徹『中世軍忠状とその世界』（吉川弘文館、一九九八年）
榎原雅治「室町殿の徳政について」（『国立歴史民俗博物館研究報告』一三〇、二〇〇六年）
榎原雅治『室町幕府と地方の社会』（シリーズ日本中世史③、岩波書店、二〇一六年）
榎原雅治・清水克行編『室町幕府将軍列伝 新装版』（戎光祥出版、二〇二二年）
大田壮一郎『室町幕府の政治と宗教』（塙書房、二〇一四年）
大田壮一郎「室町殿論」（秋山哲雄・田中大喜・野口華世編『増補改訂版　日本中世史入門―論文を書こう―』勉誠出版、二〇二一年）
大薮　海『室町幕府と地域権力』（吉川弘文館、二〇一三年）

大薮　海　『応仁・文明の乱と明応の政変』（列島の戦国史2、吉川弘文館、二〇二一年）
小川剛生　『足利義満』（中公新書、二〇一二年）
小川　信　『足利一門守護発展史の研究』（吉川弘文館、一九八〇年）
小国浩寿　『鎌倉府と室町幕府』（動乱の東国史5、吉川弘文館、二〇一三年）
金子　拓　『中世武家政権と政治秩序』（吉川弘文館、一九九八年）
亀田俊和　『室町幕府管領施行システムの研究』（思文閣出版、二〇一三年）
亀田俊和　『高一族と南北朝内乱』（中世武士選書第三二巻、戎光祥出版、二〇一六年）
亀田俊和　『観応の擾乱』（中公新書、二〇一七年）
川岡　勉　『室町幕府と守護権力』（吉川弘文館、二〇〇二年）
木下　聡　『中世武家官位の研究』（吉川弘文館、二〇一一年）
木下　聡編著　『管領斯波氏』（シリーズ・室町幕府の研究第一巻、戎光祥出版、二〇一五年）
木下　聡　『室町幕府の外様衆と奉公衆』（同成社、二〇一八年）
木下昌規　『戦国期足利将軍家の権力構造』（岩田書院、二〇一四年）
木下昌規編著　『足利義晴』（シリーズ・室町幕府の研究第三巻、戎光祥出版、二〇一七年）
木下昌規編著　『足利義輝』（シリーズ・室町幕府の研究第四巻、戎光祥出版、二〇一八年）
木下昌規　『足利義晴と畿内動乱』（戎光祥出版、二〇二〇年）
木下昌規　『足利義輝と三好一族』（戎光祥出版、二〇二一年）
木下昌規・久水俊和編　『足利将軍事典』（戎光祥出版、二〇二二年）
木下昌規　「堺幕府」と「室町幕府」」（『日本歴史』九〇〇、二〇二三年）
木下昌規・中西裕樹　『足利将軍の合戦と城郭』（戎光祥出版、二〇二四年）
久保田順一　『上杉憲顕』（中世武士選書第一三巻、戎光祥出版、二〇一二年）

黒嶋　敏　『中世の権力と列島』（高志書院、二〇一二年）
黒田基樹　『長尾景仲』（中世武士選書第二六巻、戎光祥出版、二〇一五年）
黒田基樹　『図説 享徳の乱』（戎光祥出版、二〇二一年）
桑山浩然　『室町幕府の政治と経済』（吉川弘文館、二〇〇六年）
小池辰典　「室町幕府における「大名」とその役割」（『日本歴史』八九七、二〇二三年）
呉座勇一　『応仁の乱』（中公新書、二〇一六年）
小島道裕　『描かれた戦国の京都』（吉川弘文館、二〇〇九年）
桜井英治　『日本の歴史12　室町人の精神』（講談社学術文庫、二〇〇九年。初出二〇〇一年）
佐藤進一　『日本の歴史9　南北朝の動乱』（中公文庫、二〇〇五年。初出一九六五年）
佐藤進一　『日本中世史論集』（岩波書店、一九九〇年）
設楽　薫　「将軍足利義教の「御前沙汰」体制と管領」（久留島典子・榎原雅治編『展望日本歴史11　室町の社会』東京堂出版、二〇〇六年。初出一九九三年）
清水克行　『室町社会の騒擾と秩序』（吉川弘文館、二〇〇四年）
清水克行　『足利尊氏と関東』（人をあるく、吉川弘文館、二〇一三年）
新谷和之　『図説 六角氏と観音寺城』（戎光祥出版、二〇二三年）
末柄　豊　「応仁・文明の乱」（『岩波講座日本歴史』8、岩波書店、二〇一四年）
杉山一弥　『室町幕府の東国政策』（思文閣出版、二〇一四年）
杉山一弥編著　『図説 鎌倉府』（戎光祥出版、二〇一九年）
鈴木江津子　『室町幕府足利義教「御前沙汰」の研究』（神奈川大学21世紀COEプログラム「人類文化研究のための非文字資料の体系化」研究推進会議、二〇〇六年）
関　周一　『対馬と倭寇』（高志書院選書8、高志書院、二〇一二年）

相馬和将「中世後期の猶子入室と門主・家門・室町殿」（『史学雑誌』一三〇—九、二〇二一年）

髙鳥　廉『足利将軍家の政治秩序と寺院』（吉川弘文館、二〇二二年）

田中淳子「室町幕府御料所の構造とその展開」（大山喬平教授退官記念会編『日本国家の史的特質 古代・中世』思文閣出版、一九九七年）

田中　誠「室町幕府の文書管理」（『アーカイブズ学研究』三六、二〇二二年）

谷口雄太『中世足利氏の血統と権威』（吉川弘文館、二〇一九年）

谷口雄太「幻の「六分の一殿」」（『日本歴史』八六七、二〇二〇年）

中世後期研究会編『室町・戦国期研究を読みなおす』（思文閣出版、二〇〇七年）

富田正弘「室町殿と天皇」（『日本史研究』三一九、一九八九年）

鳥居和之「嘉吉の乱後の管領政治」（『年報中世史研究』五、一九八〇年）

鳥居和之「応仁・文明の乱後の室町幕府」（『史学雑誌』九六—二、一九八七年）

丹生谷哲一『増補 検非違使』（平凡社ライブラリー、二〇〇八年）

西島太郎「室町幕府奉公方と将軍家」（『日本史研究』五八三、二〇一一年）

新田一郎『日本の歴史11　太平記の時代』（講談社学術文庫、二〇〇九年。初出二〇〇一年）

日本史史料研究会監修・亀田俊和編『初期室町幕府の最前線』（洋泉社、二〇一八年）

羽下徳彦「室町幕府侍所考」（小川信編『論集日本歴史5　室町政権』有精堂出版、一九七五年。初出一九六三・六四年）

橋本　雄『中世日本の国際関係』（吉川弘文館、二〇〇五年）

橋本　雄『中華幻想』（勉誠出版、二〇一一年）

早島大祐『首都の経済と室町幕府』（吉川弘文館、二〇〇六年）

早島大祐・吉田賢司・大田壮一郎・松永和浩『首都京都と室町幕府』（京都の中世史5、吉川弘文館、二〇二二年）

原田正俊『日本中世の禅宗と社会』（吉川弘文館、一九九八年）

東島　誠　『「幕府」とは何か』（NHKブックス、二〇二三年）
久水俊和編・日本史史料研究会監修　『「室町殿」の時代　安定期室町幕府研究の最前線』（山川出版社、二〇二一年）
藤井　崇　『室町期大名権力論』（同成社、二〇一三年）
二木謙一　『中世武家儀礼の研究』（吉川弘文館、一九八五年）
細川武稔　『京都の寺社と室町幕府』（吉川弘文館、二〇一〇年）
松園潤一朗　「室町幕府「論人奉行」制の形成」（『日本歴史』七二六、二〇〇八年）
松永和浩　『室町期公武関係と南北朝内乱』（吉川弘文館、二〇一三年）
松山充宏　「『放生津幕府』論」（『富山史壇』二〇〇、二〇二三年）
水野智之　『室町時代公武関係の研究』（吉川弘文館、二〇〇五年）
水野　嶺　『戦国末期の足利将軍権力』（吉川弘文館、二〇二〇年）
峰岸純夫　『享徳の乱』（講談社選書メチエ、二〇一七年）
桃崎有一郎　「足利義満の公家社会支配と「公方様」の誕生」（『ZEAMI』04、二〇〇七年）
桃崎有一郎　「足利義持の室町殿第二次確立過程に関する試論」（『歴史学研究』八五二、二〇〇九年）
桃崎有一郎　『中世京都の空間構造と礼節体系』（思文閣出版、二〇一〇年）
桃崎有一郎　「初期室町幕府の執政と「武家探題」鎌倉殿の成立」（『古文書研究』六八、二〇一〇年）
百瀬今朝雄　「応仁・文明の乱」（『岩波講座日本歴史7　中世3』岩波書店、一九七六年）
森　茂暁　『闇の歴史、後南朝』（角川書店、一九九七年）
森　茂暁　『増補改訂　南北朝期公武関係史の研究』（思文閣出版、二〇〇八年）
森　幸夫　『中世の武家官僚と奉行人』（同成社、二〇一六年）
森田真一　『上杉顕定』（中世武士選書第二四巻、戎光祥出版、二〇一四年）
山田邦明　『室町の平和』（日本中世の歴史5、吉川弘文館、二〇〇九年）

山田邦和　『変貌する中世都市京都』（京都の中世史7、吉川弘文館、二〇二三年）
山田　徹　「室町領主社会の形成と武家勢力」（『ヒストリア』二二三、二〇一〇年）
山田　徹　「室町時代の支配体制と列島諸地域」（『日本史研究』六三一、二〇一五年）
山田　徹　『南北朝内乱と京都』（京都の中世史4、吉川弘文館、二〇二一年）
山田康弘　『戦国期室町幕府と将軍』（吉川弘文館、二〇〇〇年）
山田康弘　「将軍義輝殺害事件に関する一考察」（『戦国史研究』四三、二〇〇二年）
山田康弘　『足利義稙』（中世武士選書第三三巻、戎光祥出版、二〇一六年）
山田康弘編・日本史史料研究会監修『戦国期足利将軍研究の最前線』（山川出版社、二〇二〇年）
山田康弘　『足利将軍たちの戦国乱世』（中公新書、二〇二三年）
山家浩樹　「室町幕府訴訟機関の将軍親裁化」（『史学雑誌』九四―一二、一九八五年）
山家浩樹　「室町時代の政治秩序」（歴史学研究会・日本史研究会編『日本史講座第4巻　中世社会の構造』東京大学出版会、二〇〇四年）
吉田賢司　『室町幕府軍制の構造と展開』（吉川弘文館、二〇一〇年）
吉田賢司　「室町幕府論」（『岩波講座日本歴史』8、岩波書店、二〇一四年）
渡邊大門編　『戦乱と政変の室町時代』（柏書房、二〇二一年）

【著者略歴】

丸山裕之（まるやま・ひろゆき）

1982年、新潟県生まれ。

明治大学大学院博士後期課程単位取得退学。

現在、戎光祥出版株式会社編集長。

おもな業績に、「足利義政――父への過剰な憧れ」（榎原雅治・清水克行編『室町幕府将軍列伝 新装版』、戎光祥出版、2022年。初出は2017年）、「中世後期朝廷官司運営の一断面―行幸における雑隼人供奉儀礼と隼人正―」（『駿台史学』143、2011年）、「中世後期の京都と地下官人」（『文化継承学論集』8、2011年）、「中世後期の主水司領経営」（『年報中世史研究』37、2012年）、「中世後期の隼人司領―丹波国隼人保を事例として―」（『日本歴史』775、2012年）、「中世後期官務・局務の文庫と公武政権」（『年報三田中世史研究』20、2013年）などがある。

図説《ずせつ》 室町幕府《むろまちばくふ》　増補改訂版《ぞうほかいていばん》

2024年2月10日　初版初刷発行

著　者　丸山裕之
発行者　伊藤光祥
発行所　戎光祥出版株式会社
〒102-0083 東京都千代田区麹町1-7 相互半蔵門ビル8F
TEL：03-5275-3361（代表）　FAX：03-5275-3365
https://www.ebisukosyo.co.jp
編集協力　株式会社イズシエ・コーポレーション
印刷・製本　株式会社シナノパブリッシングプレス
装　丁　山添創平

ISBN：978-4-86403-500-2